BERND-LUTZ LANGE

Das gabs
früher nicht

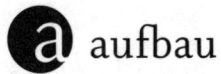
aufbau

BERND-LUTZ LANGE

Das gabs früher nicht

Ein Auslaufmodell zieht Bilanz

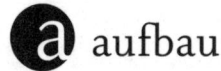 aufbau

MIX
Papier aus verantwor-
tungsvollen Quellen
FSC® C083411

ISBN 978-3-351-03650-8

Aufbau ist eine Marke der Aufbau Verlag GmbH & Co. KG

2. Auflage 2016
© Aufbau Verlag GmbH & Co. KG, Berlin 2016
Einbandgestaltung ZERO Werbeagentur, München
Satz LVD GmbH, Berlin
Druck und Binden CPI books GmbH, Leck, Germany
Printed in Germany

www.aufbau-verlag.de

Irren mag menschlich sein, aber Zweifeln ist menschlicher, indem es gegen das Irren angeht.

Ernst Bloch

Vorwort

Der Titel »Das gabs früher nicht« hat mehrerlei Bedeutung: Zum einen geht es um heute selbstverständliche Dinge des Alltags, die es in meiner Kindheit oder Jugend noch nicht gab und die unser Leben gravierend verändert haben. Außerdem spreche ich Veränderungen im Lebensstil an, das Verschwinden von Traditionen in den zwei Generationen, die meiner Altersgruppe folgen. Dies ist an verschiedenen Stellen zu beobachten.

Jeder Text beginnt deshalb mit einer Erinnerung und widmet sich danach Beobachtungen in der Gegenwart. Logisch, dass uns Älteren völlig andere Dinge auffallen als den Jungen.

Von der Schnelligkeit des Wandels ist oft die Rede. Manches war selbst voriges Jahr noch anders. Oder gestern.

Es scheint mir, dass ich in eine Zeit geraten bin, in der vieles, was sich zum Teil über Jahrhunderte, aber wenigstens über Jahrzehnte erhalten hat, verschwindet.

Das Buch ist nicht nach dem Motto geschrieben: Früher war alles besser, sondern: Früher war vieles anders.

Ich will von Erlebtem und Gesehenem erzählen, ohne zu verklären, obwohl die Verklärung der Vergangenheit ja Tradition hat. Das wusste schon der von mir verehrte Erich Kästner. In seinem Gedicht »Kleine Epistel« beschrieb er, wie die Welt für ihn am Anfang des vorigen Jahrhunderts aussah, als er noch ein kleiner Junge war:

»… Die Stühle war'n höher, die Straßen breiter,
der Donner lauter, der Himmel weiter,
die Bäume war'n größer, die Lehrer gescheiter!

Und noch ein Pfund Butter, liebe Leute,
war drei- bis viermal schwerer als heute! …«

Eins ist auf alle Fälle festzuhalten: Der Wandel gewinnt an Fahrt. Aber gewinnen wir auch?

Meine Generation hat großes Glück gehabt. Ich kam 1944 zur Welt.

Wir wurden im Krieg geboren und haben im Frieden gelebt.

Wir sind die Letzten, deren Leben der Krieg noch hätte auslöschen können. Alle, die bis zum 8. Mai 1945 das damals düstere Licht der Welt erblickten, waren ebenso gefährdet wie jene, die sich danach auf einem Treck befanden, die ihre Heimat verlassen und die Nachkriegsjahre in Hunger und Kälte überstehen mussten.

Natürlich gab es immer schon revolutionäre Erfindungen und Entdeckungen. Aber mit einer solchen Geschwindigkeit wie in den letzten zwanzig Jahren hat sich die Welt nie vorher verändert. Oder waren die Einführung der Eisenbahn, der Elektrizität, des Radios auch so bahnbrechende Einschnitte wie Globalisierung, Handy und Internet?

Wie wird mein Großvater Richard Lange, der 1866 geboren wurde, die Jahrhundertwende erlebt haben? 1902 kam mein Vater zur Welt. Was hat er von der Novemberrevolution erfahren? Da war er immerhin schon sechzehn. Leider lebte er nicht mehr, als mich diese Fragen interessierten. Meine Mutter war damals vierzehn und konnte sich noch an einen Demonstrationszug in Zwickau, vor ihrem Wohnhaus in der Leipziger Straße, erinnern. Und an den legendären Rübenwinter des Ersten Weltkriegs, an Hunger und Not. Meine Eltern haben die schlimmen Jahre deutscher Geschichte im vergangenen Jahrhundert erlebt, Inflation und zwei Weltkriege. Und nach dem Zweiten eine

Diktatur des Proletariats, die aber leider nur eine Diktatur der Funktionäre war.

Und ich? Ich habe sogar eine Friedliche Revolution erlebt und damit die erste überhaupt, die in der deutschen Geschichte siegte. Heute, da meine Generation entweder die siebzig gerade erreicht hat oder schon ein paar Jahre im neuen Jahrzehnt lebt, heute sehen wir, welch unglaubliches Glück uns widerfahren ist. Seit dem Herbst 1989 haben wir sogar die Freiheit, uns von der Welt endlich selbst ein Bild machen zu dürfen.

Freiheit und Einheit Deutschlands sind große Geschenke, nun müssen wir nur aufpassen, dass wir die Gerechtigkeit nicht aus den Augen verlieren. Daran herrscht kein Überfluss, es besteht Nachholbedarf. Hinzu kommt: Die Gewissheiten schwinden. Auch das schafft Verunsicherung. Viele Ältere kommen mit dem Schrillen und Grellen der heutigen Zeit nicht zurecht. Und manch einer, der so alt ist wie ich, stellt fest: Das gabs früher nicht!

Wir haben noch Bilder vor Augen, die vielen Generationen vorher vertraut waren. Wir sind die Letzten, die zum Beispiel solche Szenen sahen: Kinder, die mit einem Stock einen Reifen neben sich herrollten, einen Sattler, der Lederwaren reparierte, die zu einer Puppe zusammengestellten Getreidegarben auf dem Feld oder den von Pferden gezogenen Leiterwagen – Bilder, wie sie auch von Brueghel hätten gemalt sein können.

Zwei bedeutende Künstler des 19. Jahrhunderts haben über lieb gewordene Bräuche räsoniert. Fontane meinte: »Alles Alte, soweit es den Anspruch darauf verdient hat, sollen wir lieben, aber für das Neue sollen wir eigentlich leben.« Robert Schumann, der in meiner Heimatstadt Zwickau geboren wurde, äußerte sich ähnlich: »Halte das Alte hoch, bringe aber auch dem Neuen ein warmes Herz entgegen.«

Das fällt nicht in jedem Fall leicht, denn das Neue kann manchmal ganz schön nerven oder so sein, dass es schwerfällt, ihm »ein warmes Herz« entgegenzubringen … Aber grundsätzlich muss ich sagen … Na ja, Sie werden das ja alles lesen.

Zum Beispiel Namen

In meiner Kindheit trugen meine Freunde Vornamen wie Peter, Uwe, Jürgen, Jochen oder Rudolf. Obwohl wir alle in der Nazizeit geboren wurden, gab es in meiner Schulklasse weder einen Adolf noch einen Hermann oder Joseph (wobei der Vorname von Goebbels ja sogar jüdischer Herkunft ist! Das hätte ihm eigentlich peinlich sein müssen ...).

In den siebziger Jahren bekamen Kinder in der DDR gern ausländische Rufnamen. So schallte es dann über den Schulhof »Jacqueline!« – woraus im Sächsischen das für Fremdlinge schwer zu entschlüsselnde »Schaggeliehne!« wurde.

Da wir nicht nach Paris, Rom oder Stockholm fahren durften, gelangte wenigstens auf diese Weise etwas westliches Flair in die Familie. Und so hörten Junge Pioniere auf Namen wie Kevin, Ramona, Marcel, Mario und Sven. Namen aus dem Ostblock tauchten übrigens nicht auf. Ich kannte keinen Wladimir, keinen Marek oder Pavel.

In den letzten Jahren der DDR begann plötzlich – und das fand ich sehr sympathisch – eine Renaissance altdeutscher Namen, die in der Generation meiner Großeltern gebräuchlich waren und bei deren Nennung ich Kaiser-Wilhelm-Bärte, weiße Hemden mit Westen, züchtige Damenfrisuren und lange Kleider vor Augen habe. Auf Bildern aus jener Zeit guckten die Fotografierten immer ernst. Oder haben Sie auf einem Foto je eine lächelnde Großmutter gesehen?

Auch heute gibt es in den jungen Familien wieder Franz und Helene, Paul und Sophie, Maximilian und Charlotte.

In einer Studie, die Experten der Leipziger Universität verfassten, wird übrigens festgestellt, dass Eltern mit geringem Bildungsniveau dazu neigen, sich an den Namen von Prominenten zu orientieren, und nach jenen ihre Kinder benennen. So erklären sich Vornamen wie Blue, Maddox oder Summer.

Komischerweise habe ich noch nie gelesen, dass Politiker bei der Namensgebung als Vorbild dienen. Keine Angela in Sicht und kein Peer. (Bekam er von seinen Eltern diesen Vornamen nach Peer Gynt oder nach der legendären Zigarettensorte Peer Export …?)

Manche Kinder haben es wirklich nicht einfach und müssen sich wegen des merkwürdigen Geschmacks ihrer Eltern ein Leben lang frotzeln lassen, weil sie Rapunzel, Winnetou oder Tarzan heißen. Wenn der Tarzan später zum Hänfling gerät, kann das ganz schön belastend sein. Oder wenn es die Eltern gar zu exotisch wollen und ihr Kind Pazifik nennen oder Ducati, Skywalker oder Eisi. Nicht selten stoßen wir auf Vornamen, die der Spross ein Leben lang buchstabieren muss; besser hätte man ihm gleich eine Visitenkarte mit ins Leben gegeben: Chukwunazaekpere und Almontaserbellah. Da muss selbst der Lehrer jedes Mal nachschlagen, wenn er das Kind aufrufen will.

In den letzten Jahren tat sich nun etwas vollends Besonderes: In einer vielfach säkularen Welt gibt es ausgerechnet einen Trend zu biblischen Namen. Ein Teil der zweiten Generation Deutscher nach dem Mord an den Juden gibt den Kindern überraschenderweise Vornamen aus dem Alten Testament: Adam, Elias, Simon, Samuel, Noah, Jonas, Joshua, Levi, Sara oder Jakob.

Wie viele von den Eltern werden wohl die Geschichten kennen, die sich mit diesen Namen verbinden?

Keine Überraschung

In meinem großen Freundes- und Bekanntenkreis gab es kaum jemand, der nicht mit Mitte zwanzig verheiratet gewesen wäre. Das war eben so. (Es war auch in der DDR die einzige Chance, einen Antrag auf eine eigene Wohnung stellen zu können.)

Die Heirat erfolgte in der uralten Tradition, dass – und darüber dachte gar niemand nach – automatisch der Name des Mannes als gemeinsamer angenommen wurde. Die Kinder des Paares gaben – wie seit Jahrhunderten – diesen Namen weiter. Künftige Familienforscher brauchen bei der Erstellung von Stammbäumen starke Nerven, wenn sie nicht doch irgendwann wegen der verschiedenen Partner mit den jeweiligen und gemeinsamen Kindern kapitulieren.

Auch wenn der Name der Frau viel schöner klang, hieß das Paar zu meiner Zeit eben dann Meier, Schulze oder Schmidt. Das alte Spiel »Vater, Mutter, Kind« bedeutete logischerweise, dass alle drei denselben Familiennamen trugen.

Meine Generation ist auch die letzte, die das Geschlecht des Kindes erst bei der Geburt erfuhr. Nur wenige junge Leute halten das heute noch so. Oder behalten es für sich.

In unserer Generation gab es Spannung bis zuletzt – bei der größten Überraschung, die die Natur einem Menschen bescheren kann.

Heutzutage hat sich eine Erfurter Firma darauf spezialisiert, die Ultraschall-Aufnahme des ungeborenen Kindes nach Wunsch als Abbildung auf eine Tasse oder ein T-Shirt zu drucken … alles, was möglich ist, wird eben gemacht.

Als ich Vater wurde, gab es (und gibt es bestimmt auch heute noch) im Vorfeld die Redensart: »Uns ist es egal, was es wird. Hauptsache gesund!« Wenn die Schwangere im Gesicht besonders hübsch aussah, geradezu aufblühte, dann meinte der Volksmund: »Es wird bestimmt ein Junge!«

Am Telefon erfuhren die Väter beim Anruf in der Entbindungsklinik in den meisten Fällen nicht, ob es ein Mädchen oder ein Junge war. Das zu sagen überließ man den jungen Müttern. Auch ich habe das Geschlecht unseres Kindes erst von meiner Frau erfahren. Es soll nämlich damals noch vorgekommen sein, dass mancher Vater – unvorstellbar, aber wahr – die junge Mutter nicht besuchte, weil es »nur« ein Mädchen geworden war …

Nach dem Wunder der Geburt gab es für mich an jenem Tag noch eins dazu: Ich habe im Dezember 1971, mitten in der DDR in einem zu jener Jahreszeit üblicherweise karg mit Grünpflanzen ausgestatteten Blumengeschäft – Schnittblumen bekommen! Schnittblumen!!! Im Dezember!!!

Vor dekorierten Tradeskantien, Chlorophytum, wegen der weiß-grünen Farben auch Sachsenband genannt, und Asparagus (mir vertraute Namen aus meiner Gärtnerzeit) blickte ich auf einen Strauß roter Rosen wie auf eine Fata Morgana!

Ich konnte es gar nicht fassen, waren das tatsächlich echte Blumen, oder narrte mich ein Kunstblumenerzeugnis aus Sebnitz?

Die Rosen standen dort in einem Gefäß, und ich fragte zaghaft, ob ich sie vielleicht erwerben könnte. Dies wurde zu meinem grenzenlosen Erstaunen bejaht. Vermutlich hatte jemand kurzfristig Panik bekommen und die Hochzeit abgesagt, oder die Leiterin der Delegation einer sozialistischen Schwesterpartei aus unseren Bruderstaaten war plötzlich erkrankt. Nur so etwas konnte passiert sein. Dieser glückliche Umstand verhalf mir zu einem Strauß Rosen für meine liebe Frau und junge Mutter.

Nach meinem Besuch bei Stefanie und der Besichtigung unseres Sohnes bin ich flugs zu meinem Freund Pepe gelaufen, und wir haben in der nächsten Kneipe auf Sascha angestoßen.

Die Umschreibungen, wenn eine Frau schwanger ist, haben sich über die Jahre sehr verändert. In meiner Kindheit sprachen die Älteren davon in blumigen Sätzen. So sagte man beispielsweise: »Sie ist in anderen Umständen« oder »Es soll etwas unterwegs sein« oder gar »Sie ist guter Hoffnung«.

Heute ist eine Frau einfach schwanger, zudem gibt es in bestimmten Kreisen mehr als saloppe Formulierungen: »Wir haben was in der Pipeline.«. Ich hörte auch schon: »Wir haben da einen Braten in der Röhre.«

Frauen wurden früher viel eher Mutter. Heute sind sie oft schon über dreißig Jahre alt, wenn sich Nachwuchs einstellt. Das bedeutet, dass sie um die fünfzig sind, wenn die Kinder Volljährigkeit erreicht haben. Die Kinder gehen aber heutzutage wiederum später aus dem Haus. Da kann es passieren, dass die Mütter schon sechzig oder darüber sind.

Also quasi: Kinder aus dem Haus und – ab in die Rente.

Die Bestellung

Als Kind war ich mit meinen Eltern am Wochenende nie in einem Lokal essen. Dazu reichte bei uns in den fünfziger Jahren einfach nicht das Geld. Es wurde selbstverständlich zu Hause gegessen. Der Sonntagsbraten war noch ein Begriff. Fleischverbrauch in damaliger Größenordnung wäre heute ein Segen für unsere Umwelt.

Das Äußerste an gastronomischem Genuss war bei einem sonntäglichen Ausflug zum Nachmittagskaffee ein Stück Kuchen oder Torte.

Das ist heute glücklicherweise bei vielen Familien anders, ein Besuch im Kaffeehaus oder Lokal eine Selbstverständlichkeit. Was ich aber vielerorts beobachtet habe: Das Kind bekommt heute von den Eltern nicht etwas empfohlen oder gar bestellt. Das Demokratiespiel greift selbst im Restaurant um sich. Das Kind kann selbstverständlich wählen, selbst wenn es damit altersmäßig vielleicht überfordert ist.

Ich belauschte einmal eine Familie am Nachbartisch. Die junge Mutter las ihrem knapp fünfjährigen Sohn die üppige Speisekarte vor. Die ganze gastronomische Litanei: von Wiener Schnitzel bis Königsberger Klopse. Von Gnocchi mit Schinken bis Spaghetti bolognese. Von Rotbarschfilet bis Roulade.

Es war nicht auszumachen, ob der Sohn der Speisekartenrezitation die gleiche Aufmerksamkeit entgegenbrachte, mit der die Vortragende die Lektüre zelebrierte. Der kleine Bursche rollte jedenfalls mit gelangweiltem Gesicht einen winzigen Traktor auf der Tischplatte hin und her und fragte seine Mutter, nachdem sie den Vortrag (auch mündlich fehlerfrei bei fremdsprachigen Gerichten à la Kohrdong blöh) beendet hatte und eine kurze Pause entstanden war: »Was gibts 'n noch?«

Die Mutter atmete hörbar aus.

»Das ist doch genug! Was willst du denn nun essen?«

»Ich hab gar keinen Hunger.«

»Du sollst aber was essen.«

»Aber wenn ich keinen Hunger habe.«

»Iss was Kleines.«

»Eis, Eis!«

Und da wurde die Eiskarte vorgelesen.

Die Sache mit der Erziehung

Meine Eltern haben all das, was sie im Leben für wichtig hielten, an ihre beiden Söhne weitergegeben. Dazu zählten verschiedene Anstandsregeln. Also was man macht und was man nicht macht. Im Alltag gegenüber Kindern und Erwachsenen, im Spiel mit Gleichaltrigen, im Benehmen bei Tisch.

Welchen Eindruck man hinterließ, war in den fünfziger Jahren noch wichtig, drum fiel bei einem gewissen Aus-der-Reihe-Tanzen der Satz: »Was sollen denn da die Leute denken?!«

Es war für mich selbstverständlich, in der Straßenbahn aufzustehen, wenn alte Menschen einstiegen und kein Platz mehr frei war. Alte genossen einen gewissen Respekt. Auch wenn sie einem völlig fremd waren.

Es gab zwischen Eltern und Kindern feste Absprachen. Hielt man sich nicht daran, zog das Konsequenzen nach sich. Das Schlimmste war für ein Kind, wenn es Stubenarrest hatte. Damit bestraft man allerdings heute im Zeitalter der Medien niemanden mehr. Heute muss man das Gegenteil machen. Raus ins Freie. Pause vom Smartphone und Tablet. Nicht erst mal nach der Schule zwei Stunden Monster totbomben.

Unsere Eltern hielten uns zur Selbstständigkeit an und trauten uns einfach etwas zu. Sie wussten nicht, wo wir spielten, aber abends um sechs hatten wir in der Wohnung zu sein. Und wir waren da. Auch ohne Uhr. War keine Kirchturmuhr zu sehen, fragten wir den nächsten Erwachsenen: »Können Sie mir bitte mal sagen, wie spät es ist?«

Wie ist die Lage heute?

Im »Stern« las ich einen Artikel mit dem Grundtenor, dass Kinder ihre Eltern aufforderten, endlich wieder mit der Erziehung anzufangen. Kinder brauchen klare Ansagen. Und sie sind auch froh, wenn man ihnen Grenzen setzt. Sie können es schlecht selbst. Später, im Zusammenleben in der Gesellschaft, stoßen sie sowieso sehr schnell an Grenzen.

Es gab noch nie eine Zeit, in der man sich so viel Gedanken um Kindererziehung machte wie in unserer. Der Büchermarkt ertrinkt in Ratgeber-Schriften zu diesem Thema.

Kinder spüren, wenn ihre Eltern verunsichert sind. Die scheiternden Ehen und Partnerschaften tun ein Übriges. Und die Nachrichten, die sie ja am Rande auch mitbekommen, führen mitunter dazu, dass Kinder ihre Welt als unsicher wahrnehmen.

Sie müssen vor allem über die Eltern lernen, ihr Leben zu strukturieren. Kinder sind keine Partner, sie brauchen richtige Eltern. Hört man zufällig dieses und jenes Gespräch mit, zeigt sich, dass manche Beziehung zwischen Eltern und Kindern statt von genauen Absprachen heute mehr von Verhandlungen geprägt ist.

Eine Bekannte erlebte, wie ein Kind beim Arzt nicht bereit war, sich für die Diagnose einer Blutprobe zu unterziehen. Weinen und Geschrei, Diskussion ohne Ende. Die Frau will ihren Mann noch telefonisch konsultieren, ob er von der Arbeit zum Arzt eilen kann, um seine Überredungskünste auszuprobieren. Am Schluss klappt es schließlich doch noch.

Um welchen Preis?

Die erschöpfte Mutter gibt einer Patientin im Wartezimmer Auskunft: »Das hat mich eben einen Fernseher für das Kinderzimmer gekostet.«

Väter machen auf Kumpel. Da und dort hat sich zum Beispiel eingebürgert, dass der Vater seinem Sohn gestattet, ihn mit dem Vornamen anzusprechen. Was bringt diese Kumpanei? Vater und Sohn bleiben Vater und Sohn.

Die Beobachtung übertriebener Fürsorge führte zu dem Begriff Helikopter-Eltern. Wie ein Hubschrauber kreisen sie um ihre Kinder. Und sie wollen natürlich für ihre Kleinen nur das Beste. Das geht im Extremfall bis zu edlen Kindergärten, die sich dann zum Beispiel »Little Giants« nennen. Oder luxuriöse Einrichtungen für VIBs – »Very Important Babies«.

Unser Sohn Sascha war in einem evangelischen Kindergarten (das kreative Spiel ohne Ideologie tat ihm zu DDR-Zeiten besonders gut). In dem Begriff Kindergarten gehen Kind und Garten eine wunderbare Verbindung ein. Da wächst etwas natürlich unter Obhut heran. Viel trister finde ich jene Bezeichnung, die die Neuzeit hervorgebracht hat: »Kindertagesstätte«. Noch schlimmer ist die unentwegt zu hörende und zu lesende Abkürzung »Kita«.

»Es fehlen Kitas …« oder »Dort wurde eine neue Kita eröffnet …«

Wussten Sie schon, dass es auch eine Huta gibt …?

Das ist eine Tagesstätte für Hunde!

Dort können arbeitende Menschen zum Beispiel für elf Euro pro Tag ihr Tier abgeben.

Aber zurück zur Kita: Wieso sprechen Minister, Bürgermeister, Mütter und Väter diese beiden sinnentleerten Silben überall aus, statt wieder wie seit ewigen Zeiten das schöne Wort »Kindergarten« zu benutzen?

Haben die Leute nicht mal mehr Zeit für diese vier Silben?

Als besonders tragisch empfinde ich nämlich: In dem

Begriff »Kita« sind die Kinder weg! Sie werden auf »Ki« reduziert. Das ist ja noch schlimmer als »Kids«.

Und was ist aus der Kindergärtnerin geworden? Ist sie nunmehr eine Kita-Kraft?

Heutzutage muss man nach Großbritannien fahren, um das Wort »Kindergarten« wieder einmal zu hören.

Aber ich wollte ja von den Formen der Erziehung erzählen.

In einer Zeitschrift las ich, dass es manchen Eltern nicht reicht, ihr Kind mit dem Auto zur Schule zu bringen, sie tragen den Ranzen und begleiten es selbst bis ins Klassenzimmer. Dort versuchen sie dem Lehrer schnell noch zu erklären, wie der Unterricht aussehen muss. Manche packen auch die Kinder in Watte. Eine Lehrerin erzählte mir, dass sich beim freitäglichen Sportunterricht ein kleiner Schüler einen Muskelkater eingehandelt hat. Dann kommt es schon vor, dass deshalb am Montag »wegen Krankheit« ein Platz in der Klasse leer bleibt.

Es ist sogar passiert, dass Eltern bei Meinungsverschiedenheiten dem Lehrer mit einem Advokaten drohen. Und auch das hat es gegeben: Bei einer Auseinandersetzung wurde die Lehrerin von einem Schüler siegessicher mit dem Satz konfrontiert: »Mein Vater ist Rechtsanwalt.« Nach dem Motto »Du wirst schon sehen, was du davon hast!«

Besondere Erfahrungen machen auch Kinderärzte. Eltern »informieren« sich vorher im Internet und bringen in die Praxis gleich Diagnose und Therapie mit.

Es gibt heute mitunter eine übertriebene Angst vor Unfällen.

Klar, als ich 1950 in die Schule kam, gab es wenig Verkehr auf den Straßen, aber aufpassen mussten wir trotzdem, denn wir hatten sechs Straßen zu überqueren. Den Weg hat mir meine Mutter einmal gezeigt, und dann war alles klar. Ein kleiner Junge oder ein kleines Mädchen sind doch stolz, wenn sie den Weg zur Schule allein zu Fuß oder mit dem Fahrrad zurückgelegt haben.

Aber weil die Deutschen bekanntermaßen geradezu süchtig nach Krimis sind, scheint das dazu geführt haben, dass viele Eltern mittlerweile hinter jedem Busch einen potentiellen Kindesentführer oder -schänder vermuten. Dabei zeigt die Statistik, dass 90 Prozent der Fälle im familiären Umfeld passieren.

Ein Drittel der Eltern – so schätzen Fachleute – muss man als solche Helikopter-Eltern einstufen, die ständig um ihre Kinder kreisen. Das Überbehütet-Sein führt dazu, dass sich auf manchen Spielplätzen mehr Eltern als Kinder versammeln.

In der Generation meiner Eltern schob kaum ein Vater den Kinderwagen. Auf Fotos sieht man die Hände der Mutter an der Stange des Wagens, und der stolze Vater geht daneben. Als ich selbst Vater wurde, war es schon selbstverständlich, das Baby auszufahren.

Die heutigen Eltern gehen mit ihren Kindern nun wiederum anders um. Wie oft kommt einem ein Vater mit dem Kind im Tragetuch entgegen. Immer mehr Väter bleiben eine Zeitlang zu Hause und kümmern sich in ihrer beruflichen Pause um die Neugeborenen. Eine schöne Entwicklung. Heute scheint es unvorstellbar, dass man auf einem Kinderspielplatz oder irgendwo im Freien Zeuge einer körperlichen Züchtigung von Kindern werden kann. Das blieb früher nicht aus.

In meiner Kindheit wurde in artige und unartige Kinder unterteilt (darauf nahm dann der Weihnachtsmann Bezug). Dazu gesellten sich Attribute wie garstig, wenn der Spross mal gar nicht hören wollte, und folgsam, wenn er den Anforderungen entsprach.

In meiner Generation war in den vierziger und fünfziger

Jahren des vorigen Jahrhunderts die legendäre »Tracht Prügel«, durch Vater oder Mutter verabreicht, noch üblich.

Meine Eltern praktizierten das glücklicherweise nicht. Es kam im Ernstfall höchstens mal zu einer Drohung: »Du kriegst gleich eine geschwalbt!« Oder: »Du kriegst gleich eine gedachtelt!« Dabei blieb es.

Aber Freunde und Klassenkameraden machten weitaus schlechtere Erfahrungen. Die deutsche Sprache hat in diesem Zusammenhang einiges zu bieten. Die Jungs bezogen »Dresche« oder haben »Sänge« gekriegt, wurden »verwamst«, bekamen paar »hinter de Leffl«. In Zwickau war auch die Formulierung »Ich habe Haue gekriegt!« üblich – das war das Substantiv von »verhauen«. In meiner Heimatstadt konnte man eine »Faunz« einkassieren, das war der in dieser Region übliche Begriff für eine »Backpfeife« oder »Ohrfeige«.

Die schlimmere und intensivere Variante nach unbotmäßigem Verhalten umfasste in manchen Familien Schläge mit dem Teppichklopfer (sächsisch »Däbbichglobbr«). Das ist zum Glück ein inzwischen weitestgehend ausgestorbenes Ding. Mit dem Nachfolger dieses Haushaltgegenstandes wäre eine Züchtigung gar nicht mehr möglich, denn wie soll man jemanden mit einem Staubsauger verhauen?

Meine Frau kennt noch die Parodie (der Dichter ist leider unbekannt) eines Weihnachtsliedes, die in ihrer Klasse gesungen wurde:

»Leise rieselt die Vier
auf das Zeugnispapier.
Hör nur, wie lieblich es schallt,
wenn Mutter mit'm Ausklopfer knallt!«

Es soll auch Kinder gegeben haben, die in Ahnung des drohenden Unheils dieses Züchtigungsgerät beizeiten versteckt haben. Da sich manche Mutter beruhigt hatte, bis das Ding wieder auftauchte, fiel die anschließende »Klopperei« aus.

Kinder wurden damals tatsächlich auch mit einem hölzernen Kochlöffel, einem Kleiderbügel oder einem Gürtel gezüchtigt. Oder, eher im dörflichen Milieu, gar mit einem Ochsenziemer. Mit diesem Begriff können zum Glück bloß noch die Angehörigen meiner Generation überhaupt etwas anfangen.

Wie sah er aus? Sie können die grässliche Zuchtrute im Internet betrachten! Wie der Name schon sagt, war er für die Züchtigung von Ochsen vorgesehen, was schon schlimm genug ist, aber die Vorstellung, welcher Schaden dadurch dem Körper eines Kindes bzw. einer kleinen Kinderseele zugefügt werden konnte … die erspare ich mir jetzt mal.

Der Rohrstock war in meiner Schulzeit bereits verschwunden, doch ich entsinne mich an einen Lehrer, der dem Schüler schon mal eine »Kopfnuss« verpasste. Es kam auch vor, dass Lehrer mit dem Lineal nicht nur exakte Linien auf dem Papier zogen, sondern es auf die Finger eines Schülers sausen ließen.

Auch das Schlüsselbund des Lehrers flog mitunter in Richtung eines undisziplinierten Schülers. Und ihm war völlig egal, an welcher Stelle des Körpers es landete. Mein langjähriger Freund Rudi, mit dem ich ab 1953 die Schulbank drückte, erinnert sich daran, dass unser Klassenlehrer S. undisziplinierten Schülern in die Wange kniff.

Aber das waren Ausnahmen, und dieses Tun blieb Anfang der fünfziger Jahre auf ältere Lehrer beschränkt. Die Prügelstrafe in Schulen wurde in der DDR gleich 1949 abgeschafft, in der Bundesrepublik erst 1973 und in Bayern gar erst 1980.

Es war nicht allein die körperliche Züchtigung, nein, ich habe auch noch zwei Lehrer kennengelernt, die die Schüler dermaßen anschrien, dass es über alle Stockwerke des Schulhauses zu hören war und die kleinen Delinquenten vor Angst zitterten.

Gewalt gegen Kinder ist also glücklicherweise als Massenphänomen verschwunden. Studien gehen aber davon aus, dass immer noch 10 bis 15 Prozent aller Eltern ihre Kinder körperlich bestrafen. Und das hinterlässt Narben am Körper und an der Seele.

Um die 4000 Fälle von Kindesmisshandlung werden im Schnitt pro Jahr bei der Polizei gemeldet. Die Gesellschaft ist sensibler, die Nachbarn sind aufmerksamer geworden. So hellt sich allmählich die Dunkelziffer auf.

In meiner Kindheit oder Jugend habe ich nie davon gehört, dass Mütter oder Eltern ihr Kind haben verhungern oder verdursten lassen. Bestimmt gab es das auch, aber wenn ich heute in einer Zeitung lese, dass die Mutter »überfordert« gewesen sei, dann denke ich an die Mütter unserer Generation, die mit zwei, drei oder mehr Kindern in den Bombenkellern saßen, in Kriegs- und Nachkriegszeiten für Nahrung sorgen mussten, hungerten. Was diese Frauen für ihre Kinder geleistet haben! Ganz zu schweigen von jenen, die aus ihrer Heimat vertrieben wurden und bei Wind und Wetter über die Landstraßen zogen.

Eine andere Beobachtung: Als ich Vater wurde, war es noch üblich, mit einem weinenden Kind Orte zu verlassen, an denen Menschen jemandem zuhörten. Prinzipiell. Man nahm einfach Rücksicht, wollte die Zuhörenden nicht stören. Heute treffe ich immer wieder auf Mütter, die scheinbar so denken: Ich will die Rede, die Lesung oder was immer hören, auch, wenn ich ein kleines Kind mithabe, das plärrt. Da müsst ihr eben durch!

Ich habe das bei einer Veranstaltung mit knapp zweihundert Menschen erlebt. Hinter den Reihen lief eine junge Mutter mit dem quengelnden Kleinkind auf und ab und ließ sich nicht aus der Ruhe bringen. Kopfschütteln, manche drehten sich nach hinten.

Für das Publikum und den Vortragenden eine Zumutung.

Sie wollte einfach nicht auf die Lesung verzichten.

Nun könnte ich mich ja geehrt fühlen, aber ich fühlte mich lediglich gestört.

Selbstverständlich sind Kinder das Schönste auf der Welt. Aber nicht quengelnd bei einer Lesung oder einer Theaterpremiere!

Erst nachdem ich meinen Vortrag unterbrochen hatte und darauf hinwies, dass wir der jungen Mutter doch bitte Gelegenheit geben wollen, ihr Kind im Freien zu beruhigen, damit auch in den hinteren Reihen alles zu verstehen ist, hatte sie es endlich kapiert und räumte das Feld.

Und alle klatschten Beifall.

Kinder sollen in der freien Natur herumtoben, im Wald und auf der Wiese oder wenigstens in der Stadt auf einem schön gestalteten Spielplatz. Und sie haben (hoffentlich) auch ein Zimmer in der Wohnung, wo sie sich nach Herzenslust beim Spiel bewegen können.

Leider gibt es Eltern, die nichts dagegen haben, wenn die Kinder beispielsweise ihr Spielzimmer in mein Lieblingskaffeehaus verlegen. Sie kriechen laut kreischend durch die Gänge, behindern die Kellner bei ihrer Arbeit. Wenn die darauf hinweisen, dass sie nicht damit rechnen, wenn sie mit dem Tablett um die Ecke getrabt kommen, dass dort Kinder auf dem Fußboden spielen, dann müssen sie sich noch den Vorwurf der Kinderfeindlichkeit gefallen lassen. Dabei geht es eigentlich um mangelnde Erziehung nach dem Motto

»*Mein* Kind darf das – und damit haben sich alle anderen abzufinden!«

In solchen Momenten entschwebt selbst die Muse des Kaffeehauses.

Nein, ich bin nicht kinderfeindlich! Aber in meinem Kaffeehaus will ich in Ruhe meinen Kaffee trinken. Und ungestört plaudern.

Es ist eben zu schade, dass es niemanden gibt, der in solchen Fällen die Eltern erzieht.

Mit Betroffenheit habe ich im »Stern« gelesen, dass Burnout und Depressionen inzwischen auch bei Kindern vorkommen. Ursache des kindlichen Stresses ist oft die hohe Erwartungshaltung der Eltern. Sie haben übertriebene Vorstellungen, was aus »meinem Kind« werden soll. Das Ende vom bösen Lied: Einschlafschwierigkeiten, Kopf- und Bauchschmerzen, Lustlosigkeit, Müdigkeit.

In meiner Kindheit kannte ich keine Kinder mit Schlafstörungen. Neben meinem Bett hätte man Holz hacken können. Ich wurde nie nachts wach oder habe stundenlang wach gelegen. Am Morgen war ich frisch und fröhlich. Das scheint heute für Kinder nicht mehr die Norm zu sein.

20,8 Prozent der Kinder mit hohem Stresslevel haben das Gefühl, nicht zu schaffen, was die Eltern von ihnen verlangen. Wer Stress hat, reagiert bekanntermaßen aggressiv, ist weniger leistungsbereit.

Mehr als 85 Prozent dieser Kinder sagen, dass sie Termine wahrnehmen müssen, die ihnen keinen Spaß machen. Aber neun von zehn Eltern gestresster Kinder glauben nicht, dass sie ihr Kind überfordern.

Studienleiter Holger Ziegler von der Universität Bielefeld meint: »Man sollte darauf schauen, wann der Wille, sein Kind zu unterstützen, überhandnimmt und für das Kind eine Art von Förderregime darstellt.«

Die Eltern agieren dann sozusagen als freundliche Diktatoren, wollen aber natürlich nur das Beste für ihren Nachwuchs.

Liebe Eltern, lasst die Kinder in Ruhe!

Meiner Generation ist das gut bekommen.

Geschenke

Wir wussten als Kinder nicht, was wir zu Weihnachten oder zum Geburtstag bekommen würden. Ein Geschenk war bei allem bescheidenen Wert und bei der Einfachheit der vierziger und fünfziger Jahre immer noch eine Überraschung.

Dass wir eine glückliche Kindheit hatten, hat auch damit zu tun, dass wir keine anderen – besseren – Zeiten kannten. Das schützte uns vor Unzufriedenheit. Wir nahmen logischerweise die Zeiten so, wie sie waren. Wenn man den Geschmack von Schokolade nicht kennt, kann man sich nicht danach sehnen.

Ich habe übrigens nie vor Weihnachten in Schränken gestöbert, um zu erfahren, was für Weihnachtsgeschenke die Eltern eingekauft hatten.

Ich wollte mich nicht um diese Überraschung bringen.

Meine Mutter hatte mir erzählt, dass sie als kleines Mädchen einmal durch das Schlüsselloch ins Weihnachtszimmer geguckt hatte. Dort sah sie eine Puppe, die sie dann auch bekam, doch es war keine Überraschung mehr. Sie hat sich im Nachhinein sehr über sich geärgert und machte es nie wieder.

Heute werden Geschenke in vielen Familien von den Kindern eher bestellt (nachdem die Werbung es geschafft hat, sie ihnen einzureden), von den Eltern besorgt und ausgeliefert.

Die Spanne zwischen Wunsch und Erfüllung ist für viele sehr kurz geworden.

(Mein erstes Fahrrad mit Gangschaltung besaß ich mit 47 Jahren …) Wie sollen sich da noch wahrhafte Freude und

Überraschung einstellen, wenn den Beschenkten manchmal schon an der Größe des Kartons klar ist, welcher ihrer Wünsche darin verpackt ist. Für eine Weile macht das neue Stück zwar Spaß, doch bald beginnt das Schielen nach dem nächsten Produkt, und so manches Kinderzimmer mutiert mehr und mehr zum Lagerraum eines Spielwarenladens.

Wenn die Eltern arbeiten, ist die Zeit knapp. Sind sie einigermaßen wohlhabend, dann haben sie zwar Geld, aber kaum Zeit. In einer Zeitschrift habe ich gelesen, dass diese Marktlücke von findigen Leuten schnell entdeckt wurde. Es gründeten sich Agenturen, die zum Beispiel Kindergeburtstagsfeiern organisieren. Die engagieren dann einen Clown, entwerfen eine komplette Mottoparty – Kostüme, Dekorationen und Programm eingeschlossen.

»Ich sehe was, was du nicht siehst …«, Quartett spielen, Topfschlagen oder »Die Reise nach Jerusalem« reichen schon lange nicht mehr. Das wäre doch lächerlich. Es sei denn, man fährt mit den Kindern wirklich nach Jerusalem.

Da kommt ein Kind von einer Party und schwärmt, es gab dort Cupcakes, verziert mit den Namen der Gäste. Also muss man das nächste Mal die Sache toppen. Deshalb gibt es eben eine Torte mit einem Piratenmotiv und eine komplette Ausstattung im Freibeuterstil. Und die Meute hat die Chance, die Wohnung zu entern. Unter Umständen ist dann das Teuerste an der Party die anschließende Malerrechnung …

Werden die Kinder älter, setzt sich dieser Trend fort: »Topmodel-Party« inklusive Fotoshooting und Schminken.

Womit will man das übertreffen?

Vielleicht mit einem Feuerwerk?

Da fällt mir ein … das hatte dieser und jener ja schon zum Schulanfang …

Idyll

Meine Mutter erzählte, dass mir das erste Schuljahr schwergefallen sei.

Nach der Untersuchung für die Einschulung war man der Meinung, dass ich ruhig schon mit sechs Jahren die Schule besuchen könnte. Ich kam auch auf meiner Schiefertafel im Schreiben und Rechnen gut mit – das war kein Problem. Dieses lag woanders. Mein bester Spielkamerad Christian Schuh in der Nachbarwohnung war entweder ein Jahr jünger oder wurde zurückgestellt, und ich beklagte mich bei meiner Mutter, dass er noch spielen könne, während ich jeden Morgen meinen Schulweg antreten musste. Ich spielte doch so gern und konnte darin auch völlig versinken. Und nun musste ich »egal in die blöde Schule«.

Instinktiv fühlte ich mich um ein Jahr verträumter Spielerei betrogen und bekam zu allem Überfluss sogar noch Aufgaben, die ich zu Hause erledigen musste!

An diesen ABC-Schützen Lange-Bernd, wie ich in Zwickau genannt wurde, erinnerte mich ein kleiner Junge, den ich unweit meiner Wohnung beobachtete. Auf einem von Bäumen gesäumten Weg zwischen einer Grünanlage und einer Schule lief er vor mir her. Sein Ranzen wirkte auf dem schmalen Rücken reichlich überdimensioniert. Ranzen sind im Vergleich zu meiner Schulzeit heute generell viel größer und vor allem viel schwerer. Ich empfinde es als Zumutung, was die kleinen Jungs und Mädchen da teilweise durch die Gegend schleppen müssen. Und einige Orthopäden haben mit Recht ihre Stimme dagegen erhoben.

Ich hörte den kleinen Burschen vor sich hin reden. Als ich ihn überholte, sah ich, dass seine Hände einen Kuschelbär hielten. Er neigte gerade den Kopf zu seinem Liebling und küsste ihn innig. Dann erzählte er ihm Geschichten – vermutlich von seinem Schultag, seinen Freunden oder Lehrern. Endlich konnte er mal plappern, ohne dass er ermahnt wurde.

Ich dachte daran, dass wir früher generell nichts Privates mit in die Schule nehmen durften. Tauchte dergleichen auf, wurde das Objekt erst einmal beschlagnahmt.

Jungen wie ihn im Monolog mit dem Lieblingsplüschtier gab es schon vor fünfzig, vor hundert Jahren, und diese Szene kündete für mich von einer heilen Welt.

Vielleicht hätte dieser kleine Bursche – wie ich Jahrzehnte früher – gern ein Jahr länger in seinem Kindergarten oder zu Hause völlig versunken gespielt.

Willkommen und Abschied

Mein Großvater wäre nie auf die Idee gekommen, seine Enkel zu umarmen. Er hat das nicht einmal bei seinen Kindern gemacht. Man gab sich die Hand. Auch die Geschwister meines Vaters umarmten sich nicht bei der Begrüßung. Das ging doch alles sehr förmlich vor sich. Umarmungen waren seltenen Ereignissen vorbehalten, zum Beispiel einer Hochzeit oder schicksalhaften Ereignissen wie einer Beerdigung.

In meiner Jugendzeit in den sechziger Jahren waren Umarmungen selbst unter Freunden nicht üblich. Wenn wir uns trafen, dann lief alles über den förmlichen Händedruck. Man boxte höchstens mal seinen Freund kumpelhaft auf den Oberarm mit einer saloppen Bemerkung wie: »Na, du alter Heini!«

Auch zum ersten Rendezvous mit einer neuen Eroberung gab man sich die Hand. Geküsst wurde nicht unter Zeugen.

Doch noch in unserer Generation kam dann irgendwann der Umbruch, setzte sich diese herzliche Art der Begrüßung durch. So herrschen auch in Deutschland mittlerweile südeuropäische Verhältnisse. Umarmungen sind heute selbstverständlich.

Was sich in der DDR zum Glück nie durchgesetzt hat, war die Art, wie sich sowjetische Genossen begrüßten. Klar, Breschnew und Honecker waren im Kuss vereint, aber die ostdeutschen Genossen knutschten sich nicht gegenseitig ab. Hier endete »Von der Sowjetunion lernen heißt siegen lernen«.

Selbstverständlicher Teil der Erziehung war in meiner Generation, dass ich als Kind alle Hausbewohner zu grüßen hatte, natürlich auch, wenn ich sie auf der Straße traf. Weiterhin wurden uns bekannte Nachbarn und selbstverständlich meine Lehrer gegrüßt. Und die Verkäuferinnen, wenn ich einen Laden betrat.

Als ich zum ersten Mal bei meinem Onkel auf dem Dorf in Thüringen Ferien machte, wies mich meine Mutter darauf hin, dass ich alle Bewohner des Ortes grüßen sollte. »Das macht man so auf dem Dorf.« Bei den wenigen Einwohnern der etwa sechs, sieben Gehöfte in Döblitz schien mir das verständlich, in meiner Heimatstadt Zwickau hingegen wäre ich nie mit Grüßen fertig geworden, wenn ich den Brauch beherzigt hätte.

Der Gruß im Alltag wechselte mit der Tageszeit von »Guten Morgen« über »Guten Tag«, »Guten Abend« und letztlich im privaten Familienkreis bis zu »Gute Nacht«. Natürlich schliffen sich die Grußformeln ab, und so hörte man oft im Alltag »Morgen« oder »Morschn«, »Tag« oder »Daach« und schließlich »N'ahmd«.

Komischerweise habe ich nie »Nacht« gehört, da verzichtete man nicht auf die »gute«.

Da und dort in der Stadt gab es ein paar auffällige Vertreter überzogener Höflichkeit, die mit einer Begrüßungsarie glänzten: »Ich wünsche Ihnen einen wunderschönen guten Tag!« Die wollten mit ihrem Verhalten in erster Linie Eindruck schinden. Oder man versprach sich etwas von dem so Begrüßten, arbeitete vielleicht als Vertreter und hoffte auf gute Aufträge.

Unter Freunden und Bekannten gab es in meiner Generation noch: »Sei mir gegrüßt!« oder »Ich grüße dich!«. Daraus wurde das – auch von mir gebrauchte »Grüß dich!«.

Als ich vor einiger Zeit in Leipzig die Bernhard-Göring-Straße entlangging, grüßte mich ein Mann meines Alters, der mich offensichtlich vom Kabarett oder durch meine Bücher kannte. Das Besondere war der Gruß an sich, den zu entschlüsseln die heutige junge Generation schon Probleme hätte, da er in zwei verschiedenen Gesellschaftssystemen wurzelte. Er sagte nämlich zu mir im Vorübergehen: »Gott zum Gruße, Jugendfreund!«

Und wie grüßt man heute?
»Hallo.«
»Hallo.«
Tausendmal »Hallo« – an der Kasse im Supermarkt. Auf der Straße, im Laden, im Haus, auf Arbeit. Wenn es mir herausrutscht, dann hänge ich in den meisten Fällen wenigstens noch den althergebrachten »Guten Tag« mit ran.

»Hallo« sagten wir früher entweder am Telefon, um sicherzugehen, dass jemand am Apparat war, oder auf der Straße, wenn zum Beispiel ein altes Mütterchen ihr Taschentuch verloren hatte und wir das von der anderen Straßenseite aus beobachtet hatten. Da wir den Namen der alten Dame nicht kannten, riefen wir: »Hallo!« Sie schaute zu uns herüber, und wir informierten: »Sie haben da was verloren!«.

Selbst die beiden Silben von »Hallo« sind manchen jungen Menschen heute zu aufwendig, und so grüßen sie nach amerikanischer Art mit »Hi« (»Hei«).

In anderer Bedeutung taucht im Deutschen »Hei« als Ausruf oder Bestätigung einer schönen Sache auf: »Hei, hei, hei, so eine Schneeballschlacht, ja, das ist was für die Großen und die Kleinen …!« Dieses »hei« ist vermutlich das Überbleibsel solcher entzückten Ausrufe wie »heißa!« oder gar »heißassa!«, die bei meinen Großeltern noch gebräuchlich waren.

Und die Verabschiedung?
Wenn ich einen alten Ufa-Film sehe und die Kamera eine

Abschiedsszene auf einem Bahnsteig einfängt, dann kommt mir ein Bild aus meiner Kindheit in den Sinn.

Die Dampflokomotive tutet, der Zug setzt sich schnaufend in Bewegung. Reisende, die sich aus den Fenstern lehnen, und die Zurückbleibenden winken einander zu – mit Taschentüchern! Der flatternde weiße Wimpel war oft länger zu sehen als jener Reisende, der ihn in den Fahrtwind hielt. Und etliche wischten sich später damit ein paar Abschiedstränen aus dem Gesicht.

Ein ausgestorbener Brauch.

Man mag es einerseits auf die gewachsenen hygienischen Selbstverständlichkeiten zurückführen – heutzutage wedelt man bei der Gefährlichkeit diverser Viren eben nicht mehr mit einem Schnupftuch durch die Gegend. Andererseits benutzt die Mehrheit Papiertaschentücher. Mit denen lässt sich schlecht winken.

Bei mir ist das Papiertaschentuch (übrigens sagten wir – übernommen aus dem Sprachgebrauch der Eltern – auch in der DDR immer Tempotaschentuch, obwohl der Hersteller unter »kriepa« firmierte) prinzipiell nur bei Schnupfen in Benutzung, da mir ein weiches Stofftuch an der Nase einfach lieber ist.

Außer Taschentüchern wurden auch gern Hüte geschwenkt. Die trägt heute kaum jemand, ich sah noch nie einen jungen Mann, der etwa ein Basecap in der Luft von links nach rechts bewegte.

Aber der Hauptgrund für das fehlende Winken ist ja ein ganz logischer: Kein Fenster lässt sich mehr öffnen, kein Kopf schaut mehr aus einem Zug. Die Türen werden automatisch geschlossen, auch die Unsitte des Aufspringens ist damit nicht mehr möglich! Der Zug fährt nahezu lautlos an. Der Abschied ist besiegelt.

Dieser und jener simst vielleicht beim Weggehen noch »Gute Fahrt!« und »Komm bald wieder!« oder – wenn die

Liebe gar zu frisch und groß ist: »Ich habe jetzt schon Sehnsucht!«

Ist das nicht schön?!

Sogar der alte deutsche Gruß »Auf Wiedersehen«, der meist zu »Wiedersehn« verkürzt wird, ist bereits auf dem Rückzug, da er vom schnellen »Tschüs!«, »Tschüsi« oder »Ciao« abgelöst wurde. Ich kannte noch Menschen, die vor Jahren jene Leipziger Dialekt-Verabschiedung benutzten, die aus Vorkriegszeiten stammte: »Adsche!« bzw. »Machs adsche!«.

Dem Sächsisch-Unkundigen erschließt sich nicht gleich, dass es sich um eine Verballhornung des französischen »Adieu!« handelt.

In letzter Zeit höre ich von Jüngeren öfters zum Abschied: »Bis die Tage.« Eine etwas kuriose Formulierung, die andeutet, dass man sich hoffentlich in ein paar Tagen wieder sehen wird.

Kürzlich vernahm ich in einem Geschäft die schon lange nicht mehr gehörten Worte: »Auf Wiederschaun!« Es waren in meiner Kindheit meist etwas vornehme Menschen, die sie benutzten. Im privaten ersten Konfektionshaus am Platz verabschiedeten einen so die Verkäufer im Anzug, mit Schlips und Kragen: »Auf Wiederschaun!«

Vom Sinn her ist vermutlich gemeint, dass man ein baldiges Wiederbeschauen ausdrücken will. Man sieht sich nicht nur, sondern beschaut sich!

Und wenn ein Wunsch im Moment nicht erfüllbar war, dann hieß es in meiner Jugend: »Schaun Sie doch mal wieder rein!« Zu DDR-Zeiten mussten wir auf der Suche nach bestimmten Waren allerdings sehr oft wieder reinschauen.

Süßigkeiten

Osterhasen und Weihnachtsmänner aus Schokolade waren in der DDR immer Mangelware. Wurden – wie alles – zugeteilt. Darum traten viele Schokoladenfiguren im duftenden Westpaket die Reise in den Osten an. Wurden vermutlich an der Grenze noch geröntgt, damit im Hohlkörper nicht etwas Verbotenes ins Land geschmuggelt wurde.

Gold oder Rauschgift.

Oder gar eine Botschaft an einen in der DDR tätigen Agenten.

Was bedeutete DDR-Kindern ein Stück echte West-Schokolade? Ein immer erstrebenswerter Genuss. Heute liegen in Dresden, Mühlhausen oder Frankfurt an der Oder in Kinderzimmern kopflose Weihnachtsmänner und Osterhasen, und auf Nachfrage folgt der lakonische Kommentar: »Die Schokolade schmeckt mir nicht!«

Mancher Tafel geht es ähnlich, weil »… da Rosinen drin sind …« oder »… Vollmilch mag ich nicht …«. Und Großeltern kommen mit den Geschmacksgewohnheiten ihrer Enkel nicht so recht klar, weil sie noch den Geschmack von Ersatzschokolade auf der Zunge haben und kaum verstehen, wie es Kindern geht, die nur den Überfluss kennen.

Heutzutage marschiert die Armada der Weihnachtsmänner überall in Deutschland spätestens im Oktober in die Supermärkte (Lebkuchen locken schon ab Anfang September). Die Regale reichen kaum aus für die unterschiedlichen Größen. Mit etwas Glück können die letzten preisgesenkten Knecht Ruprechts noch Ende Februar die ersten Osterhasen in die Kaufhalle hoppeln sehen. Nahtloser Übergang.

Wobei ich mich frage, was aus den gescheiterten Weihnachtsmännern, die beizeiten abtransportiert werden, anschließend gemacht wird? Werden die vielleicht eingeschmolzen und zu Osterhasen umgepresst?

Und was passiert anschließend mit den übrig gebliebenen Osterhasen?

Es fehlt eine verkaufsintensive Schokoladenfigur für das Pfingstfest. Wieso gibt es keine Schokoladen-Pfingstrosen?

Selbst an Pfingstochsen aus der geliebten braunen Masse hat sich noch niemand getraut.

Aber auch die Zeit von Pfingsten bis Oktober, die will überbrückt sein. Da muss man wohl oder übel auf schnöde Schokoladentafeln zurückgreifen.

Überlegen Sie doch bloß mal, ob Ihnen nicht ein Fest in den Sinn kommt, das man mit einer Schokoladenfigur vermarkten könnte. Da fällt mir ein … wie wäre es denn mit den jeweiligen Spielern der Bundesliga, die Meister geworden sind. Im Elfer-Pack.

Das würde sich garantiert lohnen.

Und natürlich in Originalgröße.

Verreisen

Als ich 1957 mit meinem Bruder Martin – ich war zwölf Jahre alt – mit dem Zug zum ersten Mal in den Westen fuhr, hatten wir auf dem Bahnhof einer größeren Stadt Aufenthalt. Ich stand am offenen Abteilfenster und besah mir den Trubel auf dem Bahnsteig. Von weitem hörte ich einen Mann etwas rufen, bald kam er mit seinem Wagen näher, und die Aufzählung, den Rhythmus und die Tonfolge der fast gesungenen Silben habe ich bis heute im Ohr: »Coca-Cola, Schokolade, Zigaretten!« (Wenn wir uns mal sehen, können Sie mich gern darauf ansprechen. Ich mach es Ihnen sofort vor!)

Kurz danach kam ein anderer Mann in einer weißen Jacke und rollte einen zweiten Wagen mit einem vernickelten Gefäß heran: »Heiße Würstchen!« Und mir fiel der Kinderwitz ein, wie ein Mann daraufhin zu ihm sagt: »Angenehm. Heiße Müller.«

Szenen wie diese kannte ich bis dahin nur aus dem Kino, aus einem UFA-Film. Ich hatte bei meinen jährlichen Zugfahrten mit meiner Mutter nach Triptis (mit für meine Mutter aufregendem zweimaligen Umsteigen in Weida und Wünschendorf) noch nie solch einen Service erlebt. Und unser knappes Reisebudget ließ auch dessen Nutzung in Westdeutschland nicht zu.

Aber was hier alles angeboten wurde!

Und diese Düfte!

Wenn man den Zugverkehr der Reichsbahn in meiner Kindheit und Jugend mit dem der Deutschen Bahn heute vergleicht, so gibt es über die Jahrzehnte nur eine feste Konstante: die Verspätung.

Egal ob Diktatur oder Demokratie – sie ist einfach nicht totzukriegen!

Da spielt es keine Rolle, ob vorn eine Dampf-, Diesel- oder Elektrolok dranhängt. Vielleicht waren die Verspätungen tatsächlich unterm Kaiser noch am geringsten.

Und so gilt auch in der neuen Zeit:

»Pünktlichkeit ist eine Zier,

doch es geht auch ohne ihr!«

In der DDR scherzten wir über die vier Hauptfeinde der Deutschen Reichsbahn: Frühling, Sommer, Herbst und Winter.

Da fällt mir ein: Noch etwas blieb uns erhalten, die Schlange vor dem Fahrkartenschalter.

Aber heutzutage wartet man natürlich viel moderner. Wie auf dem Arbeitsamt zieht man sich aus einem Gerät eine Nummer, die dann mit einem Gong auf einem Display erscheint.

Eben hochmodern!

Und was ist die kleine Papp-Fahrkarte von früher gegen den heutigen voluminösen Fahrausweis, der in eine gleichformatige Hülle gesteckt wird.

Ich kann mich ja sogar noch an Bahnsteigkarten erinnern, die man für zwanzig Pfennige erwarb. Bis in die fünfziger Jahre durfte man erst mit dieser Karte seine Frau, Freundin oder Geliebte an den Zug bringen. Vor dem Bahnsteig war ein Kabäuschen aufgestellt, und von einem Bahnbeamten, der da drin stand, wurde die Karte geknipst.

Es soll auch ab und an passiert sein, dass wagemutige, leichtsinnige, betrügerische Typen mit dieser Bahnsteigkarte eine Zugfahrt antraten und im Zug durch geschicktes Manövrieren der Kontrolle entgingen. Da waren Phantasie und Improvisation gefragt, weil man sich unbedingt hinter dem Schaffner aufhalten musste, wenn er sich kontrollierend durch die Abteile bewegte. Mitunter war sogar ein schneller Waggonwechsel an einer Station vonnöten.

Es war schon kurios, dass die DDR überall sozialistische Begriffe einführte, aber den Namen Deutsche Reichsbahn beibehielt. Im Westen benutzte man ja längst die Bezeichnung Deutsche Bundesbahn.

In meiner Heimatstadt Zwickau gab es ein RAW. Das hieß ausgesprochen »Reichsbahnausbesserungswerk«. Es war das größte in der DDR. Und bei der Reichsbahn gab es natürlich viel auszubessern. Unvergesslich ist mir eine Besichtigung mit meiner Schulklasse, oder sind wir gar alleine dort einfach im Gelände herumgestromert?

Jedenfalls standen auf einem Abstellgleis eine ganze Reihe ausgemusterter Dampflokomotiven, und wir kletterten darauf herum, spielten im Führerstand, schippten imaginär Kohle in den Kessel, dampften durch den Wilden Westen und wurden von heranreitenden sächsisch sprechenden Indianern überfallen.

Als Student fuhr ich fast jedes Wochenende von Leipzig nach Zwickau. In meiner Erinnerung waren die Züge vor allem eins: immer voll! Und eine Reinigung in Abständen hätte der Reichsbahn zu Ansehen verholfen. Vor allem die Toiletten waren nichts für empfindsame Gemüter.

Die anderthalb oder zwei Stunden Zugfahrt (je nachdem, ob Schnell- oder Personenzug) haben wir tatsächlich immer ohne ein Getränk überstanden.

Junge Menschen heute würden da vermutlich schon dehydrieren.

Auf längeren Strecken konnte man sich nicht auf einen Zugservice verlassen. Belegte Brote wurden eingepackt. Ich entsinne mich an überfüllte Züge an die Ostsee, in denen wir eine warme Karena (ein limonadeähnliches Produkt) erstanden hatten. Die Getränke lagerten in einem dafür gesperrten Abteil und hatten die entsprechenden Plusgrade.

Mit Gepäck in einem überfüllten Zug einen Platz zu ergattern, zählte zu den harten Bewährungsproben beim Reisen. Von Wagen zu Wagen schritt man über den wackligen Untergrund des Übergangs, versuchte die oft klemmenden Schiebetüren aufzustoßen, stoppte mit einem Fuß die sich wieder schließende Tür und balancierte das Gepäck durch die Gänge.

Wer hätte sich damals vorstellen können, dass sich die Türen dereinst wie von Zauberhand selbst öffnen würden!

Das Angebot in den raren DDR-Mitropa-Wagen, die auf längeren Strecken angekoppelt waren, hielt sich auch sehr in Grenzen. Mufflige Mitropa-Kellner mussten im Kabarett oder in der Satirezeitschrift »Eulenspiegel« oft als Spottobjekte herhalten. Mitunter hatte man den Eindruck, dass in dieser Branche nur permanent schlechte Laune überhaupt eine Garantie für eine Anstellung war.

Wenn mir damals jemand prophezeit hätte: »Du wirst eines Tages in der 1. Klasse sitzen, und die Schaffnerin wird dich nach einem Blick auf dein Billett nach deinen Wünschen fragen«, dann hätte ich das als Auswuchs einer irregeleiteten Phantasie angesehen.

Und heute sage ich einfach zu ebenjener Dame: »Einen Cappuccino und ein Stück Kokos-Quark-Kuchen bitte.« Solch ein Wunsch zu DDR-Zeiten geäußert – da hätte sich der Zugschaffner der Deutschen Reichsbahn vor Lachen nicht mehr eingekriegt.

Heutzutage bringt mir die Frau von der Bahn tatsächlich ein Gedeck an meinen Platz!

Unglaublich!

Dass so etwas möglich ist – das werde ich bis ans Ende meiner Tage nicht fassen können!

Bahnhof ade!

Auf den Bahnhöfen meiner Kindheit hingen überall weiße Schilder mit schwarzen Buchstaben, die über den Ortsnamen informierten. Manchmal auch noch in Fraktur. Wenn ein Ort keinen – und war er noch so klein – Bahnhof hatte, dann war es schon ein ganz schönes Nest, ein Kaff, eine Kuhbläke.

Was ich mir nie hätte vorstellen können: Dass in der neuen Zeit die Bahn Tausende Bahnhöfe in kleinen Orten nicht mehr benötigt.

Bahnhöfe!!!

Das war doch der Stolz einer Kleinstadt. Ein Zeichen, dass sie dazugehörte – zum deutschlandweiten Schienennetz.

Alles ist heute anders bei der Bahn. In den letzten zwanzig Jahren hat man dort etwa 1700 Bahnhöfe verkauft! Und die machen weiter.

Wenn mir jemand in meiner Kindheit gesagt hätte: »Du kannst dir ja später mal einen Bahnhof kaufen!«, ich hätte es nicht geglaubt.

Im April 2013 wurden allein 24 Bahnhöfe in Sachsen, Sachsen-Anhalt und Thüringen auf einer Auktion versteigert. Der billigste im Angebot war der in Wefensleben, offeriert für 1500 Euro, ging er für 4100 Euro weg. Ein Bahnhofsschnäppchen. Dagegen stieg in Chemnitz ein Gebot für einen Bahnhof von 18 500 Euro bis auf 91 000 Euro.

In den heute noch existierenden kleinen Bahnhöfen gibt es keinen Fahrkartenschalter mehr mit einem Menschen hinter der Glasscheibe und auch keinen Wartesaal. Die neue

Technik macht das alles überflüssig. In der »Welt am Sonntag« stand die schlichte Wahrheit: »Den Passagieren müssen ein Fahrkartenautomat, eine Informationstafel und ein ›Witterungsschutz‹ reichen.«

So denkt die Bahn, aber der »Witterungsschutz« hilft ja maximal gegen Wind oder Regen.

Was ist bei Verspätung im Winter, wenn es Frost gibt? Da denke ich doch gern an einen alten geheizten Wartesaal aus früheren Zeiten.

Im besten Falle, wenn die Gemeinde ihren Bahnhof kauft, wird der Gründerzeitbau kulturell genutzt, kann dort beispielsweise eine Bücherei einziehen. Ich habe schon in einem ehemaligen Bahnhof gelesen. In Bad Saarow wird im Bahnhof geheiratet. Tja, wenn das Finanzgrab Stuttgart 21 nicht wäre … Es wäre aus etlichen alten Gebäuden vielleicht noch was zu machen. Aber in der Beziehung versteht das Unternehmen sowieso nur – Bahnhof.

Systemschaden

1963 begann ich in der Volksbuchhandlung Gutenberg in Zwickau meine Arbeit als buchhändlerische Hilfskraft. Heutzutage ist es unvorstellbar, dass die Buchhandlung einen eigenen Schaufensterdekorateur beschäftigte – in der DDR nannte man ihn übrigens Gebrauchswerber. Und was machte der? Er dekorierte Schaufenster.

Die Buchhandlung besaß zwar acht davon, aber es war natürlich eine lässige Arbeit. Wie man damals in Bezug auf eine nicht so anstrengende Tätigkeit in unserer Region sagte: »Er machd sich nich dohd.«, oder »Dähr hadd een ganz scheen Lenz.«.

Als der Kollege, der die Schaufenster dekorierte, den weißen Mantel zu seinem Leidwesen gegen den grauen Waffenrock der Nationalen Volksarmee eintauschen musste, übertrug der Chef mir jene Arbeit, weil er bemerkt hatte, dass ich durchaus Bücher unter einem Leitgedanken, einem aufgehängten Blickfang mit ein paar originellen Requisiten arrangieren konnte.

Das Prinzip der Schaufensterdekoration einer DDR-Buchhandlung bestand darin, Bücher, die wie Blei in den Regalen gelegen hatten, in die Auslage zu stellen, um Käufer anzulocken. Gefragte und gesuchte Bücher, von Grimms Märchen mit den Werner-Klemke-Illustrationen bis zu Lizenzausgaben aus der BRD oder anderen kapitalistischen Ländern, schafften es niemals bis ins Regal, vom Schaufenster ganz zu schweigen. Das betraf selbst so manch kritischen Roman von hiesigen Autoren über das spezielle Leben im Sozialismus.

Für die raren Bücher galt: Man bestellte fünfzig Stück, um

dann wenigstens fünf zu bekommen, die unter dem Ladentisch verborgen wurden. Sie waren guten Kunden vorbehalten.

Nur was sich nicht von allein verkaufte, wurde im Fenster gezeigt.

1983, mit 39 Jahren, durfte ich durch die Vermittlung meines Schweizer Freundes Urs Bangerter, der mich nimmermüde über das Ministerium für Kultur zu Lesungen in die Schweiz einlud, zum ersten Mal in jenes Land reisen. Obwohl von mir noch gar kein Buch erschienen war, las ich in einer christlichen Buchhandlung in Zürich und in drei anderen Orten aus meinen Manuskripten.

In Zürich besuchte ich Franz Hohler, den ich anlässlich seines Gastspiels in der Leipziger Pfeffermühle kennengelernt und mit dem ich mich schnell angefreundet hatte. Er war übrigens der erste Kabarettist »aus dem Westen«, der im DDR-Leipzig auftrat. (Wenn man von Dietrich Kittner aus Hannover absieht, der uns von der Bühne erklärte, wie schön das Leben in der DDR wäre, weil wir der BRD eben eine ganze Gesellschaftsordnung voraus wären. Seine Programme fanden meist erst nach drei Stunden ein Ende, und er meinte dazu, wenn er das Publikum schon nicht überzeugen könne, wolle er es wenigstens zermürben – was ihm hundertprozentig gelang!)

Als Franz Hohler mit mir einen Spaziergang durch seinen Stadtteil Oerlikon machte, sagte er in der Nähe einer Buchhandlung: »Ich muss schnell mal nachsehen, ob mein letztes Buch im Fenster ausgestellt ist.«

Sehr erfreut entdeckte er es auch.

Und ich dachte sofort, durch meine DDR-Erfahrungen geschädigt: Also, wenn es im Fenster liegt, dann kann es ja nicht so toll sein.

Reisen ins Ausland

Die fehlende Reisefreiheit in der DDR war ein besonders dicker Sargnagel für das System. Wenn wir wenigstens im osteuropäischen Teil des Kontinents – ordentlich mit Devisen ausgestattet – hätten durch die Lande ziehen können! Ich entsinne mich an eine Fahrt mit meinem Freund Horst Gröschel nach Prag. Ich glaube, wir durften dreißig Mark der DDR pro Tag tauschen. Durch Bekannte hatten wir eine Adresse bekommen, wo der Mieter der Wohnung »schwarz« für Ost-Mark ein Zimmer vergab. Da mussten wir schon dankbar sein, dass dort jemand unser Geld überhaupt nahm. Unausgesprochen war, dass man aus lauter Dankbarkeit etwas mehr als verlangt zahlte …

Als wir unsere Sachen verstaut hatten und uns zum ersten Gang durch die geliebte Stadt an der Moldau aufmachten, blätterte Horst in seinem Sprachführer und sagte unbeholfen als kleine aufmerksame Geste gegenüber unserem tschechischen Quartiergeber: »Na … sle…da…no.«

Darauf meinte Bohus Petr (Sie sehen, diesen Namen habe ich aus Dankbarkeit über Jahrzehnte behalten) im schönsten Schwejk'schen Slang: »Nu und Tschechisch kennen Sie auch schon!«

Er gab uns dann noch die Verhaltensregeln für den nächsten Morgen mit auf den Weg: »Ehe Sie morgen frieh gähen, Sie hären in Haus, ob jemand auf Träppe, und wenn jemand auf Träppe, dann Sie warten und gähen erst, wenn Sie niemand mehr hären.«

Damit wollte der Herr Ingenieur vermeiden, dass nicht so nette Mitbewohner erfahren könnten, dass er »schwarz« vermietet.

Ich habe in einem anderen Quartier erlebt, dass wir einen Tag eher unser Zimmer verlassen mussten, weil die Wirtin Devisen zahlende Gäste aus der BRD bekommen hatte.

Allerdings habe ich durch einen Leipziger Bekannten wiederum in Polen unglaubliche Gastfreundschaft bei Freunden von ihm erlebt, wo wir weder für das Quartier noch für Essen etwas bezahlt haben.

Und wir waren vier junge Burschen!

In Budapest schliefen meine Frau, unser Sohn Sascha und ich auf Klappliegen in einem Raum neben dem Bibelstundensaal der Methodistengemeinde. Die Pfarrfrau, die aus der DDR stammte, hatte als Gegenleistung mehr als bescheidene Wünsche geäußert: Luvos-Heilerde (zum Preis von 49 Pfennig pro Päckchen in der Drogerie erhältlich). Und wir freuten uns, Budapest erleben zu können. Ungarn galt ja immer als die fröhlichste Baracke im sozialistischen Lager.

Inzwischen ist die auf dem Leipziger Ring eingeforderte Reisefreiheit schon weit über zwei Jahrzehnte Realität, und wir sind längst durch alle europäischen Städte, von denen wir so viele Jahre geträumt hatten, gebummelt: durch Venedig und Wien, Paris und Rom, Zürich und Amsterdam, Stockholm und Oslo und und und …

Wir haben es in den letzten Jahren genossen, ohne große Vorbereitungen ins Elsass oder in die Toskana zu fahren.

Ins – im wahrsten Sinne des Wortes – Blaue hinein. Was für tolle Entdeckungen haben wir da gemacht. Im Elsass spürten wir ein Hotel oben auf einem Weinberg auf – mit einem Spitzenrestaurant. Davon kündeten die vielen Auszeichnungssticker an der Glasscheibe der Eingangstür. Wir saßen am Abend auf einem schmalen Balkon im ersten

Stock des Hauses und blickten weit in die Landschaft hinein. Den Besitzer und schnurrbärtigen Gourmet-Koch entdeckte ich bei einer Zigarettenpause. Er kochte in einer Art Nachthemd. Vielleicht fühlte er sich so luftig am Herd.

In den Gängen des Hotels hingen Grafiken, auch Karikaturen, entstanden um die vorletzte Jahrhundertwende, in denen jeweils das berühmte Café de la Paix in Paris eine Rolle spielte. Als neugierige Sachsen machten wir uns natürlich kundig und erfuhren, dass den Vorfahren des Besitzers jenes legendäre und heute noch existierende Kaffeehaus in der französischen Hauptstadt gehört hatte.

Unvergesslich unsere erste große Reise in den Süden, in die Toskana. Ein altes zauberhaftes Hotel, Villa Baroni. Mobiliar aus vergangenen Jahrhunderten. Ein heißer Tag. Wir ruhten allein im Schatten an einem blau leuchtenden Pool und blickten auf bewaldete Hügel.

Eine Angestellte im schwarzen Kleid mit weißer Schürze kam aus dem Haus und lief über die Wiese in unsere Richtung. Ich sagte zu meiner Frau: »Du, ich glaube ... die kommt zu uns! ... Wahrscheinlich fragt die uns jetzt ... ob wir was wollen ...« Und wir konnten es als Menschen, die den nicht vorhandenen Service der DDR noch in den Knochen hatten, nicht fassen, dass sie uns tatsächlich nach unseren Wünschen fragte. Wenig später brachte sie uns Getränke und Obstsalat.

Oder ein anderes Erlebnis: Wenn ich als Kind im Sommer an den Rosenbeeten im Zwickauer Park der »Neuen Welt« vorbeikam, dann duftete es betörend. Wenn ich heute im Blumenladen Rosen sehe, dann beuge ich mich immer wieder umsonst zu den Blütenköpfen hinunter: Sie gleichen äußerlich einer Rose, aber sie riechen nicht mehr wie einst.

Ihr unvergesslicher Duft ist verduftet. Warum? Die alten Sorten in den kleinen Gärtnereien sind dahin. Industriemäßig hergestellte Rosen sind nur noch in der äußeren Hülle existent.

Eigentlich ähneln sie perfekt nachgemachten Kunstblumen.

Deshalb war es für mich ein besonderes Erlebnis, als ich vor wenigen Jahren mit meiner Frau und Freunden in der Provence war. Das Hotel, ein altes Anwesen, lag idyllisch an einem Wald, und die Rosenstöcke am Haus verströmten den geliebten Duft meiner Kindheit.

So weit weg von zu Hause, in Südfrankreich, da roch es wieder wie damals in Zwickau.

Heute passieren in Sachen Reisen aufregende Geschichten: Eine 26-jährige Bekannte bekam zum Geburtstag von ihrem Freund eine Kurzreise nach London geschenkt.

Wer zu meiner Generation gehört, ist verblüfft, welche Möglichkeiten die jungen Leute heute haben! Aber wir gönnen ihnen das von Herzen! Sie erzählte mir davon: »Nur Shoppen. Früh hin, abends zurück. Für siebzig Euro.« Früh bedeutete allerdings: erst mal mit dem Auto wirklich sehr früh zum Flughafen nach Berlin zu fahren.

Und was wurde nun in London geshoppt?

Ein Paar Schuhe.

Die fand sie in der ausgeflippten Atmosphäre dieser Weltstadt im Laden zwischen verrückten Typen einfach toll. Als sie das Paar allerdings am nächsten Tag zu Hause bei Licht betrachtete, lautete ihr Fazit: »Wenn ich die hier anziehe, denken die Leute, ich hab' sie nicht mehr alle.«

Also: tolle Schuhe, aber leider untragbar. Umsonst geshoppt.

Die Einschätzung ihres Londonbesuchs insgesamt: »Viel zu laut, viel zu viel Musik, viel zu viel Gewühl.«

Im Flugzeug machte sie dann am Abend noch einen verhängnisvollen Fehler: Sie zog ihre Schuhe aus, um die ermüdeten Füße zu entspannen. Leider kam sie aber danach nicht mehr in jene Schuhe hinein. »Zum Glück hatte ich in meinem Auto noch ein Paar Pantoletten liegen, sonst hätte ich barfuß zurückfahren müssen.«

Was man in der neuen Zeit alles erleben kann!

»Na ja, es war eben ein Geschenk.«

Mit den Jahren hat sich bei manchen Zeitgenossen auch schon so etwas wie ein Trend zu zwanghaften Fernreisen eingestellt. Eine junge Frau erzählte mir, dass sie in Thailand war. Nun interessierte mich die dortige Kultur, das Leben in Bangkok, was sie davon erzählen könnte. »Ach so, nee … mir warn nur am Strand.«

Ein anderes Ehepaar berichtete mir von hoher Arbeitsbelastung und dass sie unbedingt einmal ausspannen müssten. Deshalb würden sie jetzt acht Tage in Urlaub fahren. Ich vermutete, an die See oder in die Berge. »Nee, nach Dubai.«

Da waren ja erst einmal zwei Tage durch die An- und Abreise weg. Sechs Tage ausspannen in Dubai. Zwischen Hochhäusern und Wüste?

Ein Rentnerehepaar kam aus Afrika nicht nur mit diversen Andenken, sondern auch mit einem Virus zurück und verlängerte den Urlaub in einem hiesigen Krankenhaus.

Ein anderes Paar besuchte mehrere Länder in Südamerika. »Was wir alles gesehen haben!«

Sie hatten Mühe, die Erlebnisse den einzelnen Ländern zuzuordnen.

Ich bin ein rettungslos konservativer Mensch. Mich interessieren als Sachse, der seit 1990 endlich auch praktizierender Europäer sein kann, vor allem die Länder unseres Kontinents.

Und je älter ich werde, desto mehr habe ich das Bedürfnis, noch so viel wie möglich von Deutschland zu sehen.

Was für ein Land zwischen Ostsee und Alpen!

Was für eine Freude, den renovierten und rekonstruierten Osten zu entdecken. Von den Fachwerkhäusern Quedlinburgs bis zu den imposanten Kirchen in Stralsund. Von der Meißner Altstadt bis zu den Mecklenburger Schlössern und Herrenhäusern. Von den Renaissancehäusern in Görlitz bis zu den Passagen und Höfen der Leipziger Innenstadt.

Dass ich das in den letzten fünfundzwanzig Jahren alles erleben durfte!

Und wenn Sie mich fragen: Noch hundert Jahre würden nicht reichen, um sich wenigstens in Deutschland einigermaßen gut auszukennen.

Der Unterschied

An mein erstes Kinderbuch erinnere ich mich auch noch mit siebzig.

Mein Vater hatte es mir geschenkt. Er arbeitete nach dem Krieg in der Druckerei Förster & Borries. Dort erschien 1946 »Beim Weihnachtsmann«. Die »Bilder und Worte« stammen vom Zwickauer Karl-Heinz Schuster. Am meisten hatte es mir jenes Bild angetan, auf dem man die Zwergenschar im romantischen Waldhaus beim Bemalen unterschiedlichsten Holzspielzeugs sieht. Von der Lokomotive über das Schaukelpferd bis zum Feuerwehrauto.

Wie das im Leben so ist: Man vermisst erst etwas richtig, wenn man keinen Zugang mehr dazu hat. Irgendwann verschwand logischerweise mit dem Älterwerden das Hartdeckelbuch, und so war es für mich eine Freude, als es die Buchhandlung Marx in Zwickau Anfang der neunziger Jahre wieder auflegte. Und beim Blättern im Buch kam mir sofort jene Atmosphäre im warmen Zimmer zu Hause in den Sinn, als ich es zum ersten Mal in Händen hielt.

Ich liebte als Kind Märchen. Die Geschichte von »Hänsel und Gretel« ging mir ans Herz. Unvorstellbar, dass Eltern aus Not so hartherzig handeln können und die Kinder ihrem Schicksal überlassen. Die Geschichte berührte mich viele Jahrzehnte später noch einmal auf besondere Weise, als mein Enkel Friedrich in einer Neuverfilmung der ARD den Hänsel spielte.

Schon in meiner Kindheit war ich treues Mitglied der Zwickauer Stadtbibliothek, denn ich habe immer gern gelesen. Ich ließ bei der Lektüre meine Phantasie spielen, stellte mir Landschaften vor, wenn ich »Am Ufer des Sewan«

spazieren ging oder mit »Dersu Usala«, dem Taigajäger, durch die Wälder strich. Ich steigerte mich in das Leben der »Höhlenkinder im heimlichen Grund« hinein und fieberte mit, dass alles gut ausging. Und fand »Tecumseh, den Berglöwen« beeindruckend mutig.

Auch die Deutschen Heldensagen fesselten mich. Es war doch nicht zu fassen, dass der böse Hagen tatsächlich herausbekam, an welcher Stelle Siegfried verwundbar war!

Besonders geliebt habe ich – wie so viele Kinder – natürlich die beiden Bände von Mark Twain »Tom Sawyers Abenteuer« und »Huckleberry Finn«. Tante Polly und der böse Indianer-Joe waren uns ein Begriff. Wie harmlos wirkt heute so eine nächtliche Szene auf dem Friedhof im Buch, verglichen mit den Horror- und Gruselproduktionen aus unserer Zeit.

Als ich in den letzten Jahren mit meinem Enkel die hervorragenden Verfilmungen der beiden Bücher sehen konnte, habe ich mich richtig darauf gefreut und das intensiv genossen (vielleicht sogar noch mehr als mein Enkel …).

Die spannenden Geschichten um »Die Schatzinsel« sind mir ebenso in guter Erinnerung wie die Bildgeschichten von Wilhelm Busch. Ich war fasziniert von den vielen Streichen, die sich Max und Moritz einfallen ließen – mein lieber Mann, das hätte ich mir nicht getraut …

Im Freundes- und Bekanntenkreis tauschten wir vor allem Bücher aus, die nicht im Bestand der Stadtbibliothek zu finden waren. So verschlang ich zum ersten Mal in den Tagen einer Angina (die schönsten Krankheitstage meiner Kindheit) Abenteuerromane von Karl May. Mein älterer Bruder versorgte mich über einen Bekannten mit dieser Lektüre. Nun ging es »Durch die Wüste« und »Durchs wilde Kurdistan«, ich bewunderte »Old Shatterhand«, »Winnetou« und war gefesselt vom »Schatz im Silbersee«. Die nachfolgende

Generation hat vielleicht noch ein, zwei Karl-May-Bücher gelesen, aber für die Enkel-Generation sind sie oft ohne jegliche Bedeutung. Bei denen muss man dankbar sein (vor allem, wenn es sich um Jungs handelt), wenn sie sich überhaupt für ein Buch interessieren, wie manche Großeltern klagen. Eins haben aber fast alle heute gelesen: »Harry Potter«. Das ist sozusagen in der Beliebtheitsskala der neue »Winnetou«.

Einen Rekord kann allerdings »Winnetou I« (2015 wurden immerhin noch über 2000 Exemplare – zumeist über den Versandhandel – verkauft) vermelden: Das Abenteuerbuch ist nunmehr schon über 120 Jahre auf dem Markt!

Später liebte ich – in der DDR natürlich als »Schund- und Schmutzliteratur« verboten – Abenteuerhefte aus Westdeutschland, die heimlich die Runde machten: Reihen wie »Erdball-Wildwest«, »Silber-Wildwest«, »Jerry Cotton«, »Tom Mix« und »Billy Jenkins«. Ich träumte mich an die damals unerreichbaren Orte in Amerika.

Mit dem Älterwerden entdeckte ich Edgar Wallace und andere Krimi-Autoren, doch nach und nach ging es immer mehr in Richtung Belletristik. Schließlich arbeitete ich als 19-Jähriger in einer Buchhandlung. Nun hatte ich Beziehung zu raren Lizenzausgaben, konnte zum ersten Mal Hemingway und Salinger lesen. Einen Schub bekam ich zwei Jahre später als Student, denn da lernte ich in Leipzig Kommilitonen mit entsprechenden Westbeziehungen kennen, und in mein Leben traten Françoise Sagan, John Steinbeck, Albert Camus, Jean-Paul Sartre und viele andere.

Und all diese fernen Orte, in denen das Gelesene spielte und die wegen des Reiseverbots für DDR-Bürger ins westliche Ausland so unerreichbar waren, rückten ab 1990 plötzlich als reale Orte in mein Leben, und auch alle Bücher dieser Welt konnte ich nun in meinen heimischen Bücherschrank holen.

Mitte der neunziger Jahre, als ich mit meinem Kollegen Gunter Böhnke und dem Pianisten Rainer Vothel vom Goethe-Institut zu einer Tournee in die USA eingeladen worden war – wir spielten in Saint Louis, Dallas, Houston und Los Angeles –, da stiegen wir auf einem Flug doch tatsächlich in einem Ort um, dessen Name ich in den fünfziger Jahren in der Zwickauer Hölderlinstraße zum ersten Mal in einem Western-Abenteuerheft gelesen hatte: El Paso.

Das war für mich unglaublich! Tatsächlich El Paso!

Und gleich war ich in Gedanken bei jenen lässig daherkommenden Cowboys und Revolverhelden, wie sie einst in meiner Phantasie herumspazierten. Allerdings war es bloß ein relativ trister Flughafen, was für eine gewisse Entzauberung sorgte.

Früher tauchten beim Lesen verschwommene Wunschbilder auf. Wenn ich heute Romane lese, dann stoße ich immer wieder auf Ortsnamen, die inzwischen reale Bilder erzeugen. Ganz einfach deshalb, weil ich tatsächlich schon dort gewesen bin … auf dem Friedhof Père Lachaise …, an der Klagemauer …, auf der Spanischen Treppe …, im Café Hawelka …, am Piccadilly Circus …, auf der Rambla …, in den Uffizien … oder an der Meerjungfrau in Kopenhagen … Ich roch inzwischen den Duft der Toskana …, sah das Licht der Provence. Bücher erzeugen keine Wehmut mehr, sondern sind Erinnerung an wunderbare Erlebnisse.

PS: Und fünfzig Jahre nach jenen Tagen, in denen ich so manches Abenteuerbuch »durchgeschwartet« habe, fand ich zufällig auf einem Flohmarkt den Programmzettel einer Western-Show in einem Zirkus mit Foto und Original-Unterschrift von Billy Jenkins!

Sie können sich vorstellen: Sehen und kaufen waren eins!

Ist Lesen noch modern?

Im vorigen Kapitel habe ich Ihnen einiges von meiner frühen Begeisterung fürs Lesen erzählt. Es gab nie eine Zeit in meinem Leben, in der das nachgelassen hat.

Auch all meine Freunde haben gelesen. Und meine Freundinnen.

Inzwischen kenne ich mir sympathische und intelligente Menschen zwischen zwanzig und fünfzig Jahren, die einfach nicht lesen. Und welche Begründungen hörte ich für die Lese-Abstinenz?

»Ich kann mich einfach nicht mehr konzentrieren.«

»Ich schlafe immer gleich ein.«

»Ich finde keine Ruhe dafür.«

»Lesen strengt mich an.«

»Höchstens mal im Urlaub.«

Für mich unvorstellbar, dass man sich in seiner Freizeit tatsächlich mit Display und Flachbildschirm zufriedengibt, dass man nur konsumiert, ohne die Phantasie spazieren gehen zu lassen.

Was schätzen Sie, wie viele Deutsche inzwischen in einem langen Jahr überhaupt kein Buch mehr anfassen? Nicht eins!

Zwei Millionen? Fünf? Acht?

Sie erfahren es, weil *Sie* ja dieses Buch hier *lesen*: über sechzehn Millionen!

Stellen Sie sich vor, kein Einwohner der DDR hätte je gelesen!

Um Ihnen die Dimension noch deutlicher vor Augen zu führen, zitiere ich aus einem Beitrag des von mir geschätzten Literaturkritikers Denis Scheck in der »Leipziger Volkszeitung«: »Rund 35 Millionen Menschen hierzulande lesen gar nicht oder schlagen seltener als einmal im Monat ein Buch auf«.

Die Zahl der Nichtleser ist in den letzten fünf Jahren um 10 Prozent gestiegen, »… während im selben Zeitraum das Häuflein der mehrmals in der Woche zu einem Buch Greifenden um fast zwei Millionen auf rund 12,5 Millionen zusammenschmolz«.

Dass ich an *einem* Tag immer zu zwei Büchern greife (eins nachmittags zur Siesta und eins nach Mitternacht im Bett), hilft der traurigen Statistik auch nicht auf.

Wird sich vielleicht mein Enkel eines Tages bei einem Spaziergang durch die Stadt an einem Haus plötzlich einer früheren Episode erinnern? Wird er seinen Enkeln erzählen: »Stellt euch vor: Hier im Erdgeschoss, das weiß ich noch ganz genau, da war ich einmal mit meinem Großvater drin. Das war ein Laden, in dem es *nur* Bücher gab! Ein ganzer Laden voller Bücher! Man nannte solch einen Laden ›Buchhandlung‹.«

Und seine beiden Enkel sehen ihn dann ungläubig an.

Es ist mir schlicht unbegreiflich, dass so viele Menschen in ihrem Leben auf den Genuss des Lesens verzichten. Die Bilder und Sätze im Fernsehen sacken doch gleich wieder durch die Roste ins Vergessen. Flüchtig ist das bewegte Bild.

Wie anders beim Lesen, wo man innehalten kann, einen Satz, der einem zu Herzen geht oder der im Kopf eine eigene Denkleistung auslöst, ein zweites Mal lesen kann. Dabei in den Himmel, in die Krone eines Baumes oder meinetwegen auch schlicht an die Decke sehen kann. Man bekommt nicht einfach etwas serviert, sondern wird zum Weiterdenken animiert

Für mich ist das beglückend, seit der Friedlichen Revolution allen Geist dieser Welt aus einer Buchhandlung nach Hause tragen zu können (wie auch andererseits aus einem CD-Laden alle Musik).

Denis Scheck moderiert das hervorragende ARD-Büchermagazin »Druckfrisch«. Das Erste Deutsche Fernsehen getraut sich aber nicht, die Erstsendung zu einer menschenfreundlichen Zeit auszustrahlen. Die Sendung beginnt eine halbe Stunde vor Mitternacht und läuft bis null Uhr fünf.

Einer früheren Sendezeit ist natürlich die Quote im Wege! Es ist halt kein Krimi, obwohl Scheck auch sehr spannend moderiert.

Der normale Werktätige kommt also für »Druckfrisch« nicht in Frage. Es ist eben mehr eine Sendung für freischaffende Künstler und lesefreudige Senioren, die sich den Genuss des Ausschlafens leisten können. Es gibt aber wenigstens bei EinsPlus und ARD-alpha sehfreundlichere Wiederholungen.

In dem erwähnten LVZ-Artikel postulierte Dennis Scheck, was ihn an Büchern so fasziniert. Ich kann es nur unterstreichen und gebe es gern an Sie weiter: »Literatur lesen heißt, mehr als ein Leben führen zu dürfen, ohne mehr als einen Tod sterben zu müssen. Literatur lesen stärkt unsere Empathie und erschüttert unsere lieb gewordenen Glaubensgewissheiten. Literatur lesen schärft unseren Blick für die Nacktheit der Kaiser in neuen Kleidern. Literatur schützt vor Narzissmus, indem sie den Blick vom eigenen Nabel hinaus in die Welt lenkt. Literatur war für mich immer so etwas wie eine in einem Kuchen eingebackene Feile. Ein Fluchtmittel. Um dem zu entkommen, was den Alltag zum öden Gefängnis macht ... Genau deshalb ist Lesen, ist Literatur totalitären Machthabern immer ein Dorn im Auge und steht bis heute unter politischem Verdacht.«

PS: Das noch am Rande: Ich freue mich, dass die E-Books ihren Siegeszug nicht angetreten haben. Das neugierig machende Titelbild auf dem Schutzumschlag, das Foto des Schriftstellers, die Sinnlichkeit, ein Buch aufzuschlagen, das Blättern, der Geruch von Papier und Druckerschwärze, der Blick auf den Buchblock, der beim Lesen immer mehr Seiten auf der linken Seite zählt, das Gefühl beim Zuklappen, etwas geschafft zu haben, darüber noch nachzusinnen und mit jemandem über das Gelesene zu reden – das alles ist doch unschlagbar für jemanden, der gerne liest.

Vom Glück, in einem Antiquariat zu stöbern

Ich weiß nicht mehr, wann und wo ich zum ersten Mal ein Antiquariat betreten habe. Es könnte in meiner Heimatstadt Zwickau gewesen sein, in der Buchhandlung Marx, deren Inhaber Christoph Freitag in einem vom Laden aus zu begehenden Keller einige Regale mit antiquarischen Büchern für Interessenten parat hatte. Zugang bekamen aber nur bestimmte Kunden. Das war ein Privileg.

Vielleicht stand ich auch 1965 zum ersten Mal in solch einem Laden, als ich nach Leipzig zum Studium kam und in der Grimmaischen Straße in der Buchhandlung Genth auf alte Ausgaben stieß, in jenem Laden, in dem wenige Jahre später dann das volkseigene Zentralantiquariat residierte. An der Wand neben der Kellertreppe, an der ab und an Bilder hingen, entdeckte ich einmal eine signierte Radierung von Lesser Ury, die nach meiner Erinnerung dreihundert Mark kostete. Damals für mich unerschwinglich, sonst würde das Blatt heute an *meiner* Wand im Arbeitszimmer hängen ...

Über drei romantische alte Antiquariate und vor allem über die jeweiligen universell gebildeten Besitzer, die ich in den sechziger Jahren in Leipzig noch kennenlernte, habe ich in »Mauer, Jeans und Prager Frühling« geschrieben. Hier möchte ich das Antiquariat Goedecke im Petersteinweg in Erinnerung rufen. Ein verwinkelter Laden, wie er heutzutage kaum noch irgendwo zu finden ist. Ein Kanonenofen spendete im Winter wohlige Wärme. Der Besitzer war Hundefreund, und ich entsinne mich, dass mir sein Hund einmal mit einem dicken Band im Maul entgegenkam. Er hatte, scheint es, Bücher zum Fressen gern.

So manche Erstausgabe habe ich mir aus Krakau, Budapest oder Prag mitgebracht. Das größte Hemmnis waren lediglich die schwierigen pekuniären Verhältnisse! Bei dem geringen Satz, den wir DDR-Bürger in diesen Ländern tauschen durften, fehlten einfach die nötigen Devisen. Aber da ich in Prager Antiquariaten zum Beispiel Bücher des Malik Verlages für umgerechnet drei Ost-Mark aufstöberte, war schon diese und jene Erwerbung drin.

Ich kenne einen Bücherfreund mit besonders ausgeprägter Liebe zu Gedrucktem, dessen Buch-Abenteuer darin bestand, sich zu sehr früher Stunde in den Zug nach Prag zu setzen, sich einen Imbiss oder Restaurant-Besuch in der tschechischen Hauptstadt zu verkneifen, lieber an diesem Tag von Dauerwurst und Brot lebte, sich vermutlich sogar sein Getränk mit auf die Reise nahm, um dann in der Goldenen Stadt nach einer festgelegten Route alle Antiquariate zu besuchen und mit reicher literarischer Ausbeute, die er sich im wahrsten Sinn des Wortes vom Munde abgespart hatte, zu später Stunde wieder nach Hause zurückzukehren.

In all den Jahrzehnten hat meine Liebe zu Antiquariaten nicht nachgelassen, und meine Frau ist mein Zeuge, dass ich sie in jeder deutschen oder europäischen Stadt zumeist in Seitenstraßen oder Gassen instinktiv finde. Natürlich können sie nicht mehr in den Promenierstraßen existieren – da sind die Mieten für einen Händler von alten Büchern längst nicht mehr erschwinglich. Das schaffen nur Modeketten, Juweliere, Parfümerien, Schuhläden und Apotheken.

Als ich 2015 nach einigen Jahren wieder zu Besuch in Zürich war und mit meinem Freund Hans den gewohnten Antiquariatsbummel machen wollte, da musste er meine

Vorfreude gleich erst einmal dämpfen, denn drei von den sonst frequentierten Läden hatten in der schönen Altstadt inzwischen kapituliert.

Nirgendwo findet man besser illustriert, dass Bücher ihre Schicksale haben, als in solch einer Buchhandlung. Am deutlichsten habe ich das 1990 beim Stöbern in Antiquariaten in Tel Aviv und Jerusalem erlebt. Die Bücher standen einmal in einem Münchner oder Dresdner Schaufenster, wurden in Braunschweig oder Chemnitz aus einem Regal genommen. Hin und wieder gibt eins seine Herkunft preis: Eugen Hütter in Heidelberg, am Ludwigsplatz 12 – so vermerkt es das eingeklebte Etikett der Buchhandlung bei Tucholskys »Rheinsberg. Ein Bilderbuch für Verliebte«. Die Erstausgabe vom Axel Juncker Verlag steht nun in meinem Leipziger Bücherschrank. Eva Kamnitzer besaß einst dieses Buch, und vielleicht war sie auch seinerzeit in ein »Wölfchen« verliebt …

In Jerusalem lebte und arbeitete damals noch der letzte seiner Gilde: der alte Stein aus Frankfurt am Main. Er betrieb das Antiquariat Stein Books.

Ich lernte ihn an einem kühlen Apriltag kennen. Es hatte sogar ein wenig geschneit! In Jerusalem!

Neben seinem Schreibtisch stand ein kleiner elektrischer Ofen. Als ich ihm erzählte, dass ich aus Leipzig käme, fragte er sofort: »Gibt es noch die Buchmesse? Ist sie noch so bedeutend? Und der Insel Verlag, ist er noch in Leipzig ansässig?«

Damals war er es, und ich hatte in jenen Tagen sogar solche absurden Vorstellungen, dass der westdeutsche Teil des Verlages wieder an seinen Gründungsort Leipzig zurückkehren würde.

An dieser Stelle sei Wikipedia zitiert: »Der Insel Verlag ist ein bedeutender deutscher Literaturverlag, der 1901 aus der zwei Jahre zuvor gegründeten Literatur- und Kunstzeitschrift ›Die Insel‹ hervorging und seinen ursprünglichen Verlagssitz in Leipzig hatte.«

Nach der Teilung Deutschlands entstand in Wiesbaden ein zweiter Insel Verlag. Der Stammsitz in Leipzig wurde übrigens auch zu DDR-Zeiten nicht verstaatlicht, sondern treuhänderisch verwaltet. Die westdeutsche Variante firmierte bis 1960 in Wiesbaden, geriet in schwere See, wurde von Peter Suhrkamp gerettet und als Imprint in seinem Verlag fortgeführt.

Im selben Jahr, als ich mich mit dem alten Stein in Jerusalem über den Insel Verlag unterhielt, wurde dann sehr schnell das Leipziger Verlagshaus vom Suhrkamp Verlag geschluckt. Selbst das Insel-Archiv mit den Erstausgaben, vielen wertvollen Dokumenten und Briefen bedeutender Schriftsteller von Stefan Zweig bis Rainer Maria Rilke wurde nach Frankfurt am Main abtransportiert. Einen Teil davon verkaufte die Verlagschefin Ulla Berkéwicz an das Deutsche Literaturarchiv Marbach.

Das haben erst die Friedliche Revolution und der Mut der Demonstranten vom Leipziger Ring möglich gemacht.

Im Antiquariat vom alten Stein fand ich viele der allseits beliebten Insel-Bändchen von Hofmannsthal bis Rilke. In einer Ausgabe stieß ich auf eine eingestempelte New Yorker Adresse. Ich hielt das Buch nun in Jerusalem in der Hand und nahm es wieder mit in den Ort seines Erscheinens. Bücher kommen durch das Schicksal ihrer Besitzer mitunter ganz schön durch die Welt.

In Tel Aviv besuchte ich auch ein von »Jeckes« gegründetes Antiquariat. »Jeckes« nennt man die seit den dreißiger Jahren eingewanderten deutschen Juden. Die Herkunft des Wortes ist nicht eindeutig geklärt. Zum einen soll es damit zusammenhängen, dass sie zumeist selbst an warmen

Tagen mit einer Jacke bekleidet herumliefen (im Gegensatz zu den Ostjuden, die einen Kaftan trugen). Andererseits könnte auch der Begriff »Jecken« eine Rolle gespielt haben.

Im Antiquariat von Malka und Cornel Pollak (gegründet 1899) in der King George Street 42, das mittlerweile schon in der dritten Generation existiert, fand ich doch tatsächlich das Buch eines Leipzigers: Hans Reimann. Und zwar seine »Neuen sächsischen Miniaturen« aus dem Carl Reissner Verlag Dresden, mit Illustrationen von Karl Holtz. Gewidmet hat es Reimann »Dem Menschen im Sachsen, dem Sachsen im Menschen«.

Mit schwarzer Tinte steht im Buch: »Herrn Caro in Freundschaft von dem auf Seite 88«. Dort ist von zwei Ausländern, einem Amerikaner und einem Italiener, die Rede. Reimann hatte mit ihnen 1922 in dem Leipziger Cabaret »Weinklause« gearbeitet:

Mister McTups und Signor Miramelli.

Der erste war »the greatest musical imitator since the world began«, der zweite Zauberkünstler. Irgendwann kamen die drei im Gespräch auf Galizien, und Reimann erfuhr unter dem Siegel der Verschwiegenheit, dass beide von dort stammten, also Landsleute und Glaubensgenossen waren, nicht Ami und Italiener. Antisemitismus gab es auch damals schon reichlich, deshalb machte sich die geänderte Nationalität aus Marketinggründen wohl besser ...

In den Regalen fand ich immer wieder Ausgaben der großen Schriftsteller des vergangenen Jahrhunderts: Roth, Kafka, Hesse, Tucholsky, Kästner, Stefan und Arnold Zweig, Werfel, die Manns, viele Schriften von Martin Buber und auch welche von Karl Marx.

Schließlich kaufte ich bei Pollak ein Buch, das selten in einem deutschen Antiquariat auftaucht: »Ostjüdische Volkslieder«, von Alexander Eliasberg ausgewählt und in München bei Georg Müller erschienen. Auch hier verrät die Widmung die Herkunft: »D 'dorf, 9.IV.19, Bereit sein – heißt bereiten (M. Buber), Erich Michalowski von Liese Horwitz«.

Augenscheinlich war Erich Michalowski zur rechten Zeit bereit. Und Liese Horwitz?

Oder wurde aus ihr noch Liese Michalowski, und sie sind zusammen nach Palästina ausgewandert, haben einander aus dem Band vorgelesen?

Dain Harz mit mainer
Zusammen gebunden,
Un kejner weiß nit
Vun unsere Wunden!

Mancher Eintrag, manche Widmung in solch einem alten Buch wirft ein Licht auf die Biografie eines Menschen – so sind Antiquariate auch besondere Stätten der Erinnerung an gelebtes Leben unbekannter Menschen.

In Leipzig wird die Tradition des Verkaufs alter Bücher von fünfzehn Händlern erfreulich vielseitig gepflegt. Und das sogar zu einem Teil im Zentrum der Stadt! Unter den Arkaden vom Alten Rathaus offeriert das Antiquariat Wend nicht nur sein Angebot in einem kleinen Laden, sondern macht als Firma auch auf seine Auktion alter Literatur und Grafik anlässlich der im März stattfindenden Buchmesse aufmerksam.

In der Ritterstraße firmieren vier Läden und kämpfen ritterlich für das antiquarische Buch. Darunter als besondere Einrichtung die »Bücherinsel«. Auf der stranden die Sammler der Insel-Bücherei gern, denn Jens Förster hat von den geliebten Pappbändchen immer rund 20 000 vorrätig! Mit einigen Exemplaren in der Tüte, auf der das legendäre Insel-Schiff abgebildet ist, segeln sie dann beglückt wieder nach Hause.

So gibt es in Leipzig zumindest noch *eine* Stelle, die sich nach der schmählichen Abwanderung des Verlagshauses Richtung Westen dem Erbe des Insel Verlages widmet.

Mit der »Bücherinsel« verknüpft sich bei mir ein besonderes Erlebnis.

Ich muss etwas ausholen.

1965 bis 1968 studierte ich an der Fachschule für Buchhändler. In den drei Jahren bewohnte ich mit einem Kommilitonen ein Zimmer zur Untermiete. Das hatte die Fachschule so beschlossen, Einspruch zwecklos. Im kleinen Zimmer: Ein Schrank, zwei Betten, ein Tisch, zwei Stühle, eine Waschkommode mit zwei Waschschüsseln und zwei Wasserkrügen.

Das klingt alles so, als wäre es hundert Jahre her … Und im gleichen Moment fällt mir ein – immerhin sind seitdem schon fünfzig Jahre vergangen!

Fromund Hoy, so der Name des Mitbewohners, kannte ich schon aus Buchhändlerzeiten in Zwickau. Nach dem Studium leitete er das Bibliophile Antiquariat des Volksbuchhandels gegenüber dem »Burgkeller« als Einmannbetrieb, später ging er nach Berlin und war in der Buchhandlung des Bertolt-Brecht-Hauses tätig. »Fritze«, wie wir ihn nannten, war ein etwas wunderlicher Typ. Er liebte alte Bücher über alles, sammelte zum Beispiel exzessiv Märchenbücher und hatte den Ehrgeiz, »Rotkäppchen« in so vielen Sprachen der Welt wie möglich im Schrank stehen zu haben.

Zu unser aller Erstaunen lernte er in der Berliner Buchhandlung eine Mitarbeiterin der mexikanischen Botschaft kennen, die er, oder eher, die ihn heiratete, und so zog er aus der engen DDR in die weite Welt. Die Ehe ging irgendwann in die Brüche, und er kehrte ins nunmehr wiedervereinigte Deutschland zurück, lebte irgendwo allein unter recht kargen Verhältnissen in den alten Bundesländern, schnorrte mich auch mal um ein Buch an, das ich ihm gern schickte. Dann erfuhr ich Jahre später, dass er schwer erkrankt und bald darauf gestorben war.

Im vergangenen Jahr stöberte ich in der »Bücherinsel« und entdeckte im Regal ein Taschenbuch von Stefan Heym: »Einmischung – Gespräche / Reden / Essays«. Ich schlug es auf und las die handschriftliche Widmung:

»Für Fromund Hoy
Stefan Heym«.

So waren also nach seinem Tod einige Bücher aus seinem Besitz in Leipzig gelandet, und ich stieß zufällig auf eine Spur meines ehemaligen Wohnungsgenossen »Fritze«.

So etwas kann man eben nur in einem Antiquariat erleben …

Und wie ist heute generell die Lage im Antiquariatsbuchhandel?

Jene Zeiten, in denen man vor Ort die Buchrücken in den Regalen inspizieren musste, um an gesuchte Literatur zu kommen, sind längst dahin. Inzwischen setzt sich der Interessent an seinen Computer, gibt Autor und Titel ein, und blitzschnell zeigen ihm Antiquariate mit unterschiedlichen Preisen jenes gesuchte Buch an. Manch Liebhaber befürchtet schon, dass es in der Zukunft kaum noch Läden geben wird, sondern die Händler aus Kostengründen – wie heute schon oft üblich – von ihrer Wohnung aus ihr Geschäft betreiben.

Und wie ist es um die Kundschaft in der Branche bestellt?

Wenn ich mich mit den Inhabern solcher Läden unterhalte, frage ich oft interessehalber, wie alt ihr jüngster Stammkunde ist. Zumeist erhalte ich als Antwort: »Mitte fünfzig.«

Das dürfte auch etwa der Altersdurchschnitt der Besucher auf der parallel zur Buchmesse veranstalteten Antiquariatsmesse sein, die ich im März nie verpasse. Sie ist eine wahrhafte Oase der Ruhe im Getriebe der Messe. Dort sieht man keine hektischen Menschen, dort läuft alles gelassen ab. An den Ständen blättern Bibliophile in wertvollen Ausgaben, lesen ein Stück in jenem, ein Stück in diesem Buch und erfreuen sich an meisterhaften Illustrationen und Grafiken. Draußen wogt der Trubel an den Verlagsständen, und das Gemurmel Hunderter Stimmen weht als nicht störende Geräuschkulisse in die durch Buchregale geschützte intime Stätte. Wie eine Mauer ziehen die sich um die antiquarischen Aussteller, schirmen sie von der Geschäftigkeit der heutigen Verlage, des modernen Handels ab. Platz für ein Café ist natürlich auch, und so kann der Besucher seine müden Beine strecken und bei Kaffee und Kuchen überlegen, ob er sich die entdeckte Rarität nicht doch leistet.

Noch vor wenigen Jahren improvisierte dazu als musikalisches Schlagobers ein Pianist oder Gitarrist, aber das habe ich bei den letzten zwei, drei Messen nicht mehr erlebt, und so muss ich annehmen, da es reichlich Musiker in Leipzig gibt, dass hier schlicht gespart werden musste …

Nie versäume ich, mit meiner Frau am Stand von Samy Hofmann Station zu machen. Mit Monsieur Hofmann aus Paris, dessen Vorfahren zum Teil aus Deutschland stammen, spreche ich über Gott und die Welt sowie das Leben in Paris im Speziellen und habe bei ihm zu meiner Freude ein schon lange von mir gesuchtes »Jahrbuch der jungen Kunst« aus den zwanziger Jahren erwerben können.

Nach dem Besuch an den Ständen geht es zum Abschluss draußen an die lange Regalwand, die modernes Antiquariat von Läden aus ganz Deutschland präsentiert. Zu kulanten Preisen.

Der Besuch geht nie unter fünfzehn bis zwanzig Büchern ab. Dafür müssen aber in den Wochen darauf ebenso viele Bände aus unseren Buchregalen weichen.

Als wir 2015 an dieser Wand stöberten, stürzte plötzlich hinter uns mit Ächzen und Krachen ein Regal zusammen. Zum Glück hatte sich niemand verletzt. Dem Betrachter bot sich ein trauriger Anblick: zersplittertes Holz, zerquetschte Bücher. Schnell kam jemand und sperrte das Ganze mit einem rot-weißen Band ab.

Als ich mit meiner Frau an der ganz in der Nähe befindlichen Kasse stand, fragte ein Messebesucher ernsthaft den jungen Mann, der gerade die Preise eintippte, mit einem Fingerzeig auf den wirren Haufen Bücher und Holz, ob es sich hierbei um Kunst handeln würde. Der antwortete, ohne eine Miene zu verziehen: »Ja, Aktionskunst.«

Der Besucher nickte, warf noch einen Blick auf das »Kunstwerk« und ging seiner Wege.

Im Netz wurde später kolportiert, dass es auf der Antiquariatsmesse in Leipzig ein Kunstobjekt gegeben habe, das den Niedergang des Antiquariats in unserer Zeit symbolisieren sollte …

Sprachen

Meine erste Erinnerung an Fremdsprachen ist ein Spruch meines Vaters. Ich wanderte als etwa zehnjähriger Bub mit ihm an einem Sonntag in Zwickau durch den Weißenborner Wald und er zitierte:

Le bœuf – der Ochs, la vache – die Kuh,
fermez la porte – die Tür mach zu!

In meiner Schulzeit bin ich nie mit Französisch in Berührung gekommen. Als ich 1966 meine spätere Frau Stefanie kennenlernte, schwärmte sie wie ich für französische Literatur, Filme und Chansons, und wir besuchten schließlich einen Lehrgang an der Volkshochschule, um uns wenigstens ein paar Grundkenntnisse dieser Sprache anzueignen.

Aber wo sollten wir das anwenden?

Das ging ja eben nur in Klein-Paris.

Seitdem wir nun in alle Welt reisen können, macht es sich besonders schmerzlich bemerkbar, dass wir nicht wenigstens Englisch richtig beherrschen! In meiner Mittelschule hatte ich nie eine Englisch-Stunde, musste nur russische Vokabeln und die ungeliebte Grammatik mit sechs Fällen pauken. Leider lernten wir nicht einmal ein Russisch, das wir im Alltag hätten anwenden können, sondern übersetzten beispielsweise einen Text, der von der Illegalität des Genossen Lenin handelte. Mein russischer Freund und Kollege Küf Kaufmann hat sich diebisch amüsiert, als ich ihm erzählte, dass mir noch bekannt ist, dass sich Lenin vor der Oktoberrevolution in einer Laubhütte in Rasliw versteckte hatte, und ich weiß als über Siebzigjähriger immer noch, dass »f schalaschje« eben »in der Laubhütte« heißt.

Mit solchem Wissen komme ich in Moskau in einem Restaurant am Arbat oder im Kaufhaus GUM nicht weit. Oder mit »Nina, Nina, tam kartina, eto traktor i motor«.

Als ich 1989 in einem Kibbuz in Israel zu Mittag an einer Tafel saß, konnte ich mich mit den ehemaligen deutschen Juden wunderbar unterhalten, mit denen aus anderen europäischen Ländern wäre das nur in Englisch möglich gewesen. Ich musste passen, weil meine Kenntnisse nicht für eine normale Konversation reichen. Ich sagte lediglich in dieser Sprache, dass ich in der Schule nur Russisch gehabt habe.

Da meinte eine Frau mir gegenüber zu meinem Entsetzen: »Wunderbar! Ich stamme aus Leningrad, da können wir miteinander russisch sprechen!«

Und schon musste ich ihr verlegen gestehen, dass ich aber deshalb noch lange kein Russisch kann …

Durch mein mangelhaftes Englisch ist mir in Jerusalem auch eine Verwechslung passiert. Ich wollte die Al-Aqsa-Moschee besichtigen, hätte aber mit meiner Umhängetasche nicht hineingehen dürfen. Taschen und – natürlich – Schuhe mussten draußen bleiben. Ich sah einen Mann, der für eine Reisegruppe diese Sachen bewachte. Nun wollte ich ihn bitten, auch auf meine Tasche zu achten. Statt richtig zu sagen »I have a problem. I'm alone«, sagte ich aber: »I have a problem. I'm lonely.«

Da hat er mich aus gutem Grund zunächst etwas merkwürdig angesehen, aber war mir dann trotzdem freundlicherweise zu Diensten.

Mit meinem Cousin Heiner habe ich als Jugendlicher einen Englisch-Kurs an der Zwickauer Volkshochschule besucht. Bei Mister Becker. Das war ein Zwickauer Lehrer in Rente. Aus dieser Zeit ist mir unvergesslich: »Is it a cupboard? No, it is a window.«

Damit kommt man im Ausland nicht gerade sehr weit.

In meiner Abendoberschule hatte ich auch kein Englisch, da gab es wieder nur Russisch.

Bei meinem Studium an der Fachschule für Buchhändler konnte ich dann ein Jahr lang etwas Englisch lernen.

Und wo habe ich zum ersten Mal meine spärlichen Kenntnisse eingesetzt?

In einem Warschauer Studentenclub, in dem ich mit einer Stewardess aus London getanzt und geflirtet habe. Dazu reichte es. Das geht notfalls sogar ohne Vokabeln.

Nach der Friedlichen Revolution habe ich mit meiner Frau noch einen Versuch gestartet, und wir belegten einen Intensiv-Kurs in Brighton. Wir wohnten privat, und bis ans Ende meiner Tage werde ich den Ruf der Vermieterin nicht vergessen: »The meal is ready!«

Ab und an haben wir aber aus gutem Grunde auf ein »meal« verzichtet und schlichen uns in eine Pizzeria oder zu einem Chinesen.

Meine Frau hat in den letzten Jahren ihr Rentnerdasein genutzt und ist fleißig jede Woche an die Universität zum Senioren-Studium der englischen Sprache gegangen. Das hat schon was gebracht. Bei mir reicht es, um im Restaurant eine Bestellung aufzugeben, nach dem Weg zu fragen oder einzukaufen. Ansonsten werde ich als sprachlicher Provinzler diese Welt wieder verlassen.

Immerhin, ein besonderes Lob habe ich einmal in Sachen Sprache bekommen. Es war Anfang der neunziger Jahre. Vom Kulturamt war ich gebeten worden, eine Amerikanerin durch Leipzig zu führen. Nach meiner Erinnerung hatte sie in den USA mit Kunst zu tun. Sie sprach Deutsch, interessierte sich für die Geschichte unserer Stadt, für die Friedliche Revolution und jüdische Spuren.

Am Ende unseres Rundgangs bedankte sie sich und

meinte, dass sie erstaunt wäre, wie gut ich Deutsch sprechen würde. Nachdem ich sie verwundert fragte, wie sie das denn meine, stellte sich heraus, dass sie geglaubt hatte, die Menschen im Osten Deutschlands hätten bis 1989 alle russisch sprechen müssen …

Neue Fortbewegung

Wenn wir einen Park erkunden wollten, taten wir das logischerweise immer zu Fuß. Der Kies knirschte unter unseren Schuhen, wir erfreuten uns an der Anlage, blieben bei einem besonders seltenen Baum oder Gehölz stehen, beobachteten einen Vogel, dessen Name wir leider nicht kannten, und nahmen uns vor, zu Hause in einem Buch über einheimische Vögel nachzuschlagen. Wir beugten uns über eine Rosenrabatte, um an einer Blüte zu riechen, und freuten uns, wenn die Rose duftete, wie wir es aus Kindertagen in Erinnerung hatten.

Wir sahen eine schwarze Katze im Gras schleichen. Ein Hund schnupperte an einem Maulwurfshügel. Schmetterlinge tanzten scheinbar ohne Ziel über dem Grün.

Wir ruhten uns auf einer Bank aus und beobachteten die Lichtreflexe im Laub des Baumes gegenüber. Ein erstes gelbes Blatt segelte zu Boden. Wolkenschiffe kreuzten über uns gelassen im Blau.

Wir aßen einen Apfel, und schon schwirrten zwei Wespen heran. Ein Eichhörnchen hielt beim Klettern am Stamm immer wieder inne und schaute interessiert in die Runde. Ein kleines blond gelocktes Mädchen stürmte auf die Wiese, pflückte ein paar Löwenzahnblüten und überreichte sie der gerührten Großmutter.

Uns wurde beim Anblick von Wildblumen auch in diesem Jahr wieder klar, dass wir schon mal mehr beim Namen nennen konnten ... War das nun Schafgarbe oder Wilde Möhre?

Kurzum: wir genossen einfach die Idylle, entspannten beim Blick ins Grüne.

Und so macht das auch heute noch die Mehrheit der Menschen.

Aber inzwischen gibt es eine Form schnellen Durchquerens verschiedenster Gebiete auf einem neuartigen Fahrgerät, besonders schön gestaltete Parkanlagen gehören dazu.

Segway heißt das Zauberwort der fixen Fortbewegung (Treppen sind allerdings davon ausgeschlossen – der Versuch würde im Debakel enden).

Steht solch ein Gerät irgendwo herum, ähnelt es von weitem einem Rasenmäher.

Mit dem Segway wurde ein elektrisch betriebener Personaltransporter auf zwei Rädern erfunden, der im Verhältnis zum altmodischen Fußgänger doch recht schnell unterwegs ist. Immerhin schafft das neue Fortbewegungsmittel zwanzig Kilometer in der Stunde.

Der Benutzer steht auf einer kleinen Plattform, sozusagen auf einem rollenden Trittbrett. Alle verharren dort in der gleichen steifen Art, da sie Balance halten müssen. So fahren die Touristen helmbewehrt mit Rucksack über die Wege an Goethes Gartenhaus und erinnern mich an einen Science-Fiction-Film. Und passen natürlich überhaupt nicht in jene romantische Kulisse.

Die Vögel wundern sich auch, was da auf sie zukommt, die Katze schießt mit einem Sprung in die Rabatte, und der Hund verbellt das merkwürdige Ungetüm.

Die Menschen auf ihrem Gefährt kümmert das alles nicht, sie stehen starr wie die Statuen im Park (nur dass die keinen Helm tragen und sich nicht von der Stelle bewegen können).

Dann rollen sie weiter durch Alleen, über Plätze, durch Straßen und Gassen sehenswerter Orte in allen Ländern unseres Kontinents. Die Benutzer sind dadurch schon ganz schön viel herumgekommen, haben aber nahezu nichts gesehen.

Völlig neue Möglichkeiten

Ich glaube, Wolf Biermann schrieb sinngemäß in einem Lied: In der DDR war alles geregelt wie bei den sieben Zwergen. Jeder hatte sein Löffelchen und Tellerchen und Bettchen.

Viele Menschen arbeiteten ihr Leben lang bis zur Rente in jenem Betrieb, in dem sie ihren Beruf erlernt hatten. Das war auch in Westdeutschland lange Zeit so.

Im Osten blieb man oft bis ans Ende seiner Tage in der Wohnung, in die man als jung verheiratetes Paar eingezogen war. Man heiratete jemanden aus seinem Wohnort. Wer studierte, fand mitunter einen Partner am Studienort. Manchmal lernte man auch jemanden im Urlaub an der Ostsee oder in Thüringen kennen. Oder am Plattensee. War der oder diejenige aus der Bundesrepublik und war die Liebe groß, dann begann die Mühsal eines Antrages, damit man in den anderen Teil Deutschlands wechseln durfte. Die beste Freundin meiner Frau zog in den achtziger Jahren zu einem Westdeutschen, der sich als Geschäftsmann in Wien niedergelassen hatte. Damals haben wir nicht im Traum daran gedacht, dass wir sie wenige Jahre später in ihrer neuen Heimat besuchen könnten.

Aber sonst galt für die meisten Menschen in der DDR: Man blieb in seiner großen oder kleinen Stadt, in seinem Dorf.

Im Vorkriegsdeutschland war es mitunter schon sensationell, wenn sich ein Mann aus dem Oberdorf eine aus dem Unterdorf erwählte. Das gab scheele Blicke.

Und in solchen Situationen frage ich mich immer, wie soll das Zusammenleben in dieser Welt funktionieren, wenn es in der Region bereits solche Vorbehalte gibt.

Das kann sogar die Struktur einer Straße betreffen!

Das glauben Sie nicht?

Mir hat ein Mann erzählt, dass er in einer Straße auf der Seite der geraden Hausnummern wohnte. »Die Kinder aus den Häusern mit ungeraden Zahlen, die hamm mir immer verkloppt!«

Was ist heutzutage in Sachen Partnerschaft nicht alles möglich! Das Internet eröffnet völlig neue Welten. Da geht es nicht allein um neu gegründete Zweisamkeiten in Dörfern und Städten des Landes, da gibt es längst Partnerschaften in Europa oder gar mit Bewohnern anderer Kontinente.

Als ich mich unlängst mit einem Taxifahrer unterhielt, erzählte er mir, dass seine Frau ihn verlassen habe, weil er mit seiner kleinen Firma Pleite gemacht hatte.

»Sie wissen, so sind eben die Frauen!«

»Meinen Sie wirklich?«

»Na klar, die sind alle so!«

Da ich noch keinen Konkurs hinter mir habe, konnte ich ihm nicht beipflichten, und meldete meine Skepsis an.

»Doch, doch, das können Sie glauben. Aber ich habe schon eine neue!«

Na bitte! Das Leben gleicht doch einen Verlust mitunter schnell wieder aus.

»Sie wohnt nur leider nicht in Leipzig.«

»Wohnt sie denn wenigstens in der Nähe?«

»Nee … in Kroatien.«

»Na, das ist ja nicht gerade der nächste Weg.«

»Ach, das geht, ich fahre nur nachts. Da kann ich ordentlich Pfeffer geben. Da bin ich in sechs Stunden unten.«

»Und wie haben Sie sich kennengelernt?«

»Ich war bei der zur Massage … Nee, nee, nich wie Sie denken …«

Ich hatte noch gar nicht gedacht.

»Nischt Erotisches. Nur der Rücken! Berufsschaden. Und die hat was droff, kann ich Ihn' saachn. So eene Massage hatte ich noch nie.«

»Und da haben Sie sich gedacht, die Frau brauchen Sie in Richtung Älterwerden.«

»Genau. Manchmal zerrt's im Rücken noch wie verrückt, dann mach ich in Leipzig los, und wenn ich von Kroatien zurück starte, ist alles weg. Wie neu geboren! Das is eene Spezialistin. Großartig! Die hält sich ooch solche Fische, die Ihn' de Haut abknabbern.«

Also, ich selbst würde mir von keinem die Haut abknabbern lassen. Auch nicht von den Fischen meiner Freundin.

Inzwischen nutzt der Taxi-Fahrer das volle Massage-Programm seiner neuen Partnerin in Kroatien. Und ich erhielt wieder mal eine Lehrstunde – worüber ich mir schon oft Gedanken machte –, warum sogar des Nachts auf unseren Autobahnen so viel Betrieb ist.

Von einem weiß ich es jetzt, der ist auf dem Weg zu seiner Massage in Kroatien.

Erlebnis

Das können meine Enkel kaum glauben: Als Kind bin ich in den fünfziger Jahren des vorigen Jahrhunderts lediglich dreimal mit einem Auto gefahren.

Das war's!

Das erste Mal war es der Lieferwagen des Baumeisters Fritzsche, in dem ich mit seiner Enkelin Monika, mit der ich befreundet war, auf einer Art Notsitz, eher einem Stauraum hinter den beiden Vordersitzen, hockte. Nachdem ich die Gefährte schon ein paar Jahre auf den Straßen gesehen hatte, saß ich endlich in einem drin! Das war aufregend, und ich erzählte zu Hause mit Stolz und Freude: »Ich bin heute Auto gefahren!«

Mein Freund Peter hatte einen Stiefvater, der Taxifahrer war. Der lud uns irgendwo unterwegs mal ein und fuhr uns nach Hause. Das war auch ein unglaubliches Erlebnis!

Und schließlich gab es noch eine Fahrt mit Martha Drewler, einer Bekannten meiner Eltern, die einen Textilladen und einen Opel P 4 besaß. Das war der einzige richtige Auto-Ausflug, den ich mit meinen Eltern in die Umgebung von Zwickau unternahm, nach Hartenstein.

Ein Radio gab es natürlich in diesen Autos nicht. Wem nach Musik war, der musste selbst singen. Ich erfreute mich an den gepolsterten Sitzen (im Gegensatz zur Holzklasse der Eisenbahnzüge) und beobachtete den Winker, der beim Abbiegen aus der Karosse schnappte und so die Fahrtrichtung anzeigte. Bei P KW s winkte der Winker nicht, sondern stand starr, aber es gab damals noch LKW s, bei denen er sich tatsächlich zum besseren Erkennen auf und ab bewegte. Also einem richtig zuwinkte.

Bis zum eigenen Auto vergingen viele Jahrzehnte.

Erst in den achtziger Jahren wurden meine Frau und ich stolze Besitzer eines gelben Wartburgs. Das war mal was! Ein Schatz! Die Autos in der DDR – wie im gesamten sozialistischen Ausland – bekam man ja nie wieder so billig wie beim ersten Mal vom staatlichen Händler. Dann wurden sie im Verkauf immer teurer.

Für einen Westdeutschen unvorstellbar!

Nun erlebte unser Sohn erstmalig den Luxus einer Autofahrt an die Ostsee.

Wie sich dagegen der Aktionskreis seiner Söhne erweitert hat!

Während ich mit dem Opel P4 von Zwickau nach Hartenstein fuhr, rollen meine Enkel mit ihren Eltern bis nach Dänemark und Italien oder fliegen (solch eine Vorstellung war für mich damals absolut utopisch) bis in die USA. Amerika war zwar für mich als Kind ein Land dieser Erde, aber eigentlich genauso unerreichbar wie der Mond!

Ich entsinne mich noch an eine Fahrt mit unserem Wartburg nach Dresden. Es war nicht nur kalt. Es war saukalt. (Wenn mir auch nicht klar ist, warum ausgerechnet Schweine für eine Steigerung von Minusgraden herhalten müssen. Meine Mutter, und das ist noch absurder, sprach in solch einem Fall immer von einer »Affenkälte«. Dabei leben diese Tiere doch nur in warmen Gegenden ...) Jedenfalls rollten wir auf der Autobahn gen Elb-Florenz, und die Scheibe fror immer wieder zu. Das Gebläse blies auf dem letzten Loch. Ich musste mehrmals anhalten, um mir Sichtschlitze freizukratzen. Etwa in der Größe, wie sie Panzerfahrer haben, wobei ich zum Glück noch nie in einem Panzer fahren musste. Auch die Temperatur im Auto war gar nicht gemütlich.

Wenn ich heute an einem bitterkalten Wintertag in mein

Auto steige, dann genieße ich als älterer Mensch erst einmal, wie mich nach wenigen Minuten dank der Sitzheizung wohlige Wärme umfängt. Da wird's einem im ansonsten noch kalten Auto schon schnell heimelig.

Solchen Luxus liebe ich am Kapitalismus.

Ich habe zwar damals auf dem Ring nie im Leben an eine Sitzheizung, ja nicht einmal an ein Westauto gedacht, aber letztlich hab ich mir die im Herbst 1989 auf Leipzigs Straßen mit herbeidemonstriert.

Oder wenn ich an ein Taxi denke: Das Taxameter war ja schon seinerzeit eine besondere Erfindung. Aber wer hätte gedacht, dass wir eines Tages im Innenspiegel in roter Schrift den Fahrpreis ablesen können?

Und dass der Fahrer die gewünschte Quittung nicht mit der Hand ausschreiben muss, sondern sie schnarrend ausgedruckt wird?

Und generell dieser Service in unserem Auto!

Hat meine Frau ihre Tür noch nicht geschlossen, dann lese ich auf dem Display »Rechte Tür offen«. Und so kann ich, ohne hinzugucken, meiner Frau den Tipp geben: »Deine Tür ist noch offen!« Und sie sagt: »Weiß ich doch.«

Haben meine beiden Enkel auf dem Rücksitz Platz genommen, werde ich wiederum sofort informiert »Alle hinteren Gurte benutzt«.

Na gut … das finde ich nun schon etwas überflüssig, denn ich weiß doch, dass die beiden hinter mir sitzen. Oder hält man ältere Fahrer prinzipiell für so vergesslich, dass das eine Mahnung sein soll, beim Aussteigen nicht die Enkel auf dem Rücksitz zu vergessen?

Steht dieser Satz bei jüngeren Fahrern auch da?

Aber es kommt ja noch viel besser. Eines Tages lese ich plötzlich auf meinem Display die hochinteressante Information »Keine Mitteilungen«!

Donnerwetter!

In meinem Wartburg war alles anders.

Da wusste ich genau, dass ich keinerlei Mitteilungen zu erwarten habe.

Es sei denn, ein Volkspolizist hielt mich an.

Aber wir hatten andererseits auch völlig falsche Vorstellungen vom Kapitalismus. Wir dachten, da gibt es alles nur in bester Qualität. Während der Messen sind wir in der Leipziger Innenstadt um die Westautos herumgeschlichen. »Das sind Autos!« Die DDR-Bevölkerung träumte von solch einem Wagen.

Und heute?

Ständig liest man in der Zeitung, dass Modelle der weltweit bekanntesten Firmen wegen irgendwelcher Mängel zurückgerufen werden. Nicht nur 30 000 oder 50 000, nein, da geht es um ganz andere Größenordnungen – um Hunderttausende!

Nun frage ich Sie: Haben Sie jemals gehört, dass ein Trabbi zurückgerufen wurde?!

Radfahren in der Neuzeit

Das Fahrrad war für mich als Kind und Jugendlicher ein Stück Freiheit.

Es war die Chance, aus eigener Kraft Entfernungen schneller zu überwinden.

Radfahren gehörte in meinem Leben immer dazu. Im Unterschied zu heute haben wir uns allerdings noch weitgehend an die Regeln gehalten. Und das wurde auch kontrolliert. Ich kann mich nicht entsinnen, dass wir zu DDR-Zeiten auf dem Fußweg gefahren wären. Natürlich habe ich Verständnis, wenn wegen des Verkehrs eine Mutter mit ihrem Kind über den Bürgersteig rollt. Und ich kann mich selbst mit jenen Zweiradlern arrangieren, die akzeptieren, dass dort die Fußgänger Vorfahrt haben.

Nach einer Umfrage des Verkehrsministeriums fühlt sich jeder zweite Radfahrer im deutschen Straßenverkehr nicht mehr sicher. Der Satiriker Hans Zippert hat dafür ganz andere Gründe als normalerweise gedacht in einer Glosse beschrieben: »… Kritisiert wurde auch das Verhalten von Fußgängern, die häufig den gesamten Bürgersteig blockierten, sodass für Radfahrer kein Durchkommen sei. Viele der Befragten sind der Ansicht, dass Fußgänger auf die Fahrbahn gehören, damit der Bürgersteig den Radfahrern zur Verfügung steht.«

Ich weiß natürlich auch, dass sich die Mehrheit der radelnden Mitbürger korrekt verhält, und freue mich, dass immer mehr Menschen aufs Fahrrad steigen. Meine Heimatstadt Leipzig ist auf dem Gebiet in der Spitzengruppe. Aber nun rede ich mal von den 10, 15 oder gar 20 Prozent Wahnsinnigen (unter den Autofahrern gibt es garantiert nicht weniger!), die ich täglich beobachte. Wenn ich sehe, mit welchem Tempo Radfahrer über den Bürgersteig rasen, lässt mein Verständnis schlagartig nach. Mit diesen neuen Fahrrädern werden ja auch ganz andere Geschwindigkeiten erreicht. Ich sah einen Rad-Rambo, der in Leipzig die Karl-Liebknecht-Straße entlangbrauste, dann bei Rot schräg über die Kreuzung rollte und – ohne abzubremsen – auf dem Gehsteig weiterfuhr. Wäre ein Kind oder eine alte Frau in dem Moment aus dem Haus getreten, hätten sie einen Zusammenprall vermutlich nicht überlebt.

Ein Bekannter, der gar kein Auto besitzt und nur mit seinem Rad unterwegs ist, hat sich besonders erschrocken, als er auf einem Fahrradweg zur gleichen Zeit links und rechts überholt wurde. Im ungünstigen Falle könnten da auf einen Schlag drei Pedalritter kollidiert und gestürzt sein.

Bei meinem täglichen Spaziergang durch den Park wurde ich schon am Arm von vorbeirasenden Radlern gestreift. Längst habe ich mir angewöhnt, bei einem Wechsel von der rechten auf die linke Seite des Weges erst über die Schulter zu schauen, damit ich einen möglichen Zusammenprall vermeide.

Wenn wir früher auf Menschen zufuhren oder Leute unseren Weg kreuzten, sind wir automatisch langsamer geworden, haben abgebremst. Ein Teil der Radfahrer will heutzutage ums Verrecken nicht bremsen. Das erscheint ihnen vermutlich absolut unmännlich.

Nicht umsonst gibt es ja sogar Räder ohne Bremse, Gangschaltung, Licht, ohne Schutzbleche und Klingel, die sogenannten »Fixies« (Fixed Gear Bikes). Sie sind besonders bei Fahrradkurieren beliebt. Bei diesem Drahtesel sind Pedale und Hinterrad über die Kette fest verbunden. Rollt das Rad, drehen sich auch die Pedale. Wenn die Polizei auf eins dieser Exemplare stößt, zieht sie es aus dem Verkehr. Ich selbst habe in über fünfundzwanzig Jahren, die ich im neuen Deutschland lebe, in Leipzig – übrigens ein Mal! – eine Kontrolle von Radfahrern durch die Polizei gesehen.

In der Petersstraße im Zentrum der Messestadt ist tagsüber das Radfahren verboten. Mitunter sehe ich gerade dort Radler, die Menschen wie Hütchen beim Geschicklichkeitsfahren umkurven.

Höhepunkt meiner Beobachtungen: Ein Radfahrer kommt mir auf der Straße freihändig entgegen – in der Rechten das Handy am Ohr, in der Linken eine Flasche Bier.

Das Lenken hatte er aus Gründen einer gewissen Überforderung eingestellt.

Wiederholung

In jeder Generation – das geht bis in die Antike zurück – haben sich die Älteren über die Jungen beschwert. Nach dem Motto: keinen Respekt vor dem Alter, keine Manieren!

Auch ich erinnere mich an ein solches Erlebnis, und dass ich das Verhalten junger Leute kritisierte. Als ich mit meiner Frau durch einen Park spazierte, saßen zwei junge Burschen auf einer Bank. Aber eben nicht, wie es sich gehörte, sondern in lässiger Manier – auf der Lehne. Und logischerweise standen ihre nicht gerade sauber glänzenden Schuhe auf der Sitzfläche.

Ich meinte zu meiner Frau, dass die beiden dies wahrscheinlich besonders »cool« finden würden. Sich ja nicht einfach dorthin setzen, wo alle sitzen. Und die Oma, die irgendwann auf dieser Bank Platz nehmen würde, müsste anschließend ihren Mantel zur Reinigung bringen.

Ein paar Wochen später sortierte ich Fotos, trennte mich von dieser und jener unnützen Aufnahme. Im Alter will man Übersicht und Ordnung schaffen. Mein Sohn würde sich garantiert nicht für die Urlaubsbilder seiner Eltern interessieren, die sie vor Jahrzehnten in Ückeritz oder Prag aufgenommen hatten. Ich stieß auch auf einige Fotos aus meinen Jugendjahren, die ich nach ewiger Zeit wieder einmal in den Händen hielt.

Plötzlich betrachtete ich eine Schwarz-Weiß-Aufnahme von mir aus den sechziger Jahren. Auf dem Foto war ich nobel im Mantel, mit Schlips und Kragen zu sehen. Typisch für jene Zeit, in der man sich sonntags noch »fein« machte.

Auf dem Bild saß ich auf einer Parkbank.

Und zu meinem großen Erstaunen – auf der Lehne!

Die Wortreiniger

In meiner Kindheit und Jugend wurde der Begriff »Neger« von uns nie abwertend benutzt. Diffamierend war dagegen das Wort »Nigger«.

Viele Deutsche sahen beim Einmarsch der amerikanischen Truppen zum ersten Mal im Leben leibhaftig einen Schwarzen. Das Wort »Neger«, so kann man dem Duden entnehmen, kommt aus dem Lateinischen. Waren etwa die alten Römer schon Rassisten?

Oder Thomas Mann? Er benutzt in den »Buddenbrooks« mehrfach diesen Begriff; und als ich kürzlich das »Tagebuch 1946–1949« von Max Frisch las, da steht dort: »Neger mit einem Mädchen, sie liegen an der Isar; der Neger döst gelassen vor sich hin …«

Frisch beschreibt in dem Buch auch eine Szene aus einem Zug, der von Berlin-Lichterfelde abfährt: »Ein amerikanischer Major weigert sich, im gleichen Abteil zu schlafen mit einem Neger, der ebenfalls die amerikanische Uniform trägt. Der deutsche Schaffner, ein Schwabe, soll dafür sorgen, dass der schwarze Sieger anderswo verstaut wird. Und der Schaffner versteht, ›nicht ohne ein schadenfrohes Grinsen‹, und sorgt dafür, dass der junge Sergeant in einem anderen Abteil unterkommt …« Frisch beendet den Tagebuch-Eintrag mit dem Satz: »Die Weltgeschichte ist noch nicht zu Ende.«

Wir wissen, dass es mit dem Rassismus in den USA erst in den sechziger Jahren zu Ende ging, aber verschwunden ist er – das erfahren wir alle paar Wochen aus den Nachrichten im Fernsehen – bis heute nicht.

Und was machen wir – ich zitiere wieder den Duden –

mit »negroid« oder gar mit den »Negro Spirituals«, die ich schon seit meiner Jugend liebe?

Die »Negerküsse« nennt man wohl da und dort inzwischen Schokoküsse.

Es mehren sich Attacken sprachlicher Tatortreiniger gegen diese Wörter. Sie protestieren auch gegen die Verwendung des Wortes »Mohr«.

Was wird nun aus Othello, den Shakespeare als Feldherrn und Mohren einführt?

Dann kommt mir die Ostsee in den Sinn … Wieso? Na, da freuten sich meine Enkel und konnten es in all den Jahren kaum erwarten, wenn am Strand von Ahrenshoop ein älterer, aber gut konditionierter Mann sein Fahrrad kraftvoll durch den Sand schob und eine Köstlichkeit ausrief: »Der Eismohr!«

Dahinter verbirgt sich köstliches Eis mit einem Schokoladenüberzug.

Auch eine bekannte Schokoladenfirma hat sich längst auf ihre Weise den Wortreinigern angeschlossen und aus dem Sarotti-Mohr einen Sarotti-Magier der Sinne gemacht und ihn golden eingefärbt.

Und nun sehe ich im Fernsehen einen Bericht über ein Restaurant in Kiel mit Namen »Zum Mohrenkopf«.

Das geht doch gar nicht!

Ich höre schon den Aufschrei der Korrekten!

Aber zur Verwunderung aller stellt sich heraus, dass dieser Name ganz bewusst von Andrew Onuegbu aus Nigeria gewählt wurde. Der dunkelhäutige Mann steht lächelnd in der Tür und verweist auf seine Spezialität: deutsche Küche. Er erteilt allen politisch Korrekten eine Lehre, indem er meint, man solle doch bitte sehr in Deutschland unverkrampfter mit diesem Thema umgehen, und erklärt, dass sich Rassismus nicht hinter einem Namen verbirgt, sondern im Kopf mancher Menschen.

Rominte van Thiel schreibt in ihrem Beitrag »Wer fürchtet sich vor dem ›Neger‹?« in der »Deutschen Sprachwelt«, dass ein Münchner Stadtrat dafür gesorgt hat, dass es auf dem Oktoberfest keine »Eismohren« mehr gibt – »jedenfalls nicht unter diesem Namen«.

Jener Stadtrat, so steht es in dem Beitrag, forderte sogar in einem Antrag an die Münchner Verkehrsgesellschaft, sich eine andere Formulierung für die rassistische Bezeichnung »Schwarzfahrer« auszudenken ... Der Mann ist kurdischer Herkunft und musste scheinbar erst aufgeklärt werden, dass »schwarz« im Deutschen für »illegal« steht und nichts mit der Hautfarbe zu tun hat.

Deutsche überkorrekte Oberlehrer haben jedenfalls schon längst zu einem Generalangriff auf alte Kinderbücher geblasen, die »sauber« sein sollen. Das betrifft zum Beispiel den »Struwwelpeter«, eines meiner Kindheits-Lieblingsbücher. Heinrich Hoffmann dichtete seinerzeit:

»Ihr Kinder, hört mir zu,

und laßt den Mohren hübsch in Ruh!

Was kann denn dieser Mohr dafür,

daß er so weiß nicht ist wie ihr?«

Auch Wilhelm Busch zeigt sich bei »Max und Moritz« als verkappter Rassist:

»Nase, Hand, Gesicht und Ohren

Sind so schwarz als wie die Mohren ...«

Mein Cousin Siegfried hatte gar von seinem Vater die Mohren-Drogerie geerbt, die meine Tante Gretel weiterführte, als er in den Westen gezogen war. Jetzt wird mir erst die ganze Wahrheit über meine Verwandtschaft bewusst!

Nun wollen die Saubermänner allen Kinderbüchern aus früheren Zeiten ans Leder. Janina Fleischer schrieb in der »Leipziger Volkszeitung«: »Worte zu verbannen, macht sprachlos. Kinder, denen Begriffe wie ›Neger‹ oder ›Zigeuner‹

aus ihren Geschichten gestrichen werden, haben weniger Fragen, bekommen weniger Antworten, werden ärmer sein an Wortschatz und Verständnis der Welt ... Zudem: Wer entscheidet, was noch verstanden wird? Wo ist die Grenze? Wann werden Goethe, Heine, Kleist in Gegenwartssprache übersetzt?«

Laut einer Umfrage wollen 70 Prozent der Deutschen nicht, dass diese Begriffe einfach gestrichen werden, und 72 Prozent sind der Meinung, dass die Wörter keinen Einfluss auf die Entwicklung der Kinder haben.

Wo will man anfangen, wenn ein Verlag schon »Schuhwichse« streichen will? Solch ein Wort ist doch ein klarer Hinweis, dass die Geschichte in einer anderen Zeit spielt. Jedes Kind kann sich kundig machen. Wenn kein Erwachsener zur Hand ist, wird eben gegoogelt!

Unsere ehemalige Familienministerin Kristina Schröder (Vielleicht entsinnen Sie sich?) ist Vorreiterin und setzt für ihre kleine Tochter beim Vorlesen einfach andere Begriffe ein. In »Pippi Langstrumpf« taucht dann bei ihr plötzlich statt eines »Negerkönigs« ein »Südseekönig« auf (seit 2009 druckt das so der Oetinger Verlag). Bestechend auch ihre Idee, »der liebe Gott« könnte ruhig »das liebe Gott« genannt werden.

Na, wenn das »das Papst« erfährt!

In dem Kinderbuch »Lurchi« wurde beim Esslinger Verlag aus einem »Negerlein« einfach ein »Schornsteinfegerlein«. Das ist besonders absurd, denn der 1926 in Hamburg geborene Hans-Jürgen Massaquoi, dessen Vater aus Liberia stammte, beschrieb seine Erfahrungen mit rassistischen Anfeindungen in der Nazi-Zeit in dem Buch »Neger, Neger, Schornsteinfeger«.

Mit Wörtern wie diesen kann man doch Kindern etwas erklären.

Aber nun schwärmen die Sprachpolizisten aus, um in

Kinderbüchern Razzien zu veranstalten. Stoff finden sie reichlich, Wörter werden einfach arretiert

Und wie gehen wir mit dem schon erwähnten Begriff »Zigeuner« um?

Wir sprechen in den Medien von Sinti und Roma. Nun stand aber in der »Welt« ein Artikel, in dem der Autor Rolf Bauerdick berichtete, in einem rumänischen Karpatendorf hätten ihm Bewohner gesagt, sie seien »Tzigani«, keine Roma, und auch in Ungarn war er auf Menschen gestoßen, die darauf bestanden, sich nur »Cigány« zu nennen.

Im »Spiegel« las ich im Januar 2015 von Philomena Franz, die zu diesem Zeitpunkt 92 Jahre alt war. Sie bezeichnet sich als Zigeunerin, und ein Redakteur fragte nach, warum sie sich so nenne. »Das Wort steht für eine Lebensart, eine Kultur. Wir Zigeuner haben unsere Lieder, unsere Märchen …«

Philomena Franz war im KZ Auschwitz, im KZ Ravensbrück, danach noch einmal in Auschwitz, schließlich kam sie nach Wittenberge. Dort konnte sie fliehen und überlebte dank der Hilfe eines älteren Deutschen.

Wie wollen sich denn unsere Oberbuchhalter der gereinigten Sprache in diesem Fall verhalten? Wollen sie der Frau erklären, dass sie nicht mehr Zigeuner sagen darf …?

Und wie gehen wir generell mit dem Erbe um?

Wird dann im Theater die Operette »Der Sinti-und-Roma-Baron« gespielt?

Abschied von der Schreibschrift?

Als ich 1950 in die Schule kam, lernte ich selbstverständlich Schreibschrift. Im ersten Schuljahr noch auf der Schiefertafel.

Zwar wurde der Deutschunterricht in den letzten Jahren immer mal reformiert, wenn auch mit nicht ganz so glänzenden Ergebnissen. In einigen Bundesländern kam das »phonetische Schreiben« in Mode. Warum? Es sollte die Lust am Schreiben fördern, indem die Fehler nicht berichtigt werden. Das hätte einige Rechtschreibungs-Schwache zu meiner Zeit natürlich sehr erfreut!

In der »Frankfurter Allgemeinen Zeitung« gab es Zuschriften von Grundschülern, die sich dazu äußerten, was sie an Zeitungen interessiert. Eine Schülerin aus der 4. Klasse führte aus: »Und ich wörte gerne Reporterin werden. Es ist nämlich spannt in der Zeitung zu lesen. Wall das sind spannte Sachen drin sind.« Oder wie ein anderer Schüler schreibt: »Wall es schbas macht.«

Da zeigen sich doch schon begabte zukünftige Journalisten.

Der Grundwortschatz für Schüler der 4. Klasse wurde inzwischen auf 700 Wörter gesenkt. Gedichte werden kaum noch auswendig gelernt.

Lew Kopelew, von Haus aus russischer Germanist, hat sich zur Situation in deutschen Schulen folgendermaßen geäußert: »Kulturrevolution wie in China – nur ohne Mao.«

Nun soll es der Schreibschrift an den Kragen gehen, obwohl sich in Umfragen 80 bis 90 Prozent gegen Eingriffe aussprechen. Einige Schulen lehren nur noch die sogenannte »Grundschrift«. Die Lehrerin Ute Andresen sagt allerdings dazu: »Schreibschrift lernen ist mehr als das Verketten von Buchstaben zu Informationen; es enthält motorische und ästhetische Lernvorgänge und fokussiert das Denken.«

Schreibschrift ist eine Kulturtechnik und ein Persönlichkeitsmerkmal.

Die Forschung hat längst herausgefunden: Das Verbinden von Buchstaben ist positiv für die Entwicklung des Gehirns.

Thomas Paulwitz fasst in der »Sprachwelt« zusammen: »Wer die Schreibschrift abschafft, riskiert den funktionellen Analphabetismus«, denn »Untersuchungen zeigen, dass Schüler, die sich keine fließende Handschrift angeeignet haben, häufig zu einseitig und oberflächlich denken«.

Auf diesem Weg, der sich aller Voraussicht nach als Holzweg herausstellen wird, befinden wir uns. 70 Prozent der Kinder bringen nach dem Kindergarten nicht mehr die motorischen Voraussetzungen für das sogenannte Kritzelalphabet mit. Darunter versteht man kleine Schleifen, Schlangen- oder Zickzacklinien. Die sind die Grundlage für verbundene Schriften.

Und warum ist das so?

Das liegt am Bewegungsmangel, an fehlender Fingerfertigkeit. Die Eltern sind längst kein Vorbild mehr. Smartphones und Tablet-Computer regieren.

Für mich ist es einfach unvorstellbar, dass Menschen in Zukunft nie wieder einen Brief oder eine Karte bekommen und bei einem Blick auf die Schrift sofort wissen: Mutter hat geschrieben. Oder der Bruder.

Adieu, Schreibschrift?

Ganze Sätze

Eine der ersten Grundregeln, die wir in der Schule lernten: »Sprich und schreibe ganze Sätze.« Das spukt noch in meinem Kopf aus Schulzeiten: »Hauptsätze sind Sätze, die allein stehen können.« Und dann stellte ich mir einen einsam rumstehenden Satz vor. Aber der hatte eben alles, was er braucht, um so stehen zu können. Und dazu gehörte: Ein Satz besteht mindestens aus Subjekt, Prädikat und Objekt. Wir lernten damals noch für die beiden ersten Begriffe die deutsche Entsprechung, Satzgegenstand und Satzaussage.

Und heute? Wulf Mämpel schreibt in einer Glosse: »Die rasant sich entwickelnde iPad-, Twitter- und Facebook-Welt verführt uns zu einer gelebten Verkürzung: der Sprache, der Inhalte, der Gefühle, des bleibenden Wissens, des Originalen ...«

Auf den Displays fliegen uns Satzfetzen vor die Augen. Die SMS-Gemeinde gibt sich mit Halbfertigem zufrieden. Längst liegt nicht mehr in der Kürze die Würze, sondern Halbgares wird an die Adressaten verfüttert.

Schlimmes Deutsch ist längst auch in die Redaktionen der großen Zeitungen vorgedrungen und wird als schick empfunden.

»So muss Technik« (in der Werbung).

»So geht Theater« (ein Interview mit einem Schauspieler).

»So geht Urlaub richtig« (Reisetipps).

»So geht Geburtstagsparty« (James Last feierte seinen 86. Geburtstag in einem Leipziger Konzert).

»Die Russen können Wodka« (über deren Nationalgetränk).

»Sie kann auch Oma« (über Angela Merkel).

»Kann er Kanzler?« (über den Kandidaten Peer Steinbrück).

»Die Schauspielerin kann lustig und ernst« (über das Repertoire einer Schauspielerin).

»Polizei kann auch Prosa« (über angeblich kreative Pressetexte).

Da kann ich zusammenfassend nur sagen: *Dieses* Deutsch kann mich mal.

Neue Begriffe

Über triste Begriffe, die von der DDR-Bürokratie erfunden wurden, haben wir uns immer amüsiert. Wie zum Beispiel über das legendäre »Jahresendkarussell mit Flügelfiguren«. So wurde die Weihnachtspyramide mit Engeln umschrieben. Engel hatten in der DDR sowieso nichts verloren! In einem Land mit einer wissenschaftlichen Weltanschauung, was sollten sie da?

Es gab eine Phase Ende der sechziger Jahre, als auf dem Leipziger Weihnachtsmarkt Matrjoschkas die Engel ersetzten. Und wir durften im LKG Leipziger Kommissions- und Großbuchhandel nicht mal einen Weihnachtsmann auf einem Bücherprospekt abbilden. Da ging es gegen diese althergebrachten deutschen Traditionen. Aber die Genossen der harten Linie wurden bald zurückgepfiffen.

Kurios waren auch Begriffe wie der »VEB Erdmöbel«, der Särge produzierte. Und hinter einem »flexiblen Schüttgutbehälter« verbarg sich der gute alte deutsche Sack!

Auch heute schafft man für althergebrachte Begriffe kurioserweise ohne Grund neue Namen. So nennt man Kuverts nunmehr Versandtaschen. Dabei gibt es doch schon das deutsche Wort Briefumschlag. Also, wozu soll ich fragen: »Hast du mal eine Versandtasche für mich?«

Aber das ist ja alles noch harmlos, verglichen mit dem folgenden Beispiel. In der »Leipziger Volkszeitung« schreibt Janina Fleischer über eine Trendstudie. »Wichtigste Erkenntnis: Die deutsche Sprache, wie wir sie bisher kannten, wird die kommenden Jahre nicht überleben. In einer Pressemitteilung eines Forschungsinstitutes … ist von ›Gesundheitskunden‹ die Rede. Dabei handelt es sich um Personen, die im Moment noch Patienten genannt werden. Das sind also jene Menschen, die von einem Arzt behandelt und betreut werden. Das passt nicht mehr in unser neues Gesundheitssystem, wo es glasklar wirtschaftlich zugeht. Der Kunde kauft Gesundheit. Es geht schließlich um ein Geschäft.«

Auch die altmodischen Begriffe Arzt und Apotheker sollen abgeschafft werden. Die heißen dann Gesundheitskoordinator und coach.

Die Sprache, wie Sie merken, wird dem Markt angepasst.

»Der nächste Gesundheitskunde bitte!«

»Ich muss noch einen Gesundheitskoordinatortermin vereinbaren.« (Dieses schreckliche Wort hat mein Computer tatsächlich sofort akzeptiert – keine rote Unterstreichung!)

Schöne neue Welt. Aber schon bald brauchen wir eigentlich Arzt und Apotheker gar nicht mehr, denn – noch einmal Janina Fleischer: »Es wird nämlich so sein, dass ›informierte Kunden‹ ihre ›Diagnose bereits aus dem Smartphone kennen und nur noch Medikamente und eine Krankschreibung wollen‹.«

Ich sehe da für Ärzte schlechte Zeiten kommen. Das Smartphone weiß letztlich alles, »weiß, welche Stoffe dem Kunden gerade fehlen, und sendet diese Information an den 3-D-Drucker, der das ›Medical Food‹ entsprechend anreichert«.

Ja dann: Guten Appetit!

Der Personalbestand bei der sächsischen Polizei ist besorgniserregend – trotz eines beschlossenen »erweiterten Neueinstellungskorridors«. Bei meinem nächsten Dresden-Besuch würde ich mir den gern mal ansehen. Ein Politiker der Linken kritisierte die Regierung und meinte, dass eine »Ausweitung des Einstellungskorridors« erforderlich wäre.

Nun lässt sich ein Korridor ohne Umbauten nicht einfach weiten! Dresden gibt mitunter Rätsel auf …

Ich hatte auch keine Ahnung, dass in Deutschland inzwischen zusammengesetzte Substantive in einer Größe entstanden sind, wie das eben nur unter freiheitlichen Bedingungen möglich ist. Zum Beispiel das Betrugsbekämpfungsabkommen, die Verkehrsinfrastrukturfinanzierungsgesellschaft oder das Infrastrukturplanungsbeschleunigungsgesetz.

Beeindruckend, nicht? Es gibt sogar noch Steigerungen: Die Grundstücksverkehrsgenehmigungszuständsübertragungsverordnung – wenn Sie beim Lesen das letzte Substantiv erreicht haben, wissen Sie gar nicht mehr, worum es vorn ging … das wird nur noch getoppt vom Rindfleischetikettierungsüberwachungsaufgabenübertragungsgesetz.

Das merkt sich doch kein Ochse!

In meiner Kaufhalle habe ich mal eine Kassiererin gefragt, wie sie eigentlich diesen schmalen Stab nennt, den man zur Abgrenzung zwischen die Einkäufe der Kunden legt. »Warentrenner«, meinte sie. Oder »Hölzchen«.

So einfach wollen wir es uns aber nicht machen. Denn mittlerweile schuf die deutsche Bürokratie einen Begriff, der auf den Halbgebildeten großen Eindruck macht: Kassentransportbandübersichtstrennholz.

Neue alte Namen

Die neue Zeit brachte uns auch alte Namen zurück.

An der Heißen Theke meiner Fleischerei gibt es als Beilage längst wieder Kaisergemüse.

Das war in der DDR zu Mischgemüse degradiert worden.

»Kaiser« klingt natürlich viel edler.

Politisch korrekt müsste es ja eher Bundespräsidentengemüse heißen.

Ich will solch eine Benennung nicht gleich als Sehnsucht nach der Monarchie deuten, aber woher kennen die jugendlichen bis mittelalterlichen Mitarbeiter in der Fleischerei eigentlich jenen alten Namen?

Im Übrigen könnte man bei manchen einflussreichen Berlinern durchaus Sehnsucht nach jener Zeit vermuten, denn wer hätte gedacht, dass dort gar wieder das kaiserliche Schloss aufgebaut wird …?

Es ist schon kurios, dass der Kommunist Ulbricht in Berlin das Schloss hat »wegrubbn« lassen, aber in Dresden hat die Ruine überdauert.

Und nun haben wir in Sachsen unser königliches Schloss schon lange wieder zurückbekommen.

Was nach dem Krieg im Osten gleich aus politischen Gründen gestrichen wurde, waren der Bismarckhering und die Bismarckeiche. Bei dem Fisch handelt es sich um Heringsfilets, die in eine saure Marinade eingelegt und mit Bratkartoffeln oder einem Brötchen gegessen wurden – und werden, aber heute ohne Bismarck.

Die Bismarckeiche wiederum ist eine wohlschmeckende süße Köstlichkeit, eine Biskuitrolle, mit Creme verziert.

Warum die beiden Esswaren so genannt wurden, ist nicht eindeutig geklärt. Vermutlich hing es mit der Reichsgründung im Jahre 1871 zusammen. Damals wurde ja alles Mögliche nach dem verehrten Reichskanzler benannt. Bismarcktürme errichtete man überall in Deutschland, und auch Bismarckeichen pflanzte man landauf und landab. So lag es nahe, etwas für den Genuss im Alltag zu tun und solche Eichen auch in Konditoreien als Naschwerk zu verspachteln oder zum Abendbrot den Hering im Gedenken an den mächtigen Politiker zu essen.

Bismarckhering und Bismarckeiche sind als Begriffe nach der Friedlichen Revolution nicht wieder in Mode gekommen. Erstaunlich ist allerdings, dass nach der Wende an jeder Flasche »Radeberger« wieder die Information auftauchte, dass durch königliches Dekret vom 11. Dezember 1905 die Exportbierbrauerei die Genehmigung erhielt, Radeberger Pilsner als Tafelgetränk Seiner Majestät des Königs Friedrich August III. von Sachsen zu bezeichnen.

Da bildet man sich heute noch etwas drauf ein!

Immerhin … wenn ich mir überlege, dass ich als normaler Bürger das gleiche Bier trinke wie seinerzeit der sächsische König … das is doch dorwäächn allerhand!

Zurück zum Kaisergemüse.

In Mecklenburg fand ich in der Fleischerei eines kleinen Ortes sogar Kaiserwurst! Woher die ausgerechnet in Mecklenburg wussten, welche Wurst der Kaiser bevorzugte, entzieht sich meiner Kenntnis.

Sie sehen aber, äußerlich scheint die Monarchie wieder im Kommen zu sein.

Fürst-Pückler-Eis gibt es inzwischen wieder. Das nannte man im sozialistischen Staat Halbgefrorenes (weil es eben nicht ganz durchgefroren war!) oder Schichteis (das war nicht etwa für Schichtarbeiter gedacht, sondern die drei verschiedenen Sorten lagen übereinander).

Kaiserschmarren, jetzt wieder im Angebot, gab es natürlich in der DDR nicht. Den hätte man umbenennen müssen in Staatsratsvorsitzenderplinse. Aber das wäre ja sehr zweideutig gewesen …!

In einem Wiener Kaffeehaus fand ich in der Karte übrigens eine sehr schöne Übersetzung für Kaiserschmarren ins Englische: Imperial Nonsense.

Die alten deutschen Städtenamen in Böhmen, Schlesien oder Ostpreußen waren auch ein Problem. In der DDR sollte man zum Beispiel nicht mehr Karlsbad sagen. Die Reisebüros offerierten nur Fahrten nach Karlovy Vary. Die Ost-Touristen kauften dort allerdings original »Karlsbader Oblaten«, auf der Verpackung in Deutsch geschrieben, und auf dem Etikett eines bekannten und beliebten Likörs stand »Karlsbader Becherbitter«.

Gastronomen in der DDR trauten sich jedoch, weiterhin auf ihrer Speisekarte »Karlsbader Schnitte« anzubieten. Das Leipziger Ringcafé wollte während der Messe einst politisch einwandfrei glänzen, und so fand ich zu meiner Erheiterung im Angebot »Toastschnitte à la Karlovy Vary«!

Was den Funktionären irgendwie völlig durchgerutscht ist, das waren die »Königsberger Klopse«. Es wird Vertreter der Vertriebenenverbände aus Westdeutschland, die in der DDR zu Gast waren, bestimmt sehr verwundert haben, dass ausgerechnet die Kommunisten an diesem Namen festhielten. Nie habe ich in einer Speisekarte »Klops à la Kaliningrad« gefunden.

Dialekt

Mundart stiftet Identität. Doch über unsere Aussprache haben wir früher nie nachgedacht. So redete man eben in Zwickau. Es gab in unserer Sprache einige erzgebirgische und vogtländische Einflüsse, aber insgesamt war es kein deftiger Dialekt. Das sah im nahen Wilkau-Haßlau oder in Reichenbach schon ganz anders aus, ja sogar von Dorf zu Dorf gab es Unterschiede.

Es existierten natürlich auch in »Zwigge« ein paar besondere Ausdrücke. Bei uns sagte man »Kuhng« statt »Kuchen«. Meine Freunde sprachen von ihrem Opa als »Ohp«, und die »Oma« war die »Ohm« oder liebevoll die »Omml«. Ein Junge war ein »Gung«. Aus dem Papa Seidel wurde der »Seidel-Babb«.

Die Dialekte der Umsiedler, wie sie in der DDR genannt wurden, fielen natürlich auf. Sie kamen zum Beispiel aus »Keenigsbarch« und erzählten, was sie alles durch Krieg und Vertreibung verloren hatten. Im Volk wurden sie dann mitunter schwarzhumorig karikiert: »Vor dem Kriech hab ich drej Sprachen jesprochen! Alles der Russe wechjenomm!«

Heute geht es mit dem Gebrauch von Mundarten rasant bergab. In der »Welt« las ich: »Die junge Angestellte hatte gute Manieren und beste Noten. Doch ihren Wunsch, ins Vermögensmanagement der Bank zu wechseln, ignorierte der Chef. Denn das Nachwuchstalent sächselte, was nach Ansicht des Bankleiters die betuchte Hamburger Kundschaft zu sehr irritieren würde …« Die Ablehnung bezieht sich aber nicht etwa nur auf das Sächsische, sondern genauso auf Menschen, die schwäbeln, berlinern oder stark bayrisch sprechen.

Der Karrierecoach Thomas Röbel meint: »In einer repräsentativen Stellung kann man sich keinen Dialekt leisten.« Und er betont: »Die vordergründige Gesprächskompetenz entscheidet heute oft über Karrieren.«

Direkt gesagt: In Hochdeutsch kann man den größten Blödsinn erzählen. Hauptsache, er wird dialektfrei dargeboten. Und so nehmen sich Menschen Sprech- oder Stimmtrainer und zahlen zwischen 35 bis 60 Euro pro Stunde, damit nicht auf Anhieb zu hören ist, wo ihre Wurzeln liegen.

Wie sagte der polnische Satiriker Julian Tuwim so schön: »Dialekte sind der Aufstand gegen die herrschende Hochsprache.«

Der Aufstand findet in der jungen Generation immer weniger statt. In Leipzig, einer ehemaligen Hochburg des Sächsischen, lässt die Generation nach meiner dialektmäßig schon sehr nach, und die Enkelgeneration spricht bereits gnadenlos Hochdeutsch.

Bayrisch und Sächsisch tauchen übrigens in Umfragen in gewissen Abständen sowohl an der Spitze der beliebten als auch der unbeliebtesten Dialekte auf. Darum muss man sich nicht kümmern. Für einen Dialekt gilt genauso, was für die Hochsprache zutrifft: Es kommt darauf an, wer was sagt!

Ich finde es tragisch, wenn ich von einem vogtländischen Großvater höre, dass er wegen seines Dialekts von den Enkeln ausgelacht wird.

Vor einer Vorstellung graut mir, sollte die Entwicklung so weitergehen: Man kommt in zwanzig Jahren nach Dresden oder Köln, nach Ostfriesland oder Bayern, ins Erzgebirge oder in den Schwarzwald – und überall sprechen die Leute nur noch hochdeutsch!

Ä eenzcher Jammer!

Die Mitte

In der DDR gab es in politischer Hinsicht nicht links und rechts und die Mitte, da gab es nur die sogenannte sozialistische Gesellschaft.

Heute reden alle Parteien ständig von der Mitte und behaupten, wo sie sind, da wäre sie – die Mitte. Als wäre das etwas Besonderes. Ist die Mitte erstrebenswert?

Vermutlich verwechseln die das mit »Im Mittelpunkt stehen!« Welch kolossaler Irrtum!

Wörter mit »Mittel-« bringen nichts Besonderes. Was ist schon ein Mittelding? Eine beliebige Sache. Nicht Fisch, nicht Fleisch. Und die Mittelschicht? Die ist höchstens für die Leute aus der Unterschicht interessant. Die träumen davon, dorthin zu kommen. Mit der Mitte ist kein Blumentopf zu gewinnen. Mittelläufer gibt es im Sport. Die davor oder danach sind immer schneller, müssen die Zeitverluste der Mittleren ausbügeln.

Und was ist die größte Errungenschaft der Mitte? Jawohl: das Mittelmaß.

Davon haben wir reichlich in Deutschland. Aus allen Ecken und Enden weht es uns an. Das beginnt bei dem Heer mittelmäßiger Schüler, das Mittelmaß tropft aus Politikerreden, aus der Zeitung, aus Verordnungen und Gesetzen. Beispiel gefällig?

Nehmen Sie doch eine »Dienstanweisung für die Postbeförderung« zur Hand: »Der Wertsack ist ein Beutel, der aufgrund seiner besonderen Verwendung nicht Wertbeutel, sondern Wertsack genannt wird, weil sein Inhalt aus mehreren Wertbeuteln besteht, die in den Wertsack nicht verbeutelt, sondern versackt werden.«

Ist das nun in Ihrem Kopf versackt?

Oder verbeutelt?

Sie sehen, das Mittelmaß drückt sich vertrackt aus, neigt zu unfreiwilligem Humor. Der Deutsche Lehrerverband Hessen zeigt haarscharfe Logik in dem folgenden Satz: »Besteht ein Personalrat aus einer Person, erübrigt sich die Trennung nach Geschlechtern.«

Und wenn die Person nun transsexuell ist? Was issn da?

In einem Formular vom Postgirodienst steht: »Persönliche Angaben zum Antrag sind freiwillig. Allerdings kann der Antrag ohne die persönlichen Angaben nicht weiterbearbeitet werden.«

So artifiziell kann man Zwangsmaßnahmen umschreiben!

Ein Höhepunkt mittelmäßigen Denkens ist für mich das folgende Zitat aus einem Kommentar zum Bundesreisekostengesetz: »Stirbt ein Bediensteter während einer Dienstreise, so ist damit die Dienstreise beendet.«

Wer rechnet denn damit?

Um noch eine andere Perle im Zusammenhang mit solch einem unangenehmen Tatbestand zu erwähnen: In den »Unterrichtsblättern für die Bundeswehrverwaltung« findet sich die zweifellos wahre Feststellung: »Der Tod stellt aus versorgungsrechtlicher Sicht die stärkste Form der Dienstunfähigkeit dar.«

Also: Wo sie recht haben, da haben sie recht!

In den heute-Nachrichten vom ZDF wurde die Ministerin Ursula von der Leyen zur weiteren Entwicklung der Bundeswehr zitiert. Es ging um Milliarden Euro und um Tausende neuer Stellen, die geschaffen werden sollen. Sie sagte: »Wir müssen zu einem atmenden Personalkörper kommen.« Ich hatte ja keine Ahnung, dass die Einsparungen bei der Bundeswehr dermaßen gravierend waren, dass die Truppe sogar den Atem anhalten musste!

Als seinerzeit der Arbeitsminister Olaf Scholz eine minimale Rentenerhöhung um ein paar Euro kommentierte, stellte er fest: »Das ist nicht viel, aber mehr, als wenn es weniger wäre.«

Na bitte, das ist doch was! Vor allem ist es viel zu schön, um vergessen zu werden!

Irrtum

In meiner Kindheit wurden alle defekten elektrischen Geräte repariert. Man brachte das Bügeleisen oder die Schreibtischlampe ins Elektrogeschäft, und nach einer Woche holte man das funktionierende Stück wieder ab.

Heute achtet die Wirtschaft darauf, dass Geräte keine allzu lange Lebensdauer mehr haben.

Einen Deckenfluter, der sein Licht ausgehaucht hatte, reparierte mir ein Bekannter, der früher Elektriker war. Er erzählte, dass lediglich die Sicherung den Geist aufgegeben hatte, aber er musste deshalb die ganze Leuchte auseinandernehmen, um das besagte Teil auszuwechseln. Der Hersteller hatte es aus gutem Grund versteckt: Weg damit und neu gekauft. Mitunter lässt sich das geklebte Gehäuse überhaupt nicht öffnen.

Mit Erfahrungen dieser Art schwand für mich wiederum eine Illusion vom Westen dahin, ich hatte ihn in seiner Produktion für besonders sparsam, effektiv und qualitätsbemüht gehalten. In der DDR, wo wir uns oft über die fehlende Qualität der Produkte beklagten, hätten wir doch nie im Leben gedacht, dass Hersteller in der Bundesrepublik sozusagen Schwachstellen einbauen!

Im Osten haben wir uns seinerzeit den Kampf gegen den Murks immer wieder auf die Fahnen geschrieben. Da war man in den fünfziger Jahren noch schnell dabei, hinter minderwertiger Qualität Sabotage zu vermuten.

Im Westen gab es ja auch über Jahrzehnte bei vielen Firmen ein selbstverständliches Qualitätsethos, bis man irgendwann da und dort anfing, wie eine Zeitung schrieb, »werkseigene Produktsabotage« zu betreiben, um die Konsumenten zum Neukauf zu zwingen. Den Produzenten bringt das einige Milliarden mehr im Jahr, die ihnen sonst entgangen wären.

Und die Müllberge wachsen.

Eine Waschmaschine, die früher fünfzehn Jahre ohne Stottern ratterte, verrichtet heute oft nur fünf bis sechs Jahre ihren Dienst, ein Fernseher funktioniert statt zwölf Jahre nur noch vier. Die gleiche Erfahrung macht ein Verbraucher mit einem Fön, einem Drucker oder mit sonst was.

Kurios ist, dass so manches Produkt mittlerweile zwar doppelt so teuer ist wie früher, aber dafür nur noch halb so lange funktioniert! Das Amüsement darüber hält sich stark in Grenzen.

Verbraucherexperte Stefan Schridde gehört zu einem Team, das 2000 Hinweise auf Produktschluderei ausgewertet hat. Sein Fazit: »Wir leben nicht in einer Wegwerf-Gesellschaft, wie immer gesagt wird, wir leben nur in einer Wegwerf-Produktion.«

Und da sind wir bei etwas Grundsätzlichem in diesem System angelangt.

Ob es nahezu kriminelles Tun in der Produktion ist oder die Verschwendung von Millionen Steuermitteln für sinnlose Bauten und andere Ausgaben, die uns der Bundesrechnungshof einmal im Jahr in schöner Tradition präsentiert: Für die Verursacher bleibt das alles folgenlos.

Essen

Welten liegen zwischen den Essensgewohnheiten in meiner Kindheit und denen der heutigen Zeit. Ich habe nach mancher Mahlzeit noch den Satz meiner Mutter im Ohr: »Seid ihr denn auch alle satt geworden?« Das war einige Jahre nach dem Krieg noch keine Selbstverständlichkeit, und deshalb war die Frage meiner Mutter berechtigt.

Als es mit der Versorgung wieder besser wurde, gab es einmal in der Woche Fleisch – eben den berühmten Sonntagsbraten. Ansonsten Eintöpfe und schlichte Gerichte wie Spiegelei mit Spinat und Kartoffeln. Oder mal ein »Bäffschdägg«. Das übersetze ich jetzt nicht und lasse die Nichtsachsen rätseln, welches Gericht sich wohl dahinter verbirgt …

Wir kannten jedenfalls den Mangel und räumten genussvoll die Teller ab.

Wenn ich dagegen im Urlaub in einem Hotel oder in Restaurants meiner Heimatstadt auf die Teller – vor allem von Kindern – sehe, dann häufen sich dort die Reste: von zerbröselten Brötchen, Wurst- und Käsestücken bis zu Obst oder Fleischstücken … Darin symbolisiert sich der Überfluss, der sich jährlich in Tausenden Tonnen weggeworfener Lebensmittel manifestiert.

Aus meinen Kindheits- und Jugendtagen kenne ich nur leer gegessene Teller. Meine Enkel können sich nicht vorstellen, dass wir in der Nachkriegszeit nach den dunklen Roggenbrötchen das erste weiße Brötchen in unserem Leben – wie meine Frau immer sagt – »wie Kuchen genossen haben«.

Inzwischen plagen sich viele Menschen mit ihrem Gewicht, das millionenfach ins Übergewicht ausschlägt. Während ich mit neun Jahren eine Kur bekam, um zuzunehmen, fahren heute viele Übergewichtige in eine Bäderstadt, um das Gegenteil zu erreichen.

In einem edlen Hotel im Elbsandsteingebirge sah ich Gästen beim Heilfasten zu. Ein Kellner verriet mir: »Am dritten Tag werden sie knurrig. Es gibt nichts Festes, nur Tee, Wasser, Gemüsebrühe. Das Gemüse wird fünf Stunden gekocht und dann durch ein Tuch gedrückt. Und das müssen die zehn Tage lang durchhalten.«

Es ist schon ein sehr fester Glauben vonnöten, wenn jemand meint, dass solch eine Marter für ihn wirklich gut sei. Und dass der folgende Heißhunger nicht alles wieder zunichtemacht.

Da begeben sich Menschen in ein edles Hotel, bezahlen viel Geld, um nahezu nichts zu essen. Sie nehmen sozusagen an einer Art freiwilligem Straflager im schicken Design teil.

Und wer sich selbst noch auf besondere Weise kasteien und foltern will, der wirft ab und an einen Blick in die üppige Speisekarte.

Inzwischen weiß ich, dass ich ein sogenannter Flexitarier bin. Ich bin flexibel mit meinen Mahlzeiten, esse alles maßvoll. Egal ob Fleisch, Fisch, Eintopf oder ein vegetarisches Gericht. Und natürlich unterschreibe ich jeden Aufruf gegen die Massentierhaltung, die für die Kreatur unwürdige Verhältnisse und sinnloses Leiden bringt. Ich habe Verständnis, wenn Menschen sich aus Liebe zum Tier gegen den Genuss von Fleisch entscheiden.

Für die konsequenten Pflanzenesser gibt es nur ein erhebliches Problem, wenn sich einmal herausstellt, dass Pflanzen auch eine gewisse Intelligenz und eine Seele besitzen. Also Eigenschaften, die man ihnen früher nicht zugeschrieben hat. Schließlich sagen ja heute Fachleute, dass

Pflanzen miteinander kommunizieren können und durchaus auch vernetzt sind.

Der renommierte Biologe Daniel Chamovitz hat in seinem Buch »Was Pflanzen wissen – Wie sie sehen, riechen und sich erinnern« darüber geschrieben, dass Pflanzen sogar merken, wenn wir in ihre Nähe kommen oder uns über sie beugen. Es ist eine uralte Erfahrung, dass Menschen darauf schwören, mit diesen Lebewesen auch zu reden. Pflanzen sollen sogar erkennen, ob wir etwas Blaues oder etwas Rotes anhaben. In der noch nicht lange existierenden wissenschaftlichen Disziplin der Pflanzenneurobiologie wurde schon die These vertreten, dass Pflanzen vielleicht sogar Schmerz empfinden können.

Ja, wenn da in der neuen Forschung immer mehr Geheimnisse gelüftet werden und das pflanzliche Leben solche Überraschungen bietet – was sollen die Vegetarier aus Respekt vor diesen komplexen Lebewesen dann essen? Nur noch künstlich hergestellte Lebensmittel?

Nicht weit von unserer Wohnung machte ein kleines Suppen-Lokal auf, in dem es diverse Angebote von solch gelöffelter Nahrung gab. Die kleine Lokalität nannte sich »Holy Soup« … ach du heilige Suppe!

Das Heil der Welt liegt in der Suppe.

Eine esoterische Bekannte war dort öfter zu Gast, und ich fragte sie, was denn bei diesen Suppen das Besondere sei. »Na ja, sie sind eben gesegnet.«

Aber allzu viel Segen scheint nicht auf der Löffelspeise gelegen zu haben, denn der Imbiss machte bald zu … und jetzt geht es dort wieder »um die Wurst …«.

Bio ist in den letzten Jahren zum absoluten Schlagwort geworden. Inzwischen gibt es auch Bio-Konsumenten, die glauben, dass sie als Vegetarier gleich die besseren Menschen sind. Und erst recht manche Veganer.

Der Volkswitz hat sich der Sache auch schon angenommen: »Woran erkennt man einen Veganer?

Er wird es dir sagen.«

Lustig finde ich nur, dass die Fleischverächter aus vegetarischer Masse Würstchen, Beefsteaks oder Schnitzel nachformen. Wollen sie sich zumindest eine Illusion erhalten?

Und dann gibt es noch die nicht ganz so bekannten Frutarier!

Die kennen Sie gar nicht?

Die wollen der Natur nur Gutes tun, nicht über sie herrschen, indem sie womöglich Früchte vom Baum pflücken. Damit tut man dem Baum ja auch schon Gewalt an und deshalb essen sie nur die Früchte, die vom Baum fallen.

Ja, aber wovon leben die denn im Winter?

Im »Stern« fand ich in einem Beitrag interessante Fakten über die neueste Religion, die in den letzten Jahren Millionen Anhänger gefunden hat. Sie kommt ohne höheres Wesen aus und beschäftigt sich schlicht – mit dem Essen.

Die reine Lehre bedeutet, das Essen muss laktosefrei, glutenarm, ohne Histamin und natürlich fleischlos sein. Dann fühlt man sich vielleicht mitten auf der Erde wie im Himmel.

Neun Millionen Käufer erwarben 2014 laktosefreie Erzeugnisse, obwohl in der Realität nur 18 Prozent Probleme mit der Verträglichkeit von Milchzucker haben. 82 Prozent zahlen freiwillig viel mehr für Lebensmittel, als sie eigentlich müssten ... Sie folgen dem Trend.

Der Mensch ist, was er isst, sagen die einen. Andere sind in dem Zusammenhang der Meinung: Gesund ist vor allem, was teuer ist.

Das oberste Gebot: Nur wer entsagt, ist wirklich rein.

Die Zahl der (Ernährungs-) Gebote wurde allerdings im

Verhältnis zum Christentum enorm gesteigert. Sozusagen von zehn auf hundert. Die neuen Lebensmittel-Priester haben von den uralten Religionen abgekupfert ... es gibt wiederum Erlösung – durch Verzicht.

Und einen großen Vorteil: Aus dem Bio-Paradies kann niemand vertrieben werden.

Der Festtagsbraten

Mein Vater arbeitete im Konsum, deshalb war es logisch, dass wir in dieser Genossenschaft Mitglied waren. Ich brachte mich mit ein, indem ich die Konsummarken, die einem die Verkäuferin nach jedem Einkauf über den Ladentisch reichte, in ein Heft klebte. Am Jahresende gab es entsprechend dem Umsatz eine kleine Rabattauszahlung. Die Summe reichte in unserer Familie immer gerade für den Weihnachtsbraten. Da meine Eltern mit jeder Mark rechnen mussten, war das eine sichere Bank für die weihnachtliche Zeit.

Die Freude auf das Festessen war schon vorher groß. Wenn dann an den Feiertagen im ganzen Haus die Flammen der Gaskocher brannten, weil alle zur selben Zeit gekocht haben, so glucksten in den Wohnungen die Gaszähler besonders intensiv. Das Geräusch habe ich noch im Ohr. Und meine Mutter stellte um die Mittagszeit fest, dass der Gasdruck immer schwächer wurde, weil die volkseigene Gasversorgung auf dem letzten Loch pfiff.

Inzwischen kochen wir mit Induktion, und die Stadtwerke freuen sich nur, wenn der Verbrauch ordentlich steigt. Das können gar nicht genug elektrische Geräte im Haushalt sein! »Denen wäre es am liebsten, wenn wir einen angeknipsten Fön in die Tiefkühltruhe legen würden«, so brachte es Dieter Hildebrandt auf den Punkt.

Wir jedenfalls freuten uns damals auf den Gänsebraten am ersten Weihnachtsfeiertag. In den fünfziger Jahren war das ein besonderes kulinarisches Erlebnis.

Und heute?

Als ich am 23. Dezember in meiner Fleischerei an

einem der Imbisstische etwas gegessen habe, bestellte sich ein Mann an der Heißen Theke Ente mit Rotkohl und Klößen. Dieses Mahl verzehrte er mit Genuss im Stehen.

Und was, dachte ich, will er dann eigentlich am Feiertag essen?

Die Bockwurst

Wenn ein DDR-Kellner in der Küche eines Lokals »Eine Bowu, Salat!« orderte, dann bestellte er damit nicht etwa ein raffiniertes vegetarisches Gericht, nein, dahinter verbarg sich lediglich eine Bockwurst mit Kartoffelsalat. Gebräuchlich war auch am Küchenfenster das Kellner-Kürzel »Bock-Mayo«. Was wiederum die Abkürzung für solch eine Wurst mit Mayonnaisensalat war.

Neben dem Broiler und der Bratwurst war die Bockwurst mit Brötchen eine Art Grundnahrungsmittel auf Festplätzen in der DDR. Also von der Mai-Demonstration übers Pressefest bis zu diversen Jahrmärkten. Ein Universalessen für hungrige Mägen.

Wiener Würstchen (die, wie ich nun in Wien merkte, dort kurioserweise Frankfurter heißen) waren bei Festen nicht üblich. Das war eine Kapazitätsfrage.

Mit der neuen Zeit kam die amerikanische Variante über uns: der Hotdog. Das ist sozusagen ein Würstchen in einem schlabberigen, Brötchen kann man wirklich nicht sagen, eher: Teiggebilde. Doch es klingt nach was! Hotdog. Heißer Hund. (»Kalter Hund« ist mir sowieso lieber, denn ich bin ein Freund diverser Backwaren.)

In den USA finden schon seit 1916 Weltmeisterschaften im Hotdog-Essen statt.

100 Jahre Esskultur also.

Auch in Deutschland existieren inzwischen regionale Wettbewerbe. In Amerika startet man die Wettfresserei am Unabhängigkeitstag. Da kann man besonders gut sehen, wie unabhängig manche Amerikaner vom guten Geschmack sind.

Ich las, dass der Sieger in zehn Minuten 54 Brühwürstchen verschlang. 54!!!

Mit diesem Teiggebilde, das ich nicht Brötchen nennen will.

Im wahrsten Sinn mit Hängen und Würgen, denn zum Wettbewerb an jenem 4. Juli, von dem ich erzähle, herrschten 32 Grad Celsius, was die Sache nicht einfacher machte.

Vor allem für die Zuschauer.

Ihre Phantasie wird ausreichen, um sich den Anblick der schnell fressenden und gierig schlingenden Typen vorzustellen. Bei Ästheten rebelliert dabei selbst ein leerer Magen. Denn kurz gesagt: Solch eine Veranstaltung ist eine einzige Schweinerei!

Aber die Fangemeinde wächst.

Natürlich nicht in der Dritten Welt.

Dem Sieger winken ein großer senffarbener Gürtel und umgerechnet etwa 16 000 Euro. Gesponsert wird der Fresskampf vom Hersteller eines Medikaments gegen Übelkeit.

Das Leben schreibt Pointen – die kann man sich gar nicht ausdenken!

Sehnsucht nach den alten Sorten

Wenn ich mit meinen Freunden zur Schule gegangen bin, liefen wir in Zwickau über den Neumarkt. Dort öffneten jeden Tag Buden und Stände, deren Besitzer, einige waren wirklich originelle Markttypen, Blumen, Obst und Gemüse verkauften. Wir Schüler erwarben dort manchmal eine Tüte Schoten – also Zuckererbsen. Mit dem Fingernagel ritzten wir die Hülle an der Seite auf, und dann lagen die Erbsen wie große grüne Perlen in der Schale und schmeckten tatsächlich zuckersüß. Gern kauften wir an einem Stand von zwei älteren Schwestern, die durch ihre Art schon von weitem besonders auffielen. Immer fröhlich und lautstark nannten sie ihre alten und jungen Kunden zumeist »mei Herzebubbl«, was übersetzt »mein Herzenspüppchen« heißt.

Hatten wir danach die wenigen Meter bis zur Schule zurückgelegt, war der Inhalt aller Schoten gegessen, und manche von uns nagten sogar noch die Innenseiten der Schalen ab. Wenn dies auch recht unergiebig war, spürte man doch noch einen Hauch Süße, und dies ist ein Indiz dafür, wie sehnsüchtig wir Nachkriegskinder jeder Süßigkeit auf der Spur waren.

Heute sorgt die schwer verdienende Zucker-Mafia dafür, dass wir regelrecht in Abhängigkeit geraten, und so findet sich überall zu viel von jenem Stoff. Ob im Joghurt, im Müsli, in den Konfitüren, im Ketchup, in sauren Gurken, in Backwaren sowieso. Es würde mich nicht wundern, wenn sogar im Salzgebäck Zucker drin wäre!

Nach meiner Erinnerung war das Obst- und Gemüseangebot in den fünfziger Jahren reichhaltiger als in der späteren DDR-Zeit. Dafür sorgten Bauern, die damals noch privat wirtschafteten, und viele kleine private Gärtnereien. Auch die »Herzebubbl«-Schwestern bauten in ihrem Garten Gemüse für den Verkauf an.

Durch die Industrialisierung der Landwirtschaft verschwanden die alten Sorten. Und so stellt sich die Sehnsucht danach ein, wenn ich heute einen Kohlrabi esse und den zarten Duft der hellgrünen Oberseite und seinen typischen Geschmack vermisse.

Wenn ich früher als Gärtner eine Gurke geschält habe – dann roch das ganze Zimmer danach. Oder der intensive Geruch einer Tomate, die heute für mich lediglich ein Symbol für das teuerste Wasser der Welt ist. Das ist für die Holländer *das* Geschäft, denn Wasser haben sie ja genug!

Die beliebte rote Frucht besteht zu 90 Prozent aus Wasser, und die Züchter werden auch noch die 100 Prozent schaffen!

Tomaten aus Holland wurden mit den Jahren immer größer und parallel dazu immer geschmackloser. Deshalb erhielten sie den Spitznamen »Rote Wasserbombe«.

Erde lernen die Tomaten bei ihrer Aufzucht in den Riesengärtnereien unseres Nachbarlandes schon lange nicht mehr kennen. Die Gewächshäuser ähneln Fabrikhallen, und die Pflanzen wachsen in Röhrensystemen, die sie mit Wasser und Nährstoffen beliefern. Und dann werden sie noch mit CO_2 gedopt, um das Wachstum anzuregen.

Da zu DDR-Zeiten das Angebot an Tomaten sehr zufällig war, machte ich uns störfrei und baute jedes Jahr die rot glänzenden Früchte auf unserem Balkon an. Weil es damals in den Gärtnereien noch alte Sorten gab, schmeckte unser Eigenanbau sehr gut. Als wir einmal Besuch von einem Ehepaar aus Kalifornien hatten, lobten sie unsere Tomaten über den grünen Klee. Und ich staunte, dass wir die Gäste aus dem von der Sonne verwöhnten Land mit den in unserer Dreckluft gereiften Früchten beeindrucken konnten!

Vielfach blieb mit der Industrialisierung der Landwirtschaft beim Gemüse leider der Geschmack auf der Strecke. Da ist mitunter die Produktion im biologischen Anbau wirklich eine Alternative.

Aber was das Angebot des Supermarkts anbelangt: Die Hülle ist heutzutage allgegenwärtig käuflich – doch die Seele der Pflanze ist dahin. Wir blicken auf das äußerlich appetitlich aussehende Gemüse und müssen sehr oft konstatieren: mehr Schein als Sein.

PS: Bei Obst sieht das meiner Meinung nach in Sachen Geschmack glücklicherweise viel besser aus. Wenn ich allein an die Vielfalt der Apfelsorten denke! Obwohl ich sagen muss – mit *einem* Apfel hätte mich seinerzeit Eva im Paradies nicht rumgekriegt, mit einem Obstsalat hingegen hätte sie mich sofort becirct.

Trinken

Heute frage ich mich immer öfter: Wie haben wir Kinder in den fünfziger Jahren ohne permanenten Zugriff auf Getränke überlebt? An mein heimisches Frühstück habe ich keine Erinnerungen mehr. Vermutlich kam Malzkaffee in die Tasse oder Milch. Dann ging es ab in die Schule ... Die nächste Flüssigkeit war die mittägliche Grießsuppe oder ein Kohlrabieintopf. Später gab es für uns eine kleine Milchflasche in der großen Pause, auch schon mit Frucht- oder Schokogeschmack.

Wie haben wir damals die Sportfeste überstanden? Gab es da etwas zu trinken? Auf der Aschenbahn hätten doch überall dehydrierte Jugendliche liegen müssen!

Ein Getränk führten wir nur zum Wandertag mit, meist in einer filzbezogenen Aluminiumflasche, die noch aus Heeresbeständen stammte und den durstigen Krieger für den Endkampf hatte fit machen sollen. Sie diente nun für die Aufbewahrung gesüßten Tees zu friedlichen Zwecken.

In den fünfziger Jahren kamen jene Klapp-Plastebecher auf, mit denen allerlei Schabernack beim Wandertag getrieben wurde. Ringe, deren Durchmesser zunahm, wurden hochgezogen und ergaben ein Trinkgefäß. Böse Jungs (und vielleicht auch Mädchen) schlugen während der Rast im Vorbeigehen auf den so geformten Becher, und der warme Tee ergoss sich auf die Oberschenkel.

Kurioserweise befand sich am Boden des Bechers ein Spiegel, so dass man sofort sein bedeppertes Gesicht sehen konnte.

Ansonsten gab es niemanden in meinem Freundeskreis, der auf den Streifzügen zu Fuß oder mit dem Fahrrad jemals ein Getränk mit sich geführt hätte. Das Äußerste im Sommer war, dass man im Vorbeigehen den geöffneten Mund irgendwo an einen Wasserhahn hielt und ein paar Schlucke nahm. Mir war das zu eklig. Man wusste ja nie … Außerdem riet mir meine Mutter prinzipiell nicht zum Genuss von Leitungswasser.

An besonders heißen Tagen unterbrachen wir mal kurz unser Spiel und gingen in die Wohnung, wo immer ein Topf mit Malzkaffee oder Kräutertee bereitstand. Nie gab es wochentags eine Flasche Limonade! Manchmal wurde Fruchtsirup mit abgekochtem Wasser verdünnt.

Limonade war einem Sonntagsausflug vorbehalten, wenn die Familie in einem Waldcafé einkehrte. Dann perlte rote oder grüne Brause im Henkelglas.

Natürlich weiß ich, dass der Mensch ein bestimmtes Quantum an Flüssigkeit pro Tag zu sich nehmen soll. Aber wenn mir heute junge Menschen auf dem Nachhauseweg von der Schule begegnen, machen sie den Eindruck, als müssten sie einen Teil der Strecke durch einen Wüstenabschnitt zurücklegen. Eine gefahrlose Durchquerung ohne Wasserflaschen wäre undenkbar. Am Ranzen befindet sich zumeist schon eine Halterung, um ein Getränk zu deponieren. Viele kommen mir mit der Flasche in der Hand entgegen.

Auf die durstigen Kinder wartet ein kaum überschaubares, oft stark gesüßtes Angebot von Limonaden, Fruchtsäften, Schorlen, Sport- und Energiegetränken, Cola und Cola-Mix-Varianten und natürlich diverse Mineralwasser-Sorten.

Viel Power ist bei manchen Flüssigkeiten im Spiel, und wer will, kann einen Extra-Frucht-Kick genießen. Maximale Erfrischung wird garantiert.

Wer nicht ständig Durst hat, mit dem stimmt was nicht!

Kaffee

Ich las in einer großen deutschen Tageszeitung, dass in der DDR der tägliche Muckefuck (eine Verballhornung des französischen Mocca faux), also der Malzkaffee, für die Bewohner normal gewesen wäre. Deswegen hätte die West-Verwandtschaft in jedem Paket Kaffee geschickt.

Aha. Echten Kaffee hat es in der DDR also gar nicht gegeben.

Ich habe ja Verständnis für jemanden, der keine Ahnung hat, weil er jenseits der Grenze lebte, aber warum muss er es dann auch noch zur Schau stellen?

Natürlich tranken wir »Bohnenkaffee«; meistens kostete die Tasse im Café 84 Pfennige.

Der Journalist schrieb weiter, dem Arbeiter- und-Bauern-Staat hätten die Devisen für den Import von Kaffeebohnen gefehlt und der Anbau in befreundeten Ländern hätte nicht für den Ostblock gereicht. Es wäre lediglich eine Mischung mit einem Anteil von echtem Kaffee auf dem Markt gewesen.

Über diese Mischung lachte die ganze DDR. Sie kam 1977 in die Läden, als der Weltmarktpreis für Kaffee gestiegen war. (Man riet in jener Zeit in den Medien der DDR generell mehr zum Teetrinken …) Die Sorte hieß offiziell Kaffee-Mix, wurde aber vom Volksmund »Erichs Krönung«, »Bohnenlose Gemeinheit« oder »Neutronen-Kaffee« genannt. Der letzte Begriff entstand in einer Zeit, als die schreckliche Neutronenbombe entwickelt wurde. Sie tötete Menschen, zerstörte aber keine Gebäude. Und so übersetzte der DDR-Volksmund schwarzhumorig den »Neutronen-Kaffee« mit: »Der Mensch geht kaputt, die Tasse bleibt heil!«

Die Mischung verschwand schon bald wieder aus den Regalen der Geschäfte, weil die Bürger schlichtweg den Kauf verweigerten, denn sie erinnerte zu sehr an den Malzkaffee der Nachkriegsjahre und enthielt übrigens 5 Prozent geröstete Erbsen!

Deshalb sollen sogar Kaffeemaschinen explodiert sein!

Die Staatsorgane wurden in Sachen Kaffee-Mix mit Eingaben überhäuft, und die Macht des Verbrauchers zwang die Partei in die Knie.

300 Millionen Dollar (so Honecker in einer Rede) gab der Staat pro Jahr für den Kaffeeimport aus. Die hätte man natürlich gern gespart.

Wenn das halbe Pfund West-Kaffee im Paket besonders beliebt war, dann vor allem deshalb, weil die Qualität besser und Kaffee in der DDR einfach zu teuer war. 250 Gramm Jacobs Kaffee kosteten im delikat-Laden 25.– Mark. Die DDR-Sorte Mona immerhin noch 10.– Mark.

Wenn es gestimmt hätte, dass wir im Osten nur Muckefuck trinken konnten, dann – so glaube ich – wäre die Revolution hundertprozentig viel eher losgegangen! Dafür hätten die »Kaffeesachsen« (die bekanntlich im Herbst 1989 die führende Rolle übernahmen) schon gesorgt. Denn beim Kaffee – da hört der Spaß wirklich auf!

Polizist

Meine Mutter sprach noch vom Schutzmann oder Gendarm. Wir sagten als Kinder zu dem Uniformierten Polizeier, Polyp oder Grüner.

In der DDR gab es die Verkehrspolizei, die Streifenpolizisten und den ABV, der ausgeschrieben Abschnittsbevollmächtigter hieß. Jüngeren Lesern (im Fall, dass es diesen und jenen gibt, der in das Buch eines Auslaufmodells hineinschaut) und Lesern aus den westlichen Bundesländern muss man das erklären: Der Abschnittsbevollmächtigte hatte einen bestimmten Abschnitt in einem Wohngebiet mehr oder weniger im Auge zu behalten. An ihn konnten sich Bürger wenden, wenn ihnen irgendwo Ordnung und Sicherheit in Gefahr schienen. Und der ABV hatte natürlich auch sein Gebiet in Sachen politische Ruhestörer im Blick.

Es gab unter diesen Ordnungshütern geistig sehr schlichte, biedere, nette und übereifrige Typen. Der Volksmund machte gern Witze über sie.

Andererseits kenne ich in Leipzig einen solchen ehemaligen Vertreter des Staates, der aus Liebe zu seinem Stadtteil Hobbyhistoriker wurde und eine enorme historische Ansichtskartensammlung zusammengetragen hat, die er gelegentlich in der Öffentlichkeit zeigt.

Der Begriff Abschnittsbevollmächtigter konnte bei Nichtkennern aber auch zu großer Verwirrung führen. Ich weiß nicht, ob die folgende Geschichte wirklich passiert ist oder ob sie einfach nur gut erfunden wurde.

In einem Haus kommt aufgeregt eine Frau zum Nachbarn und berichtet, dass sich ihr Untermieter das Leben genommen habe. »Er hat sich aufgehängt!« Der Mann ist bestürzt und sagt der Frau, dass sie sofort den Abschnittsbevollmächtigten informieren müsse. Daraufhin meint ein zufällig in der Wohnung anwesender Verwandter aus der Bundesrepublik völlig perplex: »Was? Dafür habt ihr extra einen Abschnittsbevollmächtigten?!«

Der ABV ist längst Geschichte. Doch nun lese ich mit Erstaunen, dass es in Sachsen-Anhalt einen RBB gibt. Im Gegensatz zu dem berlin-brandenburgischen Fernsehsender heißt das ausgesprochen Regionalbereichsbeamter. Und in Berlin nennt man solch einen Ordnungshüter inzwischen Kontaktbereichsbeamten. Er wird KOB abgekürzt.

Wenn man die Abkürzung KOB als Wort ausspricht, so ergibt das kurioserweise den amerikanischen Ausdruck Cop. Da sieht man wieder, wie hier alles amerikanisiert wird!

Aber insgesamt muss ich doch resümieren: Der alte ABV ist in der Sache einfach nicht totzukriegen!

Der kleine Unterschied

Wenn Erich Honecker zur Messe nach Leipzig kam, dann merkte man das sofort im Verkehr. Die Ampeln wurden ausgeschaltet, Straßen gesperrt. Polizisten regelten den Verkehrsfluss, damit die Polit-Kohorte rasch passieren konnte. Ein Taxifahrer scherzte einmal lakonisch: »So ä Offriss wäächn ä eenzelnen Rändner!«

Ich hätte mir nicht träumen lassen, dass diese Sicherheitsvorkehrungen zu toppen sind.

Ich wurde in unserer Demokratie eines Besseren belehrt. Als der amerikanische Präsident Bush nach Deutschland kam, herrschte Ausnahmezustand. Es stellte sich heraus, dass der Mann, wenn er Europa öfters besuchen würde, unseren Kontinent in den Ruin treiben könnte. 20 Millionen Euro kosteten allein die 36 Stunden Aufenthalt in der Heimat von Angela Merkel. Das sind pro Stunde ... also das müssen Sie sich mal ausrechnen!

Die paar Grünen und Grauen bei Honecker waren ja lächerlich.

Bei Bush waren es 12 500 Polizisten!

Für *einen* Mann!

Bloß, damit der auf der Wiese mit der Merkel ein gegrilltes Wildschwein anschneiden konnte ... Aber es gibt noch Steigerungen: Der Präsident des Bundes der Steuerzahler in Bayern, Rolf von Hohenhau, ging bei dem Treffen der G7 im Juni 2015 auf Schloss Elmau im bayrischen Wettersteingebirge von Gesamtkosten in Höhe von 360 Millionen Euro aus.

360 Millionen!!!

Die G7 sind das teuerste Ritual der Welt.

Also, die hammse doch nich mehr alle, kann man das als Sachse nur kommentieren.

Die Großkopfeten aus aller Welt sollten sich künftig auf See auf einem Flugzeugträger treffen. Dort wäre Sicherheit garantiert. Und wir hätten unsere Ruhe.

Auf dem Wasser lässt sich außerdem auch schlecht demonstrieren. Das würde zusätzlich enorme Kosten sparen. Das wäre dann sozusagen G7 zum Schnäppchenpreis.

Die Haustür

Haustüren waren früher tagsüber immer offen. Und warum?

Weil sie alle eine Klinke hatten und keinen Knauf.

Der Knauf aus Eisen, Chrom oder gar Messing symbolisierte sozusagen die politische Wende im Land. Mit ihm kam an alle Türen der mechanische Türschließer, der das sichere und selbsttätige Schließen möglich macht. Den hatten in der DDR längst nicht alle Haustüren, und so stand manche mitunter einladend offen. Heute kann man sicher sein, dass die Tür hinter einem ins Schloss fällt, wenn man das Haus verlässt.

Früher wurden in den meisten Häusern die Türen nur am Abend abgeschlossen. Zumindest in einem ordentlichen Haus war das so. Wenn meine Mutter, die ihrer Schwester in Zwickaus »Neuer Welt« bei großen Veranstaltungen als Kaffeeköchin und Kaltmamsell half, das anders erlebte, dann empörte sie sich am nächsten Tag: »Als ich gestern um Mitternacht nach Hause kam, stand die Tür noch offen.«

Das gehörte sich nicht.

Klingelte es bei uns am Abend, und niemand stand vor der Wohnungstür, dann sagte mein Vater: »Es war unten. Ich geh mal runter.«

Die Fenster unserer Wohnung lagen so, dass wir nicht sehen konnten, wer da an der Haustür Einlass begehrte. Oft waren die Namen der Hausbewohner, die in kleinen rechteckigen Feldern neben dem Klingelknopf handschriftlich vermerkt waren, nicht komplett, manche über die Zeiten längst verblasst und unleserlich. Dann stellte sich vielleicht sogar heraus, der Klingler wollte gar nicht zur Familie Lange und hat auf Verdacht einfach einen Knopf gedrückt.

In jenen Häusern, in denen man vom Fenster aus den Besucher sehen konnte, passierte es nicht selten, dass man den Schlüssel in Zeitungspapier oder einen Lappen wickelte und nach unten warf. Zumal wenn man im vierten Stockwerk wohnte! Schließlich wollte sich der Hausbewohner wenigstens einen Aufstieg sparen, denn er musste ja später den Gast nach unten begleiten, um wieder abzuschließen.

War die Klingel bei der Angebeteten kaputt, half sich der Verehrer – so das Fenster erreichbar war – mit Steinchen, die er gegen die Glasscheibe warf. Mit etwas Glück hörte die Dame seines Herzens schließlich das leise Klirren, öffnete das Fenster und erschien wie Rapunzel eingerahmt in der Öffnung, ließ zwar nicht ihr Haar herunter, aber vielleicht an einem Bindfaden den metallenen Schlüssel. Das war auch eine Variante – damit der ungeduldige Prinz zum seligen Rendezvous kam.

Wenn aber die Klingel kaputt war und die Wohnung weit oben lag, dann halfen nur noch Rufe, die durch die stille Straße schallten. Besonders beliebt bei älteren Menschen war das legendäre melodische »Huhu!«. Danach zogen alle möglichen Leute die Gardine beiseite, um den Rufer zu sehen, bloß nicht derjenige, der gemeint war, weil er sich gerade im Zimmer zum Hof befand, zu laut die Schlagerrevue mit Heinz Quermann hörte oder »Was bin ich« mit Robert Lembke sah.

Die ewig kaputte Hausklingel nahm Jürgen Hart zum Anlass für eine beliebte satirisch-humoristische Mini-Hörspielserie; gesendet in der academixer-Sendung aMESSEment auf der Messewelle von Radio DDR, trug sie den schönen Titel »Bäzold, drei Mal blähgn«.

Wenn sich jetzt jüngere Leser fragen, warum damals so ein Bohei veranstaltet und nicht einfach derjenige angerufen wurde, den man besuchen wollte, dann sei bemerkt, dass weder der Rufende noch der zu Besuchende ein Telefon besaßen. In diesem Buch beschäftigt sich noch ein ganzes Kapitel mit dem Telefonieren in alter und neuer Zeit.

Heute besitzt jede Wohnung eine praktische Türsprechanlage, was die Kommunikation ungeheuer erleichtert. Der Begriff ist allerdings irreführend, denn, wie bekannt, spricht ja nicht die Tür, sondern wir sprechen. Die Anlage befindet sich nur in der Nähe der Tür.

Die meisten Kurzgespräche führen meine Frau und ich übrigens mit Paketzustellern: »Nehmen Sie ein Paket für Dietrich an?« Da in unserem Haus nur nette Menschen leben, nehmen wir für alle Mieter Sendungen an. Und umgekehrt funktioniert das ja genauso.

Sehr selten, in größeren Abständen, passiert es, dass sich jemand via Sprechanlage mit seinem Namen vorstellt und mit mir über die Zukunft reden will, über die Sorgen, die ich mir doch bestimmt angesichts der Weltlage mache. Natürlich gibt es triftige Gründe, sich Sorgen zu machen, mehr denn je, aber darüber rede ich nun doch lieber mit Menschen, die ich schon lange kenne und schätze, und nicht mit wildfremden Zeugen Jehovas, die mir Trost spenden wollen. Mein Hinweis, dass ich Mitglied einer Kirchgemeinde bin, lässt dann meistens gleich Ruhe eintreten, obwohl ein Mann, der es bis zu meiner Wohnungstür geschafft hatte, sich auch dadurch nicht erschüttern ließ und mir entgegnete: »Und da glauben Sie, dass Sie schon die rechte Speise haben?«

PS: Jetzt, da ich mit dem Text über die Haustür zum Ende gekommen bin, fällt mir noch etwas ein, ihre besondere Rolle, wenn man in jungen Jahren ein Mädchen nach Hause gebracht hatte. Damals wohnten junge Leute aufgrund des raren Wohnraums prinzipiell bei ihren Eltern. Nichts da mit »Gehn wir zu dir, oder gehn wir zu mir?«.

Man küsste sich also vor der Haustür. Das sah aber schon nach einem schnellen Abschied aus, denn vor dem Eingang war wegen des Gesehenwerdens kein günstiger Platz. Schloss dagegen die junge Dame die Haustür auf und verabschiedete den jungen Mann nicht nachdrücklich, galt das als unausgesprochene Einladung, hinter die Tür zu treten.

Wollte man sichergehen, dass nicht ein verspäteter Hausbewohner das zärtliche Tête-à-Tête störte und am nächsten Tag verkündete: »Die Barbara von Schneiders hat gestern mit einem Kerl im Hausflur rumgeknutscht!«, dann verzog man sich an die Kellertür und verhielt sich mucksmäuschenstill, wenn das Hauslicht überraschend aufflammte. Nach drei Minuten konnte der Austausch von Zärtlichkeiten fortgesetzt werden. Es sei denn ... ja, es sei denn, es kam tatsächlich so ein bekloppter Typ auf die Idee, zu später Stunde noch Kohlen aus dem Keller zu holen!

Die anderen Dächer

Das gab's früher nicht: alte Häuser und keine Schornsteine.

Nur in den Neubaublöcken fehlten sie, denn die Wohnungen verfügten über Fernheizung. Aber sonst, wenn wir Kinder ein Haus im Winter zeichneten, dann gehörte immer ein rauchender Schornstein dazu.

Lange galt es als ein Zeichen von Arbeit und Wohlstand, »wenn in Betrieben der Schornstein rauchte«.

Schaute ich bei einem Wandertag von einer Anhöhe auf meine Heimatstadt Zwickau, dann sah ich viele qualmende Schlote. Die waren nun, wie man uns in der Schule erklärte, mit den dazugehörigen Werken alle volkseigen. Vor dem Krieg hatten sie den Kapitalisten gehört, auch Schlotbarone genannt. Nun gehörten sie dir und mir. Mein Freund und ich, wir suchten uns je einen aus. »Meiner raucht mehr! Guck mal dort – dicker schwarzer Rauch.«

»Da unten verbrennt der Heizer vielleicht seine alten Latschen.«

Wurde im Winter in den Wohnhäusern geheizt, dann trat der Schornstein in Aktion. Das war ein poetisches ruhiges Bild, wenn an einem stillen Dezembermorgen über den verschneiten Dächern der Rauch kerzengerade nach oben stieg. Bei leichtem Wind kräuselte er sich, und bei Sturm schlingerte er in alle Richtungen gen Himmel.

Aber ehe es so weit war, mussten die Briketts erst mal aus dem Keller in die Wohnung geschleppt werden. In Eimern, und obendrauf wurde das gespaltene Holz gelegt. Gerade so viel, dass man den Griff des Eimers noch gut fassen konnte. (Damals hätte man einen Fahrstuhl haben müssen …!)

Wenn der Winter nahte, hörte man immer öfter aus dem Keller des Hauses – vor allem am Wochenende –, wie das Beil auf den Hackklotz sauste. Mein Vater hatte keine Ahnung, dass man dereinst Holzhacken als »Event« verkaufen würde und dass dies für Körper und Seele von Vorteil wäre.

Damals war es lediglich eine schweißtreibende Notwendigkeit. Feuerholz war in der DDR – wie so vieles – Mangelware. Wenn dann noch Feueranzünder aus den Regalen verschwanden, wurde es tatsächlich »eng«. Ich entsinne mich an einen Winter in den siebziger Jahren, in dem ich mit Frau und Kind im nahe gelegenen Auwald an der Fockestraße Äste gesammelt und anschließend getrocknet habe, ehe sie uns die Stube wärmten.

Mein Sohn könnte wohl noch einen Kachelofen heizen, meine Enkel hätten damit schon ein Problem. Sie haben nie eine Ofenheizung kennengelernt, nie Feuer gemacht. Dabei war es eine nahezu kultige Handlung aus uralten Zeiten. Ein archaisches Ritual. Wie bei den Urmenschen (nur, dass die eben noch keine Öfen hatten).

Die Sache begann mit dem Ausräumen der Asche vom Vortag, denn nicht alles war durch den Rost in den Aschekasten gefallen. Das Hantieren mit der kleinen handlichen Kohlenschaufel, die eigentlich eine Ascheschaufel war, erforderte Sorgsamkeit, damit die entstehende Staubwolke möglichst durch den Luftzug in den Ofen und nicht ins Wohnzimmer zog. (So manche Hausfrau bangte derweil um die Sauberkeit ihrer Gardinen!)

Ging man geschickt vor, dann verschwand ein Teil der Wolke ins Innere, schwebte durch den Schornstein ins Freie und rieselte beim Nachbarn auf die aufgehängte Wäsche. Manchmal hatte sich sogar noch auf dem Rost ein Rest Glut erhalten. Dann roch es im Zimmer »nach Ofen«.

Anschließend kippte man die Asche im Hof in den Abfallbehälter. An windigen Tagen war es ratsam, die Windrichtung zu eruieren, um nicht eine Ladung feinen Staub ins Gesicht zu bekommen! Es war im Winter übrigens durchaus noch üblich, zum Streuen auf dem vereisten Fußsteig Asche zu benutzen. Auch hier galt: Bei Wind wuchs sich das Streuen von Asche zu einer einzigen Schweinerei aus, wenn die Wolken einen nahenden Fußgänger einhüllten und er lauthals protestierte.

Mir wird manchmal im Winter schwummrig bei der Vorstellung, wie abhängig wir heutzutage von der Versorgung mit Fernwärme oder Elektrizität sind. Wenn der Strom oder die Heizung ausfällt, haben wir keine Chance auf eine Wärmequelle. Es muss nicht gleich ein Terroranschlag sein, es reicht ja eine technische Havarie. Für solche Fälle hätte ich ganz gern wenigstens in einem Zimmer einen Ofen und ein paar Briketts im Keller.

Dann würde ich, wie in alten Zeiten, Papier zu Bällchen knüllen, darauf die Holzstücke legen und das Papier anzünden. Wenn es im Ofen heimelig knistert, Ofentür auf und Briketts darauf geschichtet. Dann immer mal das Feuer hüten, mit dem Ofenhaken die auseinanderfallenden Kohlenstücke richten und zur richtigen Zeit – wenn alles höllisch rot glüht! – die Ofentür zuschrauben. Und nun im vorher gut gelüfteten Zimmer spüren, wie sich die wohlige Wärme ausbreitet … Der ehemals beliebte kleine Glutosherd war in der Küche außerdem eine sichere Bank, um darauf Wasser zu erwärmen oder zu kochen.

Heute ist alles so einfach. Wir wachen auf, und die Wohnung ist warm.

Wir müssen nichts dafür tun. (Uns bloß über gestiegene Heizkosten grämen.) Wenn ich das mit früher vergleiche. Welch Luxus!

Und was wir dadurch im Winter für Zeit sparen!

Aber haben Sie schon mal einen Menschen getroffen, der Ihnen gesagt hat: »Es ist unglaublich, wie viel Zeit ich jetzt im Winter habe, weil ich nicht mehr heizen muss!«

Als der Osten nach der Friedlichen Revolution rekonstruiert, als das von der Partei immer wieder beschworene, aber nie realisierte »Dächer-dicht-Programm« privatkapitalistisch tatsächlich umgesetzt wurde, da verschwanden zumeist auch – es sei denn, Kamine wurden in die Wohnungen eingebaut – die Schornsteine.

Wenn ich nun an einem stillen, romantisch verschneiten Wintertag die Häuserreihe gegenüber betrachte, dann steigt dort immer mal vor meinem geistigen Auge neben einer schwarzen Krähe eine sich kräuselnde Rauchsäule in den Himmel.

Aber Romantik hin und her – die Plackerei mit dem Kohlenschleppen ist endlich vorbei, und die Umwelt dankt es uns!

PS: Eine Redewendung aus vergangener Zeit ist immer noch gebräuchlich. Wenn man Geld verliert oder von jemandem nicht bekommt – beides liegt heutzutage permanent im Bereich des Möglichen –, dann gilt nach wie vor der Ausspruch: »Das kannst du in die Esse schreiben!«

Unverändert

Bleiben wir kurz beim Winter. Da das Buch von so vielen Dingen handelt, die sich in den letzten Jahrzehnten verändert haben, soll wenigstens einmal einer Konstante gedacht werden.

Das gabs früher, und das gibts heute noch: Sobald reichlich dicke Schneeflocken vom Himmel herabschweben, ist sie da, die Lust, einen Schneemann zu bauen.

Ich kann mich an solche Szenen in meiner Schulzeit genau erinnern … Da konnte der Lehrer uns ermahnen, sooft er wollte: »Seht nach vorn und nicht aus dem Fenster! Habt ihr noch keine Schneeflocken gesehen?«

Natürlich hatten wir das, aber wenn zum ersten Mal im Jahr die Flocken tanzten und ein Schüler, der es bemerkt hatte, freudig in das Klassenzimmer rief: »Es schneit!« – dann konnte uns der Lehrer viel erzählen, das interessierte uns einen feuchten Kehricht, um einmal ein Bild zu gebrauchen, mit dem heutige Kinder vermutlich kaum noch etwas anfangen können.

Wenn es schneite, dann ließ selbst der größte Streber die Wandtafel Tafel sein und erfreute sich an der weißen Pracht. Als ich noch klein war, sagte meine Mutter immer: »Frau Holle schüttelt ihre Betten aus.«

Mit meinen Schulfreunden verabredete ich mich nach der Schule sofort in unserem Hof zum Schneemannbauen. War es Pappschnee, ließ er sich besonders gut zu einem Ballen rollen, der vor Ort nur aufgerichtet werden musste. Drauf kamen zwei weitere Schneekugeln, der Oberkörper, dann der Kopf, und schon war die weiße Figur fertig.

Das funktioniert auch heute noch so.

Für die Nase wurde und wird gern eine Möhre genommen. Sie musste lediglich in den Hungerjahren kurz nach dem Krieg mit einem Stöckchen ersetzt werden. Da war sie zu wertvoll, um den Kopf eines Schneemanns zu zieren. Aber in meiner Kindheit in den fünfziger Jahren gehörte sie selbstverständlich ins Gesicht des weißen Gesellen; denn Möhren gab es in der DDR immer!

Als Augen und als angedeutete Knöpfe im Oberkörper dienten uns Kohlenstückchen. Die finden sich heutzutage in einem Wohnhaus kaum noch. Da müssen andere Materialien ran, Steine oder kleine Erdbrocken. Den lachenden, nach oben gezogenen Mund haben wir mit dem Finger in den Schneekopf geritzt und eventuell mit Erde ausgekleidet.

Den Kopf krönte ein ausrangierter, löchriger Topf oder ein Eimer. Zu meiner Zeit konnte auch mal ein nobler, aber von den Motten angefressener Zylinder vom Großvater zum Einsatz kommen. In den am Körper anliegenden Armen hielt der weiße Mann entweder eine Rute oder Tannenzweige, die noch aus der weihnachtlich geschmückten Wohnung stammten, da und dort auch einen abgenutzten und ausgefransten Besen.

Obwohl solch einer Schneefigur die Kälte nichts anhaben kann, im Gegenteil, sie ist für deren Erhalt unabdingbar, bekommt sie von mitleidigen Seelen manchmal einen Schal um den Hals gewickelt

Schneemänner gibt es in allen Größen. Vom Bonsai-Format bis zu Riesen.

Bei Wikipedia erfuhr ich, dass im Mittelalter eine Figur mit diesem Namen noch völlig unbekannt war. Und wo tauchte der Begriff zum ersten Mal auf? Sie ahnen es?

Das hat mich als Messestädter natürlich besonders gefreut: 1770 war in einem Leipziger Kinderliederbuch erstmals vom Schneemann die Rede. Bald begann sein Siegeszug als Illustration durch diverse Bilderbücher, und seit 1900 bammelt er als Figur am Weihnachtsbaum.

Am Schneemannbau versuchten sich also hübsch ein paar Generationen: Daran übten sich schon als Kinder meine Eltern, Großeltern, Ur- und Ururgroßeltern. Heutzutage sehe ich oft Väter mit ihren Kindern bei diesem Spiel.

Im letzten Winter fiel mir in einem Hof eine ganze Schneemann-Familie auf. Vater, Mutter (mit angepappten Brüsten) und Kind. Alle ausgestattet wie früher. Nur in einem Detail zeigte sich die heutige Zeit. Dem Schneemann-Vater steckte ein in die Jahre gekommenes, kaputtes Handy in der Seite …

Das Dasein eines Schneemanns ist nicht von Dauer – wie so manches auf dieser Welt. Wird es wärmer, scheint die Sonne stärker, dann sackt er bald in sich zusammen. Und letztlich bleibt am Boden nur ein kleiner Müllhaufen übrig: der Topf, der Schal, die Möhre, die Steine, die Rute und – das Handy.

Vom Zauber der Höfe

Der Winter war die einzige Jahreszeit, in der wir Kinder in unserem Hof spielten, neben einem Schneemann bauten wir mitunter eine Schneehöhle an eine Wand. Zur Stabilität wurde sie mit Wasser übergossen, das gleich gefror. Manch einer meiner Freunde zielte mit fest gedrückten harten Schneebällen auf die Eiszapfen an der Dachrinne eines Vorbaus, klaubte sie aus dem Schnee und lutschte an dem geschmacklosen Stieleis.

Und warum spielten wir bloß im Winter im Hof?

Weil er nur durch den Schnee ansehnlich wurde. Die weiße Decke verschöne ihn. Sobald die geschmolzen war, zeigte sich das Areal in seiner ganzen Hässlichkeit. Die gesamte Fläche war gepflastert, nicht ein Stück Rasen, kein Baum, kein Busch, kein Platz für ein Blumenbeet. Betrat man den Hof, ragte links, parallel zu unserem Wohnhaus, eine hohe schmutziggraue Mauer bis etwa in die Höhe des dritten Stockwerks. Bei einem Blick aus unserem Küchenfenster war die Welt nach ein paar Metern zu Ende.

Es gab noch einen besonderen Grund, warum der Hof auf meiner Hitliste nicht weit oben stand. Meine Eltern verwalteten das Haus für unsere Erbengemeinschaft. Ich war zwölf, als mein Vater starb, und dann übernahm ich das Kehren der beachtlich großen Fläche.

Da war erst mal nichts mit »Zauber der Höfe« …

Wenn es in Zwickau vor allem durch die Kokerei »August Bebel« (vom Volksmund »August Nebel« genannt) und verschiedene andere Großbetriebe etwas im Übermaß gab, dann waren es – Ruß und Asche. Die schwarzen Flocken fielen auch reichlich in unseren Hof.

Um Energie zu sparen, wurden nachts in den Großbetrieben die Filter abgeschaltet, und die Asche wurde durch die Schornsteine in den dunklen Himmel geblasen, damit der rote Stern der Planerfüllung leuchten konnte.

Wer damals vergessen hatte, die Wäsche von der Leine zu nehmen, konnte sie gleich wieder waschen. In Sachen Feinstaubbelastung war Zwickau eine der führenden Städte des Ostens.

Nur in Pompeji rieselte seinerzeit noch mehr Asche auf Mensch, Tier und Häuser.

Wenn in der Kokerei der Koks gelöscht wurde, stiegen dichte Dampfschwaden mit Rußflocken in stattlicher Anzahl in den Zwickauer Himmel, und bei entsprechendem Luftdruck senkten sie sich herab. Außerdem entstand beim Löschen Schwefeldioxyd. Da die Stadt in einem Talkessel liegt, war das für die Bewohner besonders folgenschwer. Diese Gaswolke gefährdete die Atemwege und führte zu verschiedenen Erkrankungen.

Mein Freund Rudi Kleinstück, seinerzeit Chef der Gärtnerischen Produktionsgenossenschaft Zwickau (der größten in der DDR), erzählte mir von einer kuriosen positiven Nebenwirkung der Schwefeldioxyd-Wolke: Die Freiland-Tomaten in der Region profitierten davon, weil dem Grauschimmel, der bei Tomaten vorkommen kann, durch den Ausstoß der Garaus gemacht wurde.

Das war doch eine preisverdächtige Nebenwirkung – Schädlingsbekämpfung durch Koksherstellung. Wenn sich die Sache schon für die Menschen zu einem Problem auswuchs, so rechnete sie sich wenigstens für die Tomaten.

Die Einstellung der Produktion in der Kokerei in Zwickau-Schedewitz nach der Friedlichen Revolution zählt zu den erfreulichsten Ereignissen der neuen Zeit. Heute befindet sich auf dem Areal ein … na was schon? … richtig! …

ein Einkaufszentrum namens Glück-Auf-Center. Ob das für die Geschäfte der Zwickauer Innenstadt ein Glück ist, darf bezweifelt werden. Zumindest wurde dort auch eine Stätte für kulturelle Veranstaltungen geschaffen – die Zwickauer Stadthalle.

Nach dieser Abschweifung werfen wir noch einmal einen Blick in den Hof: In seltenen Fällen turnte vielleicht einmal ein Kind an der Teppichstange, die längst aus der Mode gekommen ist, seitdem jeder Haushalt über einen Staubsauger verfügt. Solche Spielereien waren vor allem bei den Mädchen sehr beliebt. Die Jungs übten eher ein paar Klimmzüge.

Die Erwachsenen schimpften über die Turnübungen, weil sich durch das Gerüttel an der Stange die Befestigung im Mauerwerk lockerte.

Manchmal bugsierten Mieter ihren Teppich im Winter auf den Hof, wenn es gerade frisch geschneit hatte. Sie breiteten ihn dort aus, um ihn zu klopfen. Wurde er nach getanem Werk wieder zusammengerollt, dann war der eben noch unschuldig weiße Schnee zu einer schmutziggrauen Fläche geworden. Ein trauriger Anblick.

Natürlich gab es im Viertel ganz andere Höfe, teilweise mit Wiesen oder mit Gärten, in denen Gartenlauben aus der Zeit um 1900 standen. Unsere Wohngegend in der Nordvorstadt war ja unweit des Zentrums, und trotzdem fanden sich hin und wieder ländliche Ecken. Die herumstrolchenden Kinder kannten da und dort einen Apfel-, Birn- oder Pflaumenbaum, den sie zum Leidwesen der Besitzer vor der Ernte immer wieder einmal heimsuchten.

Am romantischsten für uns herumstreunende Jungs waren allerdings jene Höfe, in denen sich Gewerke in kleinen oder größeren Werkstätten und Schuppen angesiedelt hatten.

In meiner Straße existierte eine Firma mit dem beeindruckenden Namen Vulkanisieranstalt.

Der Begriff hat sich über die Jahrzehnte in meinem Kopf erhalten. Diese Anstalt beschäftigte sich nicht etwa mit der Besonderheit jener Feuer speienden Berge. Aber was verbirgt sich wohl dahinter?

Im Duden fand ich den Begriff. In solch einer Anstalt verarbeitete man Rohkautschuk zu Gummi. Das macht der Vulkaniseur.

In der Werkstatt, auf deren Gelände ich manchmal mit meinen Freunden herumstrolchte, ging es aber mehr um Reparaturarbeiten an Altreifen. Männer in Arbeitsklamotten rollten kleine und große Autoreifen über den gepflasterten Hof. Weiter hinten im Gelände befanden sich Garagen und eine Autoreparatur-Werkstatt.

Als ich mich mit Christof Jahn, einem Kind dieser Straße, über jene Zeiten unterhielt (inzwischen ist er längst pensionierter Arzt), erinnerte er mich an eine Werbeschrift, die an einer hohen Mauer dieser Vulkanisieranstalt zu lesen war:

Zwickauer Tageblatt
Auflage 45 000.

Den Nazis war der Zeitungsbesitzer Horst Kausche (ihm gehörten vor dem Krieg drei Häuser in jener Straße, und er wohnte in einem davon) scheinbar etwas zu liberal, deshalb wurde ihm das Verlagsrecht entzogen. Am 15. Juni 1941 erschien das »Zwickauer Tageblatt« zum letzten Mal, am 16. Juni hatten die Abonnenten die »Neue Zwickauer Zeitung – Amtsblatt der NSDAP« im Briefkasten.

Ich entsinne mich, dass meine Tante Gretel, wenn sie etwas Gelesenes wiedergab, bis ans Ende ihrer Tage sagte: »Es stand im Blatt«, obwohl sie nunmehr schon seit Jahren aus der »Freien Presse« (die nie eine war) zitierte.

Ebenfalls in meiner Straße hatte ein Sargtischler seine Werkstatt. Da schauten wir doch etwas respektvoller durch das Fenster, und durch unsere Phantasie spukten ganz besondere Bilder beim Anblick dieses hölzernen Behältnisses, in dem der Mensch seine letzte Reise antritt.

Der Sargtischler Herbert Meyer, im Zwickauer Slang Meyer-Herb genannt, war im Zweiten Weltkrieg Sanitäter gewesen, hatte Schreckliches gesehen und zeigte einmal Christof seine Orden, die er in einer Zigarrenkiste aufbewahrte.

Ich versäumte nie, bei einem kleinen Haus um die Ecke Station zu machen, in dem sich im Hof eine Stellmacher-Werkstatt befand. Schon beim Näherkommen stieg mir der Geruch frischen Holzes in die Nase. Dort blieb ich gern stehen, besah mir die Holzteile, aus denen zum Beispiel Leitern gefertigt wurden. Einige Exemplare in hellem Holz hingen an einer Wand. Davor lehnten vor allem Räder für Handwagen. Bei einem Blick in die Werkstatt sah ich interessante Werkzeuge, und immer wurde gesägt, gehämmert, gebohrt und geschliffen.

Im hinteren Teil des Grundstücks pflegte ein Friseurmeister ein besonderes Hobby. Er betrieb eine Pudelzucht. Im Sommer zogen die damals in Mode gekommenen Tiere mit auf sein Grundstück am Wald um. Die – von ihm nicht etwa frisierten – Tiere fanden reißend Abnehmer.

Hundert Meter Luftlinie entfernt gab sich ein Bäckermeister wiederum einem ganz besonders exotischen Hobby hin. Er hielt sich in seiner Backstube – ob Sie es nun glauben oder nicht – einen Alligator!

Nun sage noch jemand, die DDR sei ein langweiliges Land gewesen. Was es hier nicht alles gab!

Erwin Wrobel, ein alter Bekannter, erzählte mir, dass er einmal bei jenem Bäcker im Sommer in Sandalen zu Besuch in der Backstube war. Da näherte sich das Kriechtier aus der Familie der Krokodile und schnappte nach seinen nackten Zehen. Vom Bäckermeister bekam er den Rat, sich etwas zurückzuziehen, was Erwin aber auch ohne diesen Hinweis schnell realisiert hatte.

Ich habe es vorgezogen, das Tier vom Hof aus nur durchs Fenster zu betrachten …

Mit seinen Backwaren, so viel steht fest, konnte der Bäcker dem exotischen Tier garantiert keine Freude machen. Da verlockten auch nicht Liebesknochen, Schnecken oder Schweinsohren.

Wenn der Bäcker das für die saloppe Verabschiedung benutzte englische Sprichwort »See you later, alligator« sagte, dann stimmte das – vermutlich einmalig in der Welt – wortwörtlich! Das hätte gewiss auch die Phantasie von Bill Haley & His Comets überstiegen.

Der Handwerksmeister ging seinem außergewöhnlichen Hobby übrigens in jener Backstube nach, die mein Großvater Richard begründet hatte. In der darüber befindlichen kalten ungeheizten Gesellenstube schlief einst mein Vater mit seinen zwei Brüdern. Wenn sie im Winter die Kälte beklagten, meinte mein von Sensibilität nicht übermäßig geplagter Großvater, dass sie sich zum Aufwärmen auf den Backofen setzen sollten. Wenn es gar zu grimmig kalt war, schliefen die Jungs gleich in der Backstube.

Heute ist das frühere Innenleben der Höfe größtenteils neuer Bebauung gewichen. Und aus mancher Grünfläche wurde ein Parkplatz.

Ein Glücksfall war für mich in einem Leipziger Antiquariat der Fund einer großformatigen Federzeichnung. Das Ensemble der geduckten Häuser, einige schuppenähnliche Anbauten, davor Gärten mit Holzzäunen abgegrenzt … das kam mir alles so bekannt vor … und tatsächlich, genau so hatte es bei mir um die Ecke in der Max-Pechstein-Straße ausgesehen!

Ich betrachtete die Zeichnung wieder mit meinen Kinderaugen.

Das romantische Areal ist längst neu bebaut. Das Blatt (es hängt natürlich in unserer Diele an der Wand) symbolisiert, dass alles im Wandel ist und dass jeder Mensch ab einem bestimmten Alter in seiner Phantasie Bauten sieht, die nicht mehr existieren.

Im früheren Bäckerladen meines Großvaters befindet sich jetzt eine Spielothek; im ehemaligen Bier- und Speiselokal »Fürst Bismarck« meines anderen Großvaters eine Ecke weiter hat sich unter dem noch existierenden originalen Stuck der ehemals gastlichen Räume ein Fahrradhändler etabliert. In diesem Haus verlebte ich Kindheit und Jugend. Die Fleischerei gegenüber – früher Bretschneider und nun schon in zweiter Generation von der Familie Wrobel betrieben – ist der einzige Laden in meinem früheren Wohnviertel, in dem sich seit den Kinderjahren traditionelles Handwerk erhalten hat.

Abschied vom Rauch

Meine Enkelkinder haben kaum noch eine von Zigaretten, Zigarren und Pfeifentabak verrauchte Gaststätte erlebt. Ich denke da sofort an die Stammkneipe unseres Kabaretts »academixer«, das »Schwalbennest«, das bis Anfang der siebziger Jahre existierte. Es ist heute unvorstellbar, dass wir ohne gesundheitliche Schäden den Aufenthalt in dieser zwar urgemütlichen, aber völlig verräucherten Kneipe überstanden haben.

Es gibt in der deutschen Sprache dafür den treffenden Satz: »Die Luft war zum Schneiden!«

Betrat man dieses Lokal, schwebte tatsächlich eine Wolke so lang wie der Raum über den Köpfen der Gäste. Die Wolke stammte von den »edlen« Tabaksorten, die bei der Herstellung von Carré, f 6, Karo, Jubilar oder den etwas besseren Club, Inka und Duett verwendet wurden. Während der Messen mischte sich der Qualm dann mit den parfümierten Sorten HB, Pall Mall, Chesterfield, Peter Stuyvesant oder Astor.

Der Ventilator in einem Fenster des »Schwalbennestes« hatte Alibi-Funktion, war völlig überfordert und schob den Passanten draußen jeweils einen Schwall Tabakluft an die Nase.

Damals wurde noch viel geraucht, denn die Gefährdung war uns in letzter Konsequenz nicht bewusst. Im »Schwalbennest« (die Gaststätte bestand nur aus einem Raum) waren automatisch auch die Nichtraucher Raucher.

In den fünfziger Jahren, inzwischen völlig undenkbar, gab es bräunliche Zuckerzigarren zum Lutschen, bei denen vorn »echt nachgemacht« auch das Stück weiße Asche zu sehen war. Das wäre heute schon aus pädagogischen Gründen völlig unmöglich! Wir lutschten vergnügt an der Zigarre und ahmten die Bewegungen der Erwachsenen nach, pusteten imaginären Rauch in den Raum. Dieses Zuckerstängchen war aber die billige DDR-Variante. In Westdeutschland, wo alles schöner war, gab es kleine Schachteln mit Schokoladenzigaretten. Sie waren papierumhüllt und mit Mundstück. Da konnte man das Rauchen noch perfekter imitieren.

In den Kaffeehäusern roch es bis zum Rauchverbot so, wie es dort in den berühmten zwanziger Jahren gerochen hatte, als Schriftsteller wie Egon Erwin Kisch, Erich Kästner und Else Lasker-Schüler im Berliner Romanischen Café oder Peter Altenberg, Alfred Polgar und Egon Friedell im Wiener Café Central saßen. Und wie es bis vor Jahren in allen Kaffeehäusern Europas gerochen hat: nach jener Mischung von Kaffee-, Kakao- und Kuchenduft, dem Rauch von Zigarren, Zigaretten und Pfeifentabak, dem Parfüm einer schönen Frau.

Heute genießt man ein Wiener Schnitzel oder ein Stück Schwarzwälder Kirschtorte rauchfrei, und die Süchtigen erkennt man am Gang vor die Tür. Dort sollen sich schon Freundschaften mit Gleichgesinnten ergeben haben, und selbst das ist nicht unmöglich: eine Frau und ein Mann kehrten gar nicht zu ihren am Kaffeehaustisch wartenden Partnern zurück, sondern starteten Zug um Zug in ein neues Leben.

Das gibts doch nicht!

Vor etwa vierzig Jahren fuhren meine Frau und ich mit dem Fahrrad durch den Leipziger Auwald. Unser Sohn Sascha saß auf dem Kindersitz. Kurz vor Markkleeberg zeigte ich ihm das Denkmal für den letzten Wolf, der in dieser Region gesehen worden war. Auf einem Sockel steht der legendäre Isegrim, der im »Rotkäppchen« eine besonders fiese Rolle spielt. Und Sascha kannte das Märchen natürlich, sah vielleicht das Mädchen mit der roten Kappe vor sich, mit dem Henkelkorb, Kuchen und Wein darin für die Großmutter. Er betrachtete das steinerne Tier mit Respekt. Und er wird sich ins Gedächtnis gerufen haben, dass die Geschichte sowohl für Rotkäppchen als auch für die Großmutter zum Glück gut ausging.

Das Viertel mit seinen Einfamilienhäusern, das trotz der Nähe zu Markkleeberg noch zu Leipzig gehört, heißt auch deshalb »Wolfswinkel«. Auf dem steinernen Sockel steht: »Hier wurden im Jahre 1720 die letzten Wölfe gesichtet.« Irgendjemand hat inzwischen der Wolfsplastik einen ziemlich stumpf wirkenden roten Anstrich verpasst, der aber nicht die ganze Figur bedeckt.

Soll das vielleicht eine Rache für das gequälte Rotkäppchen sein?

Als wir wieder zu Hause waren, habe ich Sascha die unverwüstliche sächsische Märchenversion unserer verehrten Leipziger Mundartdichterin Lene Voigt vorgelesen.

Die erfreut bis heute jung und alt gleichermaßen und geht natürlich auch gut aus. Als der Jäger, der in unserem Dialekt »ä Jächer« ist, den schnarchenden Wolf im Bett entdeckte, da holte er »aus dr Giche dr Großemudder ihre Geflieschelschäre un schnibbelte behutsam dn Wolfsbalch uff. Das war nu vielleicht änne Freide, wie die beeden wieder ans Dageslicht gegollert gam! De alde Frau butzte ihre Brille, die da drinne gans angeloofn war, un Rotgäbbchen schtobbte dn Wolfsbauch voll Brigetts ausn Gohlngasten un nähte dann das beese Dier wieder zusamm. Un wie nu dr Wolf uffwachte un sich heimlich ausn Schtaube machen wollte, blumstr dood uffn Bettvorlecher.«

Das hatte er davon!

Ein Wolf in freier Natur war damals für ein Leipziger Kind so unvorstellbar wie ein Eisbär oder Elefant im Auwald. Und nun las ich doch am 23. Juni 2015 im Teletext des MDR, dass – ausgerechnet! – in Markkleeberg mit Hilfe einer Fotofalle der erste Wolf wieder gesichtet worden sei!

Der wird sich über das Denkmal im Wolfswinkel amüsieren …

Mondsüchtig

Im letzten Urlaub an der Ostsee kam mir der Gedanke: Wenn wir zu DDR-Zeiten hier ein Grundstück gekauft hätten – das wäre doch toll. Dann hätten wir uns in der neuen Zeit darauf ein Häuschen setzen können. In der DDR wäre das Bauen eines Hauses ja freiwillige Fronarbeit gewesen.

Aber zu DDR-Zeiten hatten wir weder das Geld noch überhaupt die Idee, an der schönen Ostseeküste ein Grundstück zu erwerben. Und als wir im Herbst 1989 über den Ring in Leipzig und Sie über andere ostdeutsche Straßen marschiert sind, da schritten die Immobilienhaie aus den alten Ländern bereits ihre Claims ab.

Darum ist ausgerechnet die OSTseeküste in WESThand geraten.

Wenn Ihr Geld nicht reicht, um sich in Ihrer Heimat ein Grundstück zuzulegen, habe ich aber einen heißen Tipp für Sie, wie Sie trotzdem zu einem fußballfeldgroßen Areal kommen können. Sie können sich das auch garantiert leisten, denn Sie brauchen nur zwischen 15 bis 30 Euro anzulegen!

Ist das ein Angebot?!

Das Grundstück ist nur leider etwas weit weg von Ihrem Wohnort und leider auch nicht mit dem Auto erreichbar. Also, ehrlich gesagt, es ist sogar sehr weit weg – auf dem Mond!

Rund ein Dutzend Firmen, so schreibt das P. M.-Magazin, bieten im Internet Grundstücke auf unserem Trabanten an. Marktführer ist – wie sollte es anders sein – ein Amerikaner. Dennis Hope hat mit seiner »Lunar Embassy« nach eigenen Angaben schon über 2,5 Millionen Parzellen verkauft.

Ganze Kraterlandschaften hat er für sich vergoldet.

Nun werden Sie sagen, das geht doch nicht mit rechten Dingen zu!

Hope heißt ja bekanntlich hoffen, und deshalb denkt er wahrscheinlich, dass das bei so einem Namen schon klargeht. Der Makler hat 1980 frech beim Grundbuchamt von San Francisco Besitzansprüche auf den Mond angemeldet. Nach einem alten amerikanischen Gesetz von 1862 kann sich jeder Amerikaner ein Stück herrenloses Land aneignen, wenn er den Besitzantrag stellt und der acht Jahre aushängt.

So viel Zeit muss schon sein.

Hope hat also geduldig gewartet, und siehe da – kein Mensch hatte etwas dagegen! Und wenn niemand Einspruch erhebt, ist die Sache geritzt, und nun gehört ihm der Mond. So einfach ist das! Und Sie dachten, Frau Luna gehört gar niemandem! Irrtum! Der Mond gehört Herrn Hope.

Allerdings gibt es noch jemanden auf unsrer Welt, der Ansprüche angemeldet hat.

Der Rentner Martin Jürgens aus Westfalen.

Nicht schlecht, dann bliebe der Trabant wenigstens in deutscher Hand!

Jürgens hat eine Schenkungsurkunde von 1756, und darauf hat Friedrich der Große einem Vorfahren von ihm schon den Mond »als Zeichen höchster Hochachtung und Dankbarkeit« übereignet.

Nun gibt es aber spitzfindige Juristen, die die Sache nicht akzeptieren. »Weshalb sollte ein Preußenkönig über den Mond verfügen können oder eine kalifornische Behörde?«, fragte Stephan Hobe, Direktor des Kölner Instituts für Luft- und Weltraumrecht. »Der Mond ist doch nicht der 51. Bundesstaat der USA.«

Wir brauchen also dringend Gesetze für den Kosmos, denn spätere Generationen werden tatsächlich die Bodenschätze des Mondes ausbeuten. Das muss geklärt werden, sonst singen wir zwar »Der Mond ist aufgegangen«, aber gehören tut er einem Mister Hope oder Herrn Jürgens. Und wir müssen konstatieren: »Guter Mond, du gingst so stille ...« einfach in ihr Eigentum über ...

Kleidung

In den vierziger und fünfziger Jahren des vorigen Jahrhunderts besaßen Erwachsene und Kinder noch Kleidungsstücke und Modeutensilien aus der Vorkriegszeit. Traditionelle Gewohnheiten wurden fortgeführt. So hatten Frauen eine klare Ankleideordnung, die parallel zu den Jahreszeiten verlief. Mit dem Beginn des Winters wurde logischerweise der Wintermantel aus dem Schrank geholt, wenn vorhanden, ein Pelz. Nach der kältesten Jahreszeit folgten der Übergangsmantel wie auch der Übergangshut, sächsisch »Iewrgangsbibbi« genannt. Anschließend spazierten die Frauen im Kostüm, dann im Sommerkleid durch die Straßen, bis wiederum der Übergangsmantel, zumeist ein Gabardinemantel, zu Ehren kam.

Da es heutzutage kaum noch einen Übergang gibt und wir mitunter von Minusgraden in hochsommerliche Tage geschubst werden, fallen derartige Kleidungsstücke nun weg.

Übrigens: Hosen waren in der Generation meiner Mutter (1904 geboren) nicht gebräuchlich. Sie tauchten nur bei sportlichen Frauen zum Skifahren als Keilhose auf.

War nach Beobachtung der Nachbarn in einer Ehe die Frau die bestimmende Kraft, dann raunte man sich beim Schwatz auf der Treppe zu: »Die hat zu Hause die Hosen an!«.

Damit war klar, wer in dieser Verbindung das Sagen hatte.

Nahtlose Strumpfhosen hatten die Zuneigung der Damenwelt noch nicht erobert. Frau trug Seidenstrümpfe. Der Hüftgürtel oder Hüfthalter (der aber nicht die Hüfte hielt, sondern die Strümpfe) erinnerte mich in seiner Funktion an mein unseliges Leibchen, das ich in meinem Buch »Magermilch und lange Strümpfe« ausreichend beklagt habe.

Ich sehe junge Frauen noch vor mir, wenn sie, von jemandem aufmerksam gemacht, sich die Strumpfnaht an der Wade zurechtrückten, damit die ja gerade und nicht in Schlangenlinien nach unten lief.

In der Nachkriegzeit haben junge Damen oft nur von Seidenstrümpfen geträumt. Es gab sie einfach nicht. Und wie wusste man sich zu helfen? Lienhard Roßberg aus Erfurt schrieb mir dazu: »... aber es gab ›Strumpffarbe‹. Wenn man sich schon näher gekommen war, brachte die Dame der Wahl ein Fläschchen Strumpffarbe mit, und der Aktuelle durfte mittels eines Schwämmchens die Farbe auf die Beine auftragen ... Waren die Beine zur Zufriedenheit eingefärbt, dann legte sich die Dame aufs Bett, auf die Couch oder auf ein anderes Möbel. Auf den Bauch. Und der Herr durfte mit sicherer Hand und einem Vorkriegsaugenbrauenstift die Naht aufzeichnen ...«

In Notzeiten treibt die Improvisation eben besondere Blüten.

Bei den Männern war an der Kleidung sofort zu erkennen, ob es sich um Arbeiter oder Angestellte handelte. Arbeiter trugen oft dunkle Joppen, auf dem Kopf eine Schirmmütze, Schiebermütze genannt. Obwohl jene Kopfbedeckung garantiert auch von Schiebern getragen wurde, geht sie auf einen Berliner Begriff zurück: der Schieber war der Vorarbeiter. Dann zählte zu den damaligen Kopfbedeckungen die Dachmütze, die wegen ihrer Form im Sächsischen »Schebbdäggl« genannt wurde. Damit hätte man notfalls zum Beispiel Wasser schöpfen können.

Solch eine Mütze hätte mein Vater nie getragen. Als Mann, der in einem Büro arbeitete, sah man ihn wie alle seine Kollegen mit Anzug und Krawatte. Und er trug natürlich einen

Hut. Kam ihm ein Bekannter entgegen, lüftete er den zum Gruß. Kam der oder die ihm auf dem Fußweg links entgegen, schwebte der Hut an der Hand nach rechts, lief jemand auf der anderen Straßenseite, dann flog er natürlich nach links. Immer in die Gegenrichtung. Wer das nicht beherzigte, galt als unhöflich.

Die unterschiedlichen Temperamente waren an der Höhe des Hutlüpfens zu erkennen. Während die Kopfbedeckung mitunter nur einige Millimeter angehoben wurde, so dass sie weiterhin den Schädel bedeckte, haben manche Männer (in alten Filmen noch zu sehen) den Hut nur angefasst, ohne ihn überhaupt zu bewegen. Sie täuschten also Höflichkeit bloß vor. Andere wiederum rissen ihn mindestens zwanzig Zentimeter in die Höhe.

Im Winter wärmte diese Art von Kopfbedeckung natürlich nicht, und es mussten dicke Ohrenschützer ran, die ein schmales Metallband über dem Kopf verband. Sie nahmen optisch jenes Bild vorweg, das heutige Musikliebhaber mit Kopfhörern bieten.

Die schwarzen Baskenmützen waren sehr verbreitet. Ich war schon längst erwachsen, als ich erfuhr, woher dieses Modeutensil stammte. Solche Mützen trugen vor allem Künstler gern. Alte Musiker oder Maler kamen einem so entgegen. Auch so mancher Pfarrer liebte diese Art von Kopfbedeckung.

Sturmbänder waren damals noch in Mode. Dahinter verbarg sich ein gestricktes Stirnband von ein paar Zentimeter Breite, daran befestigt zwei weitere Bänder, die sich über dem Kopf kreuzten. Im Winter wärmte mir so etwas letztlich auch die Ohren.

Wenn ich als Kind in der Zinkbadewanne in unserer Küche die Haare gewaschen bekam, dann wurde mir, nachdem sie ordentlich lange abgerubbelt waren, in Ermangelung eines Föns eine gestrickte Luis-Trenker-Mütze über den Kopf gezogen. Mit der sank ich behütet in meine Träume. Und vielleicht pfiff mir ja darin sogar der eisige Wind um die Ohren – wie es Luis Trenker bei seinen Bergbesteigungen so oft erlebt hatte.

Um die Füße zu wärmen, zog mein Vater bei Minusgraden Filz-Gamaschen mit Druckknöpfen über seine Halbschuhe. Obwohl ich mir nicht vorstellen kann, dass das wirklich etwas brachte, aber ein Paar warme Winterschuhe besaß mein Vater nicht.

In den zwanziger Jahren waren ja sogar Gamaschen aus edlerem Material in Mode, und ich überlege gerade, in welchem Film ein Gamaschen-Gangster eine Rolle spielt … na klar, in »Manche mögen's heiß«, vom großartigen Billy Wilder. Gamaschen-Colombo machte den beiden Damen, die keine waren, sehr zu schaffen …

Ende der vierziger bis in die fünfziger Jahre hinein waren in Westberlin erworbene Schuhe mit Kreppsohlen außerordentlich modern. Da schlich sich sozusagen der Klassenfeind auf leisen Sohlen in die DDR. Dazu trug man schwarz-rote oder schwarz-gelbe Ringelsocken und tanzte Boogie-Woogie, nannte diese Schuhe aber kurioserweise »Sambalaatschen«.

Merkwürdige Klamotten gab es früher. Irgendwann schenkte mir jemand ein Paar Knickerbocker. Das ist eine Pumphose, die ich fälschlicherweise immer »Gniggeboggr« nannte. Ich habe erst sehr viel später erfahren, dass der Begriff aus dem Englischen stammt und man das K nicht mitspricht. Sie wurden knapp unterm Knie von einem Bund zusammengehalten. Man bezeichnete diese Art Beinkleider auch als Überfallhosen, obwohl den meisten Trägern nie eingefallen wäre, jemanden überfallen zu wollen.

Ich kam mir in diesen Hosen albern vor und mochte sie

gar nicht, aber da wir in sehr bescheidenen Verhältnissen lebten, musste ich sie eben »abtragen«.

Apropos abtragen … Wenn der Kragen eines Hemdes durchgescheuert war, wanderte das Hemd nicht etwa in den Müll. Dann wurde es in einen Laden gebracht, deren Betreiber einen neuen Kragen annähten. Dazu schnitten sie hinten am unteren Teil ein Stück ab und setzten an jener Stelle ein Stück Ersatzstoff an. So besaß dann das gestreifte Hemd beispielsweise, natürlich nicht einsehbar, einen karierten Einsatz, und es bestätigte sich einmal mehr die Volksweisheit: Not macht erfinderisch.

Heutzutage lässt kaum noch jemand seine Kleidung ausbessern. Schneider ist für viele junge Menschen höchstens noch ein Beruf, der im Märchen vorkommt. Schuhe reparieren? Heike Manssen schrieb in der »Leipziger Volkszeitung«: »… mehr als die Hälfte der 18- bis 29-Jährigen haben noch nie eine Schusterei von innen gesehen … Fast die Hälfte der Befragten hat außerdem in den letzten sechs Monaten Kleidung weggeworfen.« Greenpeace meint, »Mode ist zum Wegwerfartikel verkommen und genauso kurzlebig wie Plastiktüten«.

In den sechziger Jahren stöberte ich bei meiner unverheirateten Tante Gretel im Schrank von Großvater Richard, den sie bis zu seinem Tod versorgt hatte. Dort entdeckte ich einen Gehrock, also eine schwarze zweireihige lange Jacke. Das obere Ende des Schlitzes im Rückenteil zierten zwei stoffbezogene Knöpfe. Im 19. Jahrhundert trug man solch ein Kleidungsstück bei festlichen Anlässen, deshalb nannte ihn der Volksmund auch Bratenrock, weil dem Träger zumeist köstliche Fleischstücke winkten. Ich kombinierte als Student den Gehrock mit meinen Jeans und verzehrte in ihm auch bescheidene Gerichte wie Bohneneintopf und Makkaroni mit Jagdwurst.

Im Kleiderschrank meines 1866 geborenen Großvaters stieß ich ebenfalls auf seinen Wintermantel mit schwarzem Samtkragen. Er wärmte mich damals noch viele Jahre und war ein Beleg dafür, dass die sogenannte »Friedensware« zwei Weltkriege überstanden hatte …

Auch für meine Frau fiel etwas ab; in den Schränken meiner Tanten fanden sich Kleider aus den zwanziger und dreißiger Jahren, deren Farben und Schnitt von der DDR-Konfektion deutlich abstachen und immer zu Nachfragen nach dem Woher Anlass gaben. Kenner sahen natürlich, dass der Fummel aus alten Zeiten stammte.

Ging es auf den Frühling zu, zog ich meine Windjacke an. Die gibt es heute nicht mehr, also das heißt, die gibt es schon noch, aber sie wird in der neuen Zeit »Herrenfunktionsjacke« genannt. Das bedeutet nicht, dass diese Jacken nur Herren anziehen dürfen, die eine bestimmte Funktion ausüben, aber damit soll wohl suggeriert werden, dass sie bei jedem Wetter funktioniert. Diese Bezeichnung ist wenigstens noch der deutschen Sprache entlehnt. Viel kurioser ist die Tatsache, dass in Deutschland Outdoorjacken verkauft werden. Die müssen Sie in-door sofort ausziehen!

Auch City-Hemden sind im Angebot, und ich habe eine Verkäuferin in arge Verlegenheit gebracht, als ich sie fragte, ob man dieses Hemd auch beim Spaziergang durch ein Dorf tragen dürfe … Ein anderes Mal scherzte ich, ob ich denn als Rentner nicht unangenehm auffiele, wenn ich mit einem Business-Hemd daherkäme?

Damit sind wir im Hier und Heute gelandet.

Der Zeitung entnehme ich so schöne Hinweise wie »Wer fashionmäßig up to date sein will, der kombiniert Neon mit Pastelltönen«. Es gibt »sportliche Komplett-Outfits«, oder »Business-Outfits und Casual-Wear für ihn«. Er wird schon wissen, wie's gemeint ist.

Der Modebewusste kauft jedenfalls »sportlich stylishe Hosen«!

Ein wesentlicher Unterschied bei der Kleiderwahl besteht hauptsächlich darin, dass man seinerzeit mehr das getragen hat, was einem auch stand. Wenn eine Frau von der Natur mit zu dicken Schenkeln ins Leben entlassen wurde, zog sie keinen Minirock an. (»Das kann ich mir leider nicht leisten.«)

Heute ist diese Scham(?)-Grenze gesunken. Viele tragen eben, was Mode ist. Egal ob sie es sich leisten können oder nicht. (Sehr dicke Menschen bevorzugen nach meiner Beobachtung zur Hervorhebung ihres üppigen Körpers weiße Sachen.)

Früher zog man sich mehr nach dem Wetter an. War es heiß, ging es luftig zu. Heute sehe ich junge Frauen in schönen warmen Leggins und schweren knöchelhohen Schnürschuhen bei 35 Grad im Schatten!

Was soll man machen, wenn es eben Mode ist?!

Ein Teil junger Menschen pflegt einen – zurückhaltend formuliert – sehr saloppen Kleidungsstil. Das fängt bei den Schuhen an. Eine der ersten Tätigkeiten, die man im Zusammenhang mit dem Anziehen im Kindergarten oder zu Hause lernt, ist bekanntlich das Schuhezubinden. Wer eine Schleife kann, hat schon eine Etappe geschafft. Unser Sohn erfand seinerzeit die beiden völlig logischen, aber nicht im Deutschen vorhandenen Verben »zuschleifen« und »aufschleifen«.

Inzwischen verzichten junge Menschen nicht nur auf die Schleife, sondern gleich ganz auf Schnürsenkel. Die Zunge (der Schuhe!) hängt nach vorn, und der Gang wird natürlicherweise schleppend und schlappend. Wenn die jungen Burschen mal nach der Straßenbahn rennen oder vor einem Angreifer flüchten wollen, haben sie schlechte Karten.

Manches Accessoire wird in der Gegenwart entgegengesetzt benutzt: Hosenträger halten nicht mehr wie früher die Hose, sondern hängen links und rechts als schmückendes Beiwerk herunter. So schlurften einem früher die Opas von der Toilette auf der halben Treppe in ihren ausgelatschten Hausschuhen entgegen. Damals wurde das als superspießig empfunden, heute ist es schick und lässig.

Eine andere Beobachtung: Ein Loch im Strumpf oder ein Schlaatz (Achtung: sächsisch! Hochdeutsch nennt man das einen Riss) in der Kleidung waren in meiner Kindheit und Jugend eine Peinlichkeit.

»Hast du das gesehen!«

»Was?«

»Die hatte ein Loch im Strumpf!«

»Sag bloß!«

So etwas galt als ein Zeichen von Armut oder Schlamperei. Heute finden manche Mädels gerade zerfetzte Strümpfe schön.

Irgendwann kamen junge Konsumverweigerer wie zum Beispiel Punker auf die Idee, mit ihren Klamotten so lange herumzulaufen, bis sie nicht nur sehr abgetragen wirkten, sondern sich auch Löcher und Schlaatze in der Hose zeigten. Dahinter steckt zumindest noch eine Haltung: voll gegen den verordneten Konsumzwang.

Inzwischen haben Marktstrategen den antikapitalistischen Verweigerern ihre tolle Idee geklaut und zu einer In-Mode erklärt. Nun kostet so ein löchriges und ausgefranstes Exemplar 125 Euro.

Es gibt natürlich auch zerfetzte Markenware für 300 Euro.

Die Löcher kosten also richtig Geld!

Und wie wirken diese Hosen laut Werbung?

»Sie machen sexy und geheimnisvoll.« Das hätten die Träger zerschlissener Klamotten in den Nachkriegsjahren nicht gedacht! Heute laufen die Leute mitunter in Jeans durch die Gegend – die hätte ich nicht mal zum Fahrradputzen getragen. Wenn nun mit teurem Schmuck behängte Yuppie-Frauen in solch löchrigen Jeans in ihr Cabrio steigen, finde ich das schon sehr dekadent.

Stoffe werden mit viel Arbeitskraft, vielen Waschgängen und viel Energieverbrauch auf benutzt getrimmt. Stone washed! Und mit viel Mühe produziert man Löcher und Risse in neue Hosen.

Als altmodischem Menschen erschließt sich mir diese Ästhetik einfach nicht.

Und wie wirkt das alles auf einen wirklich armen Menschen aus der Dritten Welt, der aus Not zerschlissene Hosen tragen muss? Empfindet er den luxuriösen Gag nicht als Verhöhnung seiner selbst?

Unlängst sah ich auf meiner Haushose, also jenem Kleidungsstück, das nicht mehr »out-door-top« ist, die ich aber aus Gewohnheit noch trage … also darauf sah ich plötzlich einen hellen Querstrich oberhalb des linken Knies. Es war kein Fleck, sondern ein Riss im Stoff. »Dorchgeniffelt«, wie wir Sachsen sagen. Ich schaute auf das schmale Stück weiße Haut und meinte zu meiner Frau: »Guck, jetzt habe ich endlich auch eine schicke moderne Hose!«

Einkaufsbummel

Als Kind kannte ich keine Kaufhalle, es funktionierte noch die Infrastruktur der Vorkriegszeit. Man ging zum Bäcker, zum Fleischer, in den Milch-, Lebensmittel- und Gemüseladen. Es war natürlich zeitaufwendiger, die Einkäufe in verschiedenen Geschäften zu absolvieren, aber überall war meine Mutter bekannt, und so gab es mit den Besitzern und meist auch den Wartenden ein Schwätzchen. Bei Krankheit in der Familie wurden Zuspruch und Trost gespendet, in launigen Gesprächen wurde auch mal ein Witz erzählt.

In der effektiven Kaufhalle, aus der nach der Friedlichen Revolution der Supermarkt wurde, ist es damit vorbei. Die Kommunikation erschöpft sich auf ein »Entschuldigung«, wenn man jemanden versehentlich angerempelt hat. Einsame alte Menschen bekommen an der Kasse ein »Hallo«, das sie mit zittriger Stimme erwidern, und noch ein automatisiertes »Schönen Tag noch«.

Machte man sich in der DDR zu einem Einkaufsbummel in die Stadt auf, so bedeutete das zumeist: Man hatte klare Vorstellungen von drei Sachen, die man unbedingt brauchte, und kam mit zwei anderen zurück, die es überraschenderweise gerade gab. Die eigentlichen Wünsche mussten vertagt werden.

Auf die Frage nach einem bestimmten Artikel, den man suchte, erhielt man über Jahrzehnte die gleiche Antwort: »Haben wir nicht und kriegen wir auch so schnell nicht wieder rein.«

Es gab allerdings qualifizierte Fachverkäufer, die mit der Zeit der ständigen abschlägigen Antworten überdrüssig geworden waren, nur pantomimisch mit einem Kopfschütteln reagierten und höchstens noch resignierend ein verschämtes »Leider …« nachschoben.

Es fanden sich aber auch mitfühlende Verkaufskräfte, die den Kunden nicht ganz ohne Hoffnung wieder in den rauen Alltag entlassen wollten, und so gaben sie ihm ein »Sie können aber gern wieder mal nachfragen!« mit auf den Weg.

Es ist für die heutige Generation unvorstellbar, dass in vierzig Jahren DDR millionenfach ohne Erfolg nachgefragt wurde!

Heutzutage gehen viele Menschen in Deutschland nicht mehr einkaufen, sondern »shoppen«. Ein englisches Wort wird zu einem deutschen Verb umfunktioniert.

Was stört sie am Einkaufen? Klingt ihnen das nicht schick genug? Gehen junge Polen oder Franzosen auch »shoppen«?

Ich habe vor einem Kaufhaus ein Ehepaar mit einem Hund beobachtet. Der Hund sträubte sich, den Einkaufstempel zu betreten. Die beiden zerrten ihn an der Leine hinter sich her. Er rutschte wie ein Mopp über den Boden. Das Ehepaar sah, dass ich die Szene beobachtet hatte, und die Frau meinte zu mir: »Shoppen ist nicht sein Ding!«

Wie vernünftig! Tiere haben bekanntlich Instinkte, vielleicht wollte er sein Frauchen nur vor unnützem Geldausgeben bewahren und sie aus dem Kaufhaus ziehen wie der Freund seinen alkoholkranken Kumpel aus der Kneipe.

Das Denglisch-Verb »shoppen« benutzten wir im Osten vor der Friedlichen Revolution nicht, obwohl es hierzulande sogar einen »Intershop« gab. Diese Geschäfte waren einerseits für ausländische Gäste gedacht; zum anderen wurden dort Devisen oder später Forumschecks besitzende DDR-Bürger abgeschöpft.

Englische Begriffe sind für deutsche Werbeagenturen inzwischen zum Hauptinhalt ihrer Strategie geworden. Der Sachse kommentiert so etwas mit: »Das soll nu ooch was heeßen!«

Der jeweils führende Laden einer Kette heißt heutzutage »Flagshipstore«. Wenn Läden extra länger aufhaben, bei einem bestimmten Anlass also einen Späteinkauf ermöglichen, dann nennt man das inzwischen Late-night-Shopping.

Meine Frau bekam dazu eine Einladung (mit Begleitung) von einer Schuhfirma anlässlich des 20-jährigen Jubiläums. Was hätte uns erwartet? Bei Sekt und Pralinen wurde die neueste Kollektion gezeigt. Und während wir ein Glas auf das Wohl der Firma getrunken hätten (mit Praline im Mund), »... können Sie sich Ihre Schuhe von einem professionellen Schuhputzer reinigen lassen«.

Das fand ich nun wirklich großartig und war schon dabei, unsere schlammverkrusteten Parkspaziergangs-Treter in eine Tasche zu stopfen – fand aber bei meiner Frau keine Gegenliebe. Leider! Ja, sie verzichtete sogar noch auf die avisierte Aufmerksamkeit, »... ein Goodie-Bag mit tollen Überraschungen«.

Was sie da wohl verpasst hat?!

Für mich blieb jedenfalls jegliche Überraschung aus, und ich stand am Abend mit unseren Dreckschuhen, Bürste und Schuhcreme auf dem Balkon. Und das war alles andere als »Goodie, goodie«.

Die Promenaden im Leipziger Hauptbahnhof machen Werbung für ein »Shopping-Bag«.

Wie das klingt ...!

Da kommt man doch gar nicht auf die Idee, dass man eine banale schlichte Einkaufstasche in der Hand hält. Was ist das Besondere an dem Ding?

»Mit zwei Griffhängen, die Ihnen individuelles Tragen erlaubt.«

Moment mal ... was sind denn Griffhänge ...? Was meinen die denn damit ...?

Ich sah mir die Abbildung an, und dann fiel mir das altmodische Wort ein, das wir und ganze Generationen vorher anstelle von Griffhängen benutzt haben: Henkel!

Aber was bedeutet »individuelles Tragen« in diesem Zusammenhang?

Ganz einfach: Sie können entscheiden, ob Sie die Tasche in der linken oder rechten Hand tragen. Wer hätte das gedacht, dass das ganz individuell möglich ist. So etwas konnten wir uns in der DDR einfach nicht vorstellen!

»Winter- oder Sommerschlussverkauf« gibt es ja auch nicht mehr. Wenn der Winter noch im vollen Gange ist, leuchten einem im Kaufhaus schon überall die Schilder entgegen:

Winter Sale
Up to 50 %

Kein Londoner Kaufhaus würde jemals mit dem Begriff AUSVERKAUF werben.

Eine Frau besah sich das Schild und schüttelte den Kopf. »Überall nur SALE, Herr Lange«, dann lächelte sie mich spitzbübisch an, »Unsere PLEISSE ist wohl nichts wert?!«

Als ich am Jahresanfang in ein Kaufhaus kam, erfuhr das Ganze noch eine Steigerung. Ich las unzählige Male im Haus: »*Wow! Sale*«. Und eine englischunkundige Omi aus Wurzen (nichts gegen Wurzen!) sprach es dann so aus, wie es dort stand: »Woff! Sale! Was soll denn das sein?«

Wenn ich als Kind mit meiner Mutter durch ein Kaufhaus ging, dann kannten wir beide den Zweck und die Bestimmung jeder Ware, die in den Regalen lag. Wenn ich heute durch die Elektronik-Abteilung eines Warenhauses oder eines Fachgeschäftes gehe, dann habe ich bei manchen Gerätschaften nicht die geringste Ahnung, was sich dahinter verbirgt!

Zum Beispiel wüsste ich nicht, wofür man eine Powerbank TL-PB10400 benutzt und ob das gut ist, dass sie eine Kapazität von 10 400 mAH hat, zwei USB-Ausgänge und integrierte LED-Leuchten.

Was macht man mit Raspberry Pi2 Model B oder mit Powerline PL500D, Duo und Starter Kit, und wozu braucht man WiFi Range Extender?

Das gab es früher nicht, dass man von Waren, die jeder Mensch kaufen konnte, überhaupt keine Ahnung hatte. Für Ältere wird die Welt in dieser Beziehung immer komplizierter. Wir geraten in nicht mehr aufzuholenden Rückstand.

Bei meinem von völliger Unkenntnis getrübten Bummel durch einen Elektronikladen stieß ich auf ein Gerät, von dem ich nicht die geringste Ahnung hatte, dass so etwas heutzutage schon existiert. Das Produkt nennt sich Edimax Plug+View Technologie.

Was soll sich ein Laie wie ich darunter vorstellen?

Was Technologie ist, weiß ich natürlich, und View, so viel Englisch ist noch parat, heißt Blick oder Sicht. Aber nun? »Kinderleicht, auch für Anwender, die keinerlei Vorkenntnisse im Bereich IP-Networking haben …« Wie ich eben.

Ich kriegte mit, dass da im Regal eine Kamera stand. »Netzwerkkamera mit dem Internet Router verbinden.« Sie sehen … kinderleicht … und was ist ein Router? »Kostenlos die Edimax App ›EdiView‹ downloaden«. Ob kostenlos oder nicht, ich hätte null Peilung, was da zu machen ist … »Geben Sie die Cloud-ID ein. Jetzt haben Sie Einblick, jederzeit und überall.«

Allmählich dämmerte es bei mir, dass es sich hier um

eine Fernüberwachung handelt. »Edimax cloudbasierte Lösungen machen es möglich, dass Sie die Bilder Ihrer Kamera überall sehen können, wo eine Internetverbindung verfügbar ist. Auf Ihrem Smartphone, Tablet oder Laptop sind Sie jederzeit informiert.«

Na gut, es kann ja sehr beruhigend sein, wenn Sie ins Schlafzimmer Ihrer Kinder blicken können, aber da lassen sich doch auch ganz andere Sachen überwachen. Sozusagen eine kleine private GoogleEarth … in der »Mehrbereichs-Bewegungserkennung«.

Die Zeiten haben sich gewandelt. Früher hat der Großvater oder die Großmutter dem Enkel die Welt erklärt, das Funktionieren von bestimmten Sachen. Das war über Jahrhunderte so!

Heutzutage ist das umgekehrt, der Enkel erklärt dem Großvater, wozu dieses und jenes Teil benötigt wird oder wie man mit dem Smartphone (das sind jene kleinen Computer, mit denen man überraschenderweise auch noch telefonieren kann) umgeht.

Das ist mir auch schon passiert. Mein Enkel Levi erläuterte mir den Umgang mit jenem Gerät und wollte mir noch etwas ganz Besonderes zeigen. Deshalb sagte er plötzlich: »Zeig mir Fotos von Tomaten!«

Und das Smartphone zeigte sie zu meinem großen Erstaunen.

Die Situation erinnerte mich schon ein wenig an Aladins Wunderlampe. Da gab mein Enkel den nächsten Befehl: »Zeig mir Fotos von einer Pizza!« Und wie im Märchen waren sie wiederum blitzschnell auf dem Display zu sehen. Nun sagte ich aus Spaß: »Zeig mir Fotos von Bernd-Lutz Lange!«

Und schon sah ich mich!

Unlängst hörte ich von einem weiblichen Buchhändlerlehrling, die ihrer Lehrmeisterin die Handhabung des E-Books erläutern musste.

Verkehrte Welt.

Mit der folgenden Information waren meine Frau und ich beispielsweise auch völlig überfordert. Auf ihrem Bildschirm erschien unlängst der Hinweis: »Sie müssen Ihren Flashplayer updaten.«

Was das wohl heißen soll?

Wenn ich das zweite englische Wort sächsisch ausspreche, dann heißt das »abdeedn«.

Wie töte ich also meinen Flashplayer?

Früher kaufte man sich einen Quirl, um etwas zu verquirlen, ein Haarwaschmittel, um sich die Haare zu waschen, einen Toaster, um sich das Brot zu rösten, usw. Aber die Dinge, liebe Mitmenschen, die wir im Alltag in unserem Haushalt nutzen, die müssen heutzutage nicht einfach nur funktionieren. Sie müssen vor allem sprachlich etwas hermachen. Deshalb werden Konsumgüter mit ihren Eigenschaften ordentlich aufgebrezelt.

Ein Toaster, zum Beispiel, röstet nicht einfach Brot, sondern er hat natürlich viel mehr zu bieten. Nehmen wir mal den »*Toastautomat Terra*«. Terra heißt bekanntlich Erde. Und in so unterschiedlichen Tönen, wie die Erde auf unserer Welt gefärbt ist, so unterschiedlich kann er auch toasten. Er verfügt über sieben einstellbare *Bräunungsstufen*.

Sieben! Kommen Sie damit hin?!

Also, wenn sich bei Ihnen zum Frühstück Besuch einstellt, und jeder hat so seinen Bräunungsstufenwunsch – dann haben Sie bis Mittag ganz schön zu tun!

Ein Hersteller bietet Ihnen sogar einen Toaster mit *Röstgradkontrolle* an. Ich weiß nicht, ob da früh jemand von denen in der Küche vorbeischaut … »Guten Morgen, ich

171

komme von der Röstgradkontrolle. Kann ich mal Ihre Scheibe sehen?«

Eine Entdeckung war für mich auch unlängst ein *Wellnesswecker*.

Also *Wellness* und *Wecker* ergibt bei mir ja überhaupt keine logische Verbindung. *Wellness* wird bekanntlich mit körperlichem Wohlbefinden assoziiert, und dem steht ja ein *Wecker* im Wege. Auf der Verpackung las ich dann allerdings, dass Sie nicht mit schrillen Tönen geweckt werden, sondern Sie können zwischen drei verschiedenen Naturklängen wählen: *Vogelgezwitscher, Meeresrauschen* oder dem *Plätschern eines Bachlaufes* ... Das halte ich im Halbschlaf übrigens für nicht ungefährlich ..., dieses anregende Geräusch kann im Bett sehr dumme Folgen haben!

Wenn Sie verreisen, dann nehmen Sie sich eventuell einen kleinen Fön mit. Den ich in der Hand hatte, der heißt aber kurioserweise *Reisehaartrockner* ...

Als Frau haben Sie im Gepäck vielleicht auch einen *Lockenstab*. Da rate ich Ihnen zu einem mit *automatischer Lockenfreigabe*. Denn: Stellen Sie sich bloß vor, der Stab gibt die Locken freiwillig nicht her! Der Ärger! Das Gezerre!

Da ist eine *Ausrollautomatik* schon eine feine Sache. Dann können Sie zusehen, wie Sie Ihre Locken wiederkriegen.

Und die schützen Sie bei schlechtem Wetter mit einem *Stockschirm mit Hightec-Fiberglasgestänge* und *Überschlagsfunktion* ... Hätten Sie jemals gedacht, dass Sie einen Schirm besitzen würden, mit dem Sie einen Überschlag hinkriegen?

Das leidige Englisch-Getue

Der verehrte Loriot hat es so auf den Punkt gebracht: »Die Anglisierung unserer Sprache steigert sich allmählich in eine monströse Lächerlichkeit.«

Wie war das also früher, und wie ist es heute?

Kinder meiner Generation sagten nicht »okay«. Das hieß noch »Geht klar«. Okay kam später. Wahrscheinlich mit dem Rock 'n' Roll oder der Beat-Musik.

In den letzten Jahren (zum ersten Mal hörte ich es so bei Mitarbeitern im Fernsehmilieu) wird das »okay« mitunter anstatt eines »aha« benutzt, in dem man etwas maniert das Wort zu einem leicht fragenden »okaaaaaaayyy« dehnt.

78 Prozent der Deutschen sind der Auffassung, dass mehr für die deutsche Sprache getan werden soll. 65 Prozent meinen, dass sie verkommt, und ein paar mehr meinen noch, dass englische Ausdrücke in unserer Sprache »im Großen und Ganzen überflüssig« sind. Nur 27 Prozent finden sie bereichernd.

Inzwischen hat es 2013 sogar der Duden geschafft, als »Sprachpanscher« abgestraft zu werden. Der Verein Deutsche Sprache beklagte »eine Demontage des Deutschen«, weil »lächerliche Angeber-Anglizismen« in das Nachschlagewerk aufgenommen worden seien.

Ich finde, die Sache kehrt sich inzwischen allmählich wieder um: Wer heute in unserer anglisierten Werbewelt wirklich auffallen will, der schreibt – einfach wieder deutsch!

In meinem Viertel fand ich in der belebten Karl-Liebknecht-Straße an einem Weinladen den sympathischen Hinweis »Kaffee zum Mitnehmen«.

Das fällt auf!

Es würde mich allerdings nicht wundern, wenn junge Leute in das Geschäft kämen und verunsichert fragen würden: »Sagen Sie mal, ›Kaffee zum Mitnehmen …‹, ist das so etwas Ähnliches wie ›Coffee to go‹?«

Eine betagte Dame könnte übrigens beim Hören von »Coffee to go« auf die Idee kommen: »Kaffee aus Togo? Wir haben doch schon lange keine Kolonien mehr!«

Kaffeetrinken ist etwas, das Muße verlangt. Sitzen, gucken, schwatzen, genießen. Kaffee im Stehen zu trinken hat keinen Stil. Oder gar im Laufen. Meine Frau könnte zwar laufend Kaffee trinken, aber im Sitzen!

Coffee to go: Ich habe sogar schon ein Schild »Schnitzel to go« gesehen und in der Zeitung das Angebot eines Restaurants gelesen: »Lammkeule to go« – das ist dann sozusagen der letzte Gang des Lamms.

Wenn etwas überhaupt nicht geht, nennt man das neuerdings ein »No-Go«.

Eine besondere Blüte fand ich in der »Leipziger Volkszeitung«. In einem Beitrag berichtete man über eine »Kiss-and-go-Zone«.

Was, um Gottes willen, dachte ich, kann denn das sein?

Die Auflösung ist, wenn Sie diesen Denglisch-Auswuchs noch nicht kennen, verblüffend. Es war damit jene Stelle vor einer Schule gemeint, an der Eltern sich von ihren Kindern verabschieden … kiss and go …!

In Leipzig ist das Postgebäude am Augustusplatz verkauft worden und wird künftig völlig anders genutzt. Gegen die Proteste von Persönlichkeiten der Stadt wird der in Fachkreisen überaus geschätzte Bau aus den sechziger Jahren in seiner Substanz verändert, ein gläsernes Dachgeschoss mit einer Skybar errichtet. Den Vogel schießen die neuen Besitzer aber mit dem Namen ab. Der Komplex wird unter dem Namen »The Post« vermarktet. Natürlich »Poooost« gesprochen. Unter dem Begriff »Die Post« können sich doch weder die Leipziger noch ihre Gäste etwas vorstellen. In dem Gebäude wird künftig von Wohnungen über Büros bis zur schon erwähnten Skybar alles Mögliche zu finden sein – bloß eben keine Post.

An einer Lifaßsäule fand ich den folgenden Text:
Vooh! So geht's!
1. Vooh! – App gratis downloaden
2. Vooh! Starten
3. Veranstaltungsplakate scannen
4. Info to go
Wer hätte das gedacht?! Info to go! Vooh!
Wenn Sie früher überlegt haben, was noch zu erledigen ist, dann schrieben Sie sich alles auf einen Merkzettel. Das macht man auch noch heute. Nur ist das kein Merkzettel mehr, sondern eine »To-do-Liste«.

Ich teste jetzt Ihr Denglisch, was würden Sie sagen: »downgeloadet« oder »gedownloadet«? … Falsch! Es heißt »heruntergeladen«.

Oder die Runden Tische – sie haben so eine wichtige Rolle im Herbst 1989 gespielt, und heute werden sie vom »Round table« verdrängt.

Auch die Parteien sind vom Denglisch längst infiziert. Das Motto des Parteitages der Freien Demokraten im Jahr 2015 hieß »German Mut«. Der FDP-Parteichef Christian Lindner erklärte auf Nachfrage, in der Welt hätte sich der Begriff »German Angst« durchgesetzt und deshalb wollten sie gegensteuern.

Da kann einem ja angst und bange werden.

Die Leipziger Oper warb auf einer Postkarte für Geschenk-

Abos zur Weihnachtszeit mit »*We wish you a merry christmas*«. Dieser Wunsch ist dem Publikum doch nicht in Deutsch zuzumuten!

Eine Konzertagentur offeriert ihre Künstler nicht als »Stars in der Stadt«, sondern wirbt eben mit »*Stars in town*«.

Das Tollste ist aber, dass es hierzulande eine ganze Menge englischer Begriffe gibt, die in Großbritannien oder in den USA gar nicht existieren! Zum Beispiel das »Handy«, das nennen die Briten »mobile« und die Amerikaner »cellphone«.

Als die mobilen Telefone aufkamen, sagte mir ein kluger Mann, man solle sie doch auf Deutsch »Wichtigtuter« nennen.

Auch den »Beamer« gibt es in jenen Ländern nicht. Dort heißt er »projector« – also wie er in seiner Funktion hierzulande korrekt benannt war. Die »Castingshow« heißt in den USA »Talent Show«, und das ist sie ja auch. Ein »Oldtimer« ist im Englischen kein wertvolles altes Auto, sondern ein alter Mann. Wenn man mit siebzig darunterfällt, dann bin ich also mittlerweile auch einer.

Als Kind hörte ich ein Lied, in dem der Refrain mit dem Satz begann: »Da hat vor fünfzig Jahren noch keiner dran gedacht …« Inzwischen kann ich solch einen Refrain auf mich bezogen locker mitsingen.

Auch ein Fitness Studio werden Sie in den USA umsonst suchen. Wenn Sie sich quälen wollen, dann halten Sie nach einem »Gym« Ausschau. Die Abkürzung kommt von »Gymnasion«.

Thomas Gottschalk wird in den USA nie Show- oder Talkmaster genannt werden. Dort ist er ein »host«. Und die Offenbarung Ihres sexuellen Lebensstils können Sie nicht mit »Outing« klarstellen. Da denken die meisten Leute, Sie wollen einen Ausflug machen. Aber ganz kriminell wird es für alle Fußballbegeisterten zu Europa- oder Weltmeisterschaften, die sich zum »Public viewing« versammeln. In Amerika ist das eine Totenfeier am offenen Sarg … Das Einzige, was diesem Sinn eventuell entsprechen kann, ist dann die Trauer nach einem verlorenen Spiel …

Wenn Sie in einem amerikanischen Supermarkt ein »Basecap« verlangen, dann drückt Ihnen der Verkäufer eine Zierleiste in die Hand. Sie können ja mal versuchen, sich damit Ihren Kopf zu verschönern.

Größere Missverständnisse, so las ich in einer Zeitschrift, ruft in den USA auch der Begriff »Streetworker« hervor. So passierte es, dass eine Deutsche stolz in einem Englischkurs davon erzählte, wie gern sie diese Arbeit jeden Tag machen würde. Die Lehrerin staunte, wie offensiv die Teilnehmerin mit ihrem Beruf umging, denn das ähnlich klingende »Streetwalker« – und so hatte es die Frau verstanden – ist die Umschreibung für eine Prostituierte …

In der Zeitschrift »Deutsche Sprachwelt« las ich, dass der »Anglizismen-Index« derzeit über 7300 englische Wörter zählt. Und die Befürworter meinen natürlich, dass dies in einer globalisierten Welt unbedingt erforderlich sei.

Sind Angloamerikanismen Zufall oder Berechnung? Werden sie gezielt in unsere Sprache importiert?

Der CDU-Politiker Michael Fuchs ist Ehrenvorsitzender des »Bundesverbandes des deutschen Groß- und Außenhandels«. Er ist aber zum Beispiel auch stellvertretender Vorsitzender der Europaabteilung der Trilateralen Kommission, einer von Rockefeller gegründeten privaten Organisation, die sich um Einflussnahme auf das weltpolitische Geschehen kümmert, und er hat zudem diverse Ämter im Bundestag inne. Fuchs forderte schon 1999: »Deutschland sollte Englisch bis 2010 zur zweiten Amtssprache machen.«

Nun, das hat er nicht ganz geschafft.

Wolfgang Hildebrandt schreibt in der »Deutschen Sprachwelt«, »dass es in gewissen Kreisen offenbar längst abgemacht ist, Deutsch nur noch als Übergangssprache zu akzeptieren.«

Günther Oettinger, Sie erinnern sich? Er war mal Ministerpräsident Baden-Württembergs, ist derzeit in Brüssel tätig. Er sagte 2005 in einer Dokumentation: »Deutsch bleibt die Sprache der Familie, der Freizeit, die Sprache, in der man Privates liest, aber – Englisch wird die Arbeitssprache …«

Noch mal die »Deutsche Sprachwelt«: »Ist der Wille, Deutsch zu erhalten, überhaupt noch vorhanden? Dieter E. Zimmer gab in seinem Buch ›Deutsch und anders‹ die Antwort: ›Dieser Wille ist nicht vorhanden und würde, wenn er sich irgendwo regen sollte, sofort als Deutschtümelei ausgepfiffen …«

Sparkasse

Um ordentlich »shoppen« zu können, braucht man Penunze, Moos, Kies, Moneten, Radaddn, Kröten, Zaster, Schotter, Mammon, Pulver oder – wie man heute mancherorts sagt – Kohle.

Früher holte ich mir mein Geld am Schalter der Sparkasse. Die immer gut gelaunte Angestellte hinter dem Tresen hieß Frau Leicht. Ein kurzer Schwatz nach der Auszahlung war auch noch drin, und ich scherzte: »So, Frau Leicht, nun können Sie von mir aus bei dem schönen Wetter ein bisschen im Park spazieren gehen.«

»Das wäre schön. Sie müssten hier was zu sagen haben!«

Als ich 1983 zum ersten Mal in meinem Leben in einem westlichen Land war und mit verwunderten Augen sah, wie mein Freund Urs eine Plastikkarte in einen Schlitz steckte und kurz darauf die legendären Schweizer Franken aus dem Automaten in der Hauswand entgegennahm, konnte ich es kaum fassen.

Inzwischen ist das für mich selbstverständlich geworden. Eine Frau Leicht ist dazu nicht mehr vonnöten. Da ich so einfach an mein Geld komme, sind die Kontakte zu Mitarbeitern der Sparkasse überflüssig geworden. Kommunikation findet nicht mehr mit einem Menschen, sondern mit dem Display statt.

Wo zog ich nach 1990 auf der Welt nicht überall Geld aus einem Automaten? Und meinen Kontostand kann ich auch ständig abrufen.

Seinerzeit holte man die Auszüge in der Filiale. »Ich hätte noch gern meine Post.« Und dann erhielt man die schmalen Papierstreifen über den Kontostand ausgehändigt. Heute habe ich kaum die Karte in den Schlitz gesteckt, da erscheint schon auf dem Bildschirm der Satz: »Ihr Ausdruck wird derzeit erstellt. Bitte haben Sie etwas Geduld.«

Das weiß ich doch selber, dass es zwei, drei Minuten dauert! Bin ich etwa vor dem Gerät auf und nieder gesprungen wie Rumpelstilzchen? Denken die in der Sparkasse, ich halte nicht zwei Minuten Warten aus?!

An einem Sonnabend habe ich im Vorraum meiner Filiale Geld abgehoben und wollte mir anschließend die Kontoauszüge ausdrucken. Schnapp, war plötzlich die Karte weg, und auf dem Display stand: »Aus sicherheitstechnischen Gründen wurde Ihre Geldkarte eingezogen.«

Was sollen denn das für »sicherheitstechnische Gründe« sein? War mein Konto bereits von einem Kriminellen abgeräumt worden? Oder hatte die Kamera im Raum zwielichtige Typen entdeckt, und das Geldinstitut wollte mich vor einem Überfall schützen?

Am Montag ging ich in die Filiale, um den Fall zu klären. Ich bekam meine Karte von einem Angestellten zurück. Nun wollte ich wissen, warum das Gerät meine Geldkarte eingezogen hatte. Da erhielt ich von ihm eine doch sehr überraschende Antwort: »Wissen Sie, das hängt damit zusammen – am Samstag war hier sehr viel Betrieb. Da hat der die Karte einfach geschluckt.«

Wie? Das soll der Grund gewesen sein?!

Ja, ein so kompliziertes Gerät wie der Kontoauszugsdrucker fühlt wohl auch wie ein Mensch. Das Ding war einfach von der vielen Arbeit überfordert, schluckte die Karten, ohne zu drucken, und verhalf sich auf die Weise ganz geschickt zu einer Pause!

Zu verschenken

In der Nachkriegszeit hatten die Menschen wenig zu verschenken. Trotzdem teilte man Mobiliar oder Gebrauchsgegenstände mit den Vertriebenen, die noch weniger hatten und in der DDR Umsiedler genannt wurden und mit denen man plötzlich in einer Wohnung auskommen musste. Auch meine Eltern schenkten unseren Untermietern aus Schlesien Möbel und verschiedene Haushaltsgegenstände.

Interessant ist, dass in einer Zeit, in der mit einer an allen Ecken und Enden überbordenden Werbung der Konsum angeheizt werden soll, das Verschenken immer mehr in Mode kommt. Raus aus dem Überfluss. Und dass es gerade in der jungen Generation da und dort üblich ist, sich von einem erstrebenswerten Minimalismus leiten zu lassen. Da gibt es Jugendliche, die machen sich schon einen Sport daraus, nur noch hundert Dinge zu besitzen.

Und zählen dabei jede Socke einzeln.

Meine Frau und ich, wir haben uns in den letzten Jahren regelrecht angewöhnt, in bestimmten Abständen in der Wohnung »Revue« zu machen, um uns von überflüssigen Dingen zu befreien. Dann geht es mit vollen Beuteln, in denen sich Kleidung, Kleinkram, Bücher oder DVDs befinden, zu einem Laden der Hilfsorganisation Oxfam in der Leipziger Hainstraße. Dort arbeiten Menschen ehrenamtlich unter dem schönen Motto: »Wir machen Überflüssiges flüssig.« Alle Dinge werden zu kulanten Preisen verkauft und die Gelder für Entwicklungsprojekte – zumeist in Afrika – verwendet.

Ein Leipziger Autor sagte mir, er und seine Freunde würden sich Postmaterialisten nennen.

Für den Kapitalismus ist das natürlich verheerend, da er nur überlebt, wenn er wächst. Menschen, die nach Kernsätzen leben wie »Reich ist, wer wenig braucht«, forcieren seinen Untergang. Die Gesellschaft fordert Verbrauch und nicht Bescheidenheit.

Es ist ja schon vielsagend, dass es Menschen nicht mehr als Inkarnation des Lebensglückes ansehen, ein eigenes Auto zu besitzen, sondern sich eins mit anderen teilen.

Teilen ist Gift für den Kapitalismus, haben wollen muss man. Dabei ist teilen urchristlich, aber den obersten Vertretern der christlichen Partei CDU aus wirtschaftlichen Gründen sehr unangenehm.

Im Internet gibt es mittlerweile unzählige Angebote, wo Menschen Dinge verschenken, von der Taucherbrille bis zur Yogamatte, von Mutterboden (aus unserem Vaterland) bis zum Blumenhocker, vom Verstärker bis zur Schrankwand, von zwei Kätzchen bis zu einer Achatschnecke.

Aber auch im Haus nebenan und in meinem ganzen Wohnviertel ist es üblich geworden, überflüssige Dinge zum Mitnehmen einfach vor die Tür zu stellen. So manches Stück in den Kartons erinnert mich an einen Solidaritätsbasar in der DDR. Das war auch eine Chance, Sachen loszuwerden. Nicht nur Geschenke, die einem jemand gebastelt hatte, sondern solche ungeliebten Stücke wie die berühmte Vase von Tante Gerda.

An einem Karton Bücher kann ich nie vorbeigehen, finde mich schnell in der Hocke wieder, um zu stöbern und mit einem Buch unterm Arm meinen Weg fortzusetzen.

Als die Nachbarn Skischuhe, ein Rollo, einen Kinderwagen und diversen Hausrat aussortiert hatten, dauerte es kaum zwei Tage, und alles war weg.

Am Schluss lag nur noch das gemalte Pappschild »Zu verschenken« auf dem Boden.

Das war nun auch zu verschenken.

PS: Einmal beobachtete ich ein schon etwas älteres Ehepaar vor dem aussortierten Angebot an einer Hauswand. Während der Mann ein Glas in der Hand hielt und begutachtete, sah ihn seine Frau von der Seite etwas scheel an. Ich hatte den Eindruck, sie hätte vielleicht gern ihren Mann zu dem Trödel dazugestellt, aber ihrem Gesicht nach hatte sie keine Illusionen, dass ihn jemand mitnehmen würde …

Haarig

Einen Friseurladen erkannte man früher auf der Straße schon von weitem. Da blitzte über der Tür eine silberne Rasierschale an einer Kette. Sie bewegte sich mitunter leicht im Wind und verschickte Blinkzeichen, wenn die Sonne darauf schien.

In der Beliebtheitsskala kam für uns Knirpse der Friseurbesuch gleich nach dem Gang zum Zahnarzt. In der Schulklasse hatten alle Jungs nahezu die gleiche Frisur. Der einzige Unterschied war, dass der Scheitel eben links oder rechts gezogen war oder ein Lockenkopf ungebändigten Wuchs zeigte.

Die Mädchen trugen vielfach Zöpfe, an denen sie von bösen Buben gern gezogen wurden. Waren die Zöpfe mit einer Schleife zusammengebunden und baumelten links und rechts am Kopf, nannte man sie auch »Affenschaukel«.

In den frühen fünfziger Jahren kämmten sich Jungs, die Boogie-Woogie-Liebhaber waren, mitunter eine »Ente«. Am Hinterkopf lagen sich die Haarsträhnen links und rechts gegenüber. In der Mitte entstand eine kleine Vertiefung, die dem Hinterteil einer Ente ähnelte.

Damals rieb man sich noch Pomade ins Haar, damit es nicht vom Kopf abstand, und so glänzte es an den Schläfen. Der ölige Stoff kam entweder aus einem Plastespender, wie er auch bei Rasiercreme Verwendung fand, oder aus einer Plastetube.

»Glätt« hieß in der DDR eine berühmte Frisiercreme, die – wie der Name schon sagt – widerspenstige Haare glättete.

Der erste modische Haarschnitt für uns Jungs kam Ende

der fünfziger Jahre auf: der Igelschnitt. Die Haare standen wie die Stacheln eines Igels in alle Himmelsrichtungen.

Bei Intellektuellen war in jenen Zeiten der Brecht-Schnitt modern. Man trug die kurzen Haare wie der Dramatiker in die Stirn gekämmt. Aber mit der Übernahme der Frisur war für die Jünger Brechts noch lange kein geistiger Aufschwung garantiert.

Unter Studenten kamen Vollbärte in Mode.

»Hast du schon den Ralf gesehen?«

»Nein.«

»Der ist total zugewachsen.«

»Sag bloß!«

Die DDR-Oberen waren gegenüber – meist Pfeife rauchenden – Vollbartträgern misstrauisch. Diese Typen galten als Anhänger von Existentialismus, Nihilismus, Jazz und dekadenter Literatur, alles nach Meinung der orthodoxen Funktionäre Vorstufen der Konterrevolution. Da half in Diskussionen auch der Verweis auf die Bärte der Klassiker Marx und Engels nicht.

In den Sechzigern trugen viele junge Männer die Haare à la Beatles. Die weiblichen Teenager verzichteten inzwischen auf ihren Pferdeschwanz, hatten eher halblanges Haar und Pony und schminkten sich die Augen mit Wimperntusche und Kajalstift.

Wie wir sehen, spielten in jenen Tagen bei den Frisuren Anleihen aus der Tierwelt (Ente, Affe, Pferd, Igel, Pony) eine große Rolle.

Gefärbte Haare waren entweder blond oder schwarz. In seltenen Fällen rötlich. Damit war die Farbpalette zu Ende. Heute laufen Menschen mit gefärbten Haaren von Grün bis Lila durch den Alltag, früher hätte man sich das höchstens zum Fasching getraut.

Modische Männer bezahlen heutzutage viel Geld für Frisuren, die jener Haartracht gleichen, die ich morgens bei mir im Spiegel sehe, wenn ich zerwuschelt meine Bettstatt verlassen habe. Wieder andere Männer gehen nur zum Friseur, um sich die nachwachsenden Haare sofort total abschneiden bzw. abrasieren zu lassen. War das Wort Glatze in meinen Kindheits- und Jugendjahren für Conférenciers noch ein Stichwort für banale Witze (die kamen gleich nach Scherzen über die dritten Zähne) und wurden solche haarlosen Männer vom Volksmund generell bespöttelt, gelten heutzutage das Fehlen der Haartracht und das glänzende Blinken der Kopfhaut bei jungen Männern als kernig, martialisch und in bestimmten Kreisen sogar als sexy.

Während man ewige Zeiten – auch bis zum Ende der DDR – den Kopf beim Haarewaschen nach vorn beugte, geht es seit geraumer Weile in die Gegenrichtung. Ich war schon sehr überrascht, als ich vor einigen Jahren zum ersten Mal bei einem Friseur war, bei dem ich auf einer Art Liege Platz nehmen konnte. Die Friseurin (denn Friseuse soll man ja aus irgendwelchen Gründen auch nicht mehr sagen) stand wie ein Bauarbeiter neben meinem Stuhl und dirigierte ihn per Knopfdruck, bis meine Beine in der Waagerechten lagerten. Dann begann sich eine unsichtbare Mechanik zu bewegen und massierte mir den Rücken. Und ich fragte mich, ob das wohl im Sinne meines Orthopäden ist?

So richtig bequem ist natürlich die Kante des Beckens als Ablage für den Nacken nicht, aber im Gegensatz zu früher muss ich beim Waschen nicht mehr die Augen schließen.

Bei meiner Friseurin kann ich mir während des Haarewaschens sogar Bilder betrachten, die über den Spiegeln hängen. Musik tönt aus Lautsprechern, und ich werde nach meinem Getränkewunsch gefragt! Wer hätte sich zu DDR-Zeiten gedacht, dass einem am Platz Mineralwasser, Kaffee oder gar ein Glas Sekt offeriert würde?!

Wenn ich an den muffligen Haarschneider meiner Kindheit denke und mir vorstelle, dass ich ihn um ein Glas Limonade gebeten hätte ... da wäre ich doch Gefahr gelaufen, dass er mir tatsächlich aus Daffke eine Glatze schneidet!

Das besondere Symbol

Der Totenkopf gilt als Symbol seit Menschengedenken. In der Kunst taucht er alleweil auf. Unabänderlich ist die Tatsache, dass der Tod zum Leben gehört. Als einzige unwiderrufliche Konstante. Da kommt kein Mensch drum herum.

Wann bin ich in meinem Leben zum ersten Mal auf einen Totenkopf gestoßen?

Garantiert in der Drogerie meines Cousins Siegfried. Dort sah ich als Kind auf einem Etikett den Totenkopf abgebildet, und im unteren Teil waren jene zwei gekreuzten Knochen zu sehen. Diese Abbildung dient schon lange als Warnung vor etwas Giftigem. Dann konnte man sicher sein, dass sich in der entsprechenden Flasche eine Flüssigkeit befand, die nicht lebensförderlich war. Jegliches Gift wird bis heute so gekennzeichnet. Das heißt: Wer nicht achtsam damit umgeht, riskiert sein Leben.

Dann tauchte der Tod natürlich im Kasperletheater auf, und wir freuten uns, wenn der Seppl ihm ordentlich eins mit der Klatsche verpasste. Die Flagge der Piraten zierte schon im 18. Jahrhundert der Schädel mit den gekreuzten Knochen und wollte Angst und Schrecken verbreiten. Und in der Geisterbahn zeigten wir der ersten Freundin, dass uns das künstliche angestrahlte Skelett, auf dem ganz oben jener Schädel thronte, nicht schrecken konnte. Wir beschützten das ängstliche liebe Wesen an unserer Seite, während eine Sirene aufheulte, und drückten fest ihre Hand.

Es mag Ende der fünfziger Jahre gewesen sein, als so genannte Buschhemden Mode wurden. Später nannte man sie Hawaii-Hemden. Sie waren bunt wie sonst was, meist sah man auf dem Stoff Palmen, Strand oder eben dschungelähnliches Buschwerk. Diese Hemden stopften wir nicht wie seit ewigen Zeiten in den Hosenbund, sondern man trug sie erstmalig *über* der Hose. Das hatte es bis dahin noch nicht gegeben. Mit den überaus farbigen Textilien kam ein Schmuck auf, den wir seinerzeit Camping-Schlips nannten.

Dieses Wort entbehrt nicht einer gewissen Komik, da sich gerade Camping und Schlips vehement ausschlossen. Der Camping-Schlips war eine Art dicker Schnürsenkel bzw. dicke Kordel, deren Enden jeweils in einer Metallhülse steckten. Die beiden parallelen Schnüre wurden mit einem Medaillon zusammengehalten (Kurt Masur war dafür bekannt, dass er vorzugsweise solchen Schmuck mit einem Elefanten drauf getragen hat).

Ich besaß nun als Halbstarker einen Camping-Schlips mit einem – jetzt werden sich meine Enkel wundern – golden glänzenden metallenen Totenkopf. Die kleinen roten gläsernen Augen blitzten in der Sonne. Die waren natürlich ein Widerspruch in sich, weil es bekanntlich keine Totenköpfe mit Augen gibt. Ich vermute, dass meine Mutter gegen diese besondere Art von Schmuck Einspruch erhob, andererseits gruselte ich mich auch selbst ein wenig davor. Der Camping-Schlips wurde bald wieder gegen etwas anderes eingetauscht.

Als Gärtnerlehrling im Betrieb der Städtischen Park- und Gartenanlagen zu Zwickau delegierte man mich einmal zu einem Sondereinsatz auf den Hauptfriedhof. Ich musste einige Tage lang mit Kollegen Hecken verschneiden. Da sah ich, wie ein Arbeiter ein Grab aushob und plötzlich auf einen Totenkopf stieß. Zwischen Schauder und Faszination erblickte ich zum ersten Mal solch ein Ding im Original und nahm erstaunt zur Kenntnis, mit welcher Selbstverständlichkeit der Mann diesen Schädel anfasste und an den Rand des Grabes legte.

In den letzten Jahren hat sich für den Totenkopf eine Welle von Verwendungsmöglichkeiten aufgetan. Er ist Kult geworden. In Schickimicki-Kreisen taucht er inzwischen ebenso auf wie im alternativen oder autonomen Milieu: Man lässt ihn sich an die unterschiedlichsten Körperpartien tätowieren, es gibt Mützen, Gürtel, Schlipse, T-Shirts, Schals, Jacken, Socken oder Bettwäsche mit dem Totenkopf.

Inzwischen taucht der Schädel sogar auf Schnullern und Lätzchen auf! Und ich sah ihn auch schon auf dem Fahrradhelm eines Kleinkindes.

Was treibt so viele Menschen, dieses Symbol inflationär zu verwenden? Was ist so schön an einem Totenkopf? Mancher Kopf ist ja schon lebend kein ästhetisches Labsal.

Der Totenkopf ist zum Gag geworden, obwohl er – wie wir alle wissen – überhaupt nicht lustig und alles andere als ein Gag ist. Will man heutzutage damit andeuten, wie »cool« man dem Tod gegenübersteht? In unserer Gesellschaft wird der Tod ja verdrängt. Gedanken an die Endlichkeit des Lebens sind nicht in Mode.

Damien Hirst schuf »For the Love of God«, einen Platinschädel mit 8601 lupenreinen Diamanten. Das wurde sozusagen, um es einmal in meinem heimatlichen Dialekt zu sagen, der teuerste »Dohdngobb« der Weltgeschichte.

Der Schädel soll letztlich etwas Martialisches symbolisieren, deswegen dient er dem Mitglied einer Rocker-Gang genauso als Schmuck wie einem Antifa-Aktivisten. Man sieht ihn bei einem Punker wie bei einem schicken Designer, einem Heino wie auch dem Rapper Sido, einer Heavy-Metal-Band, in besonders vielen Varianten natürlich bei den Wave-Gothic-Fans, die zu Tod und Nacht ein besonderes Verhältnis haben, aber auch bei den Fans des Hamburger Fußball-Clubs St. Pauli.

Sie schmücken sich alle mit ihm.

Der Totenkopf ist einfach nicht totzukriegen.

Tattoos

Aufwendig tätowierte Frauen oder Männer reisten im Vorkriegs-Deutschland von Jahrmarkt zu Jahrmarkt und ließen sich in Buden besichtigen.

In meiner Kindheit hatten nur Seeleute oder Kriminelle Tätowierungen. Die Motivation war logisch: Auf See und im Gefängnis hatte man viel Zeit. In diesen Kreisen war die Fixierung der Hautbilder eine Art Männlichkeitsritual.

Und so sah ich in Kneipen mitunter Männer, die ein über die Zeiten schon etwas blasser gewordenes Kreuz, ein Herz und einen Anker auf ihren Arm tätowiert hatten. Symbole für Glaube, Liebe, Hoffnung. Manchmal stand da noch Gerda oder Rosi oder wie die Angebetete gerade hieß, bei der sie vor Anker gegangen waren.

Auch das Eiserne Kreuz, in der DDR schwer verpönt, tauchte schon mal am Arm eines ehemaligen Gefängnisinsassen auf. DDR-Häftlinge besaßen mitunter auch ein tätowiertes Erkennungszeichen in der Hautfläche des Bogens zwischen Daumen und Zeigefinger. Drei blauschwarze Punkte. Sie standen für »Nichts sehen, nichts sagen, nichts hören«.

Es war eine Art Ehrenkodex, dass man keine Aussage macht, niemanden verpfeift. Wurden in den Gefängnissen Tätowierungen entdeckt, konnte es dafür Strafen hageln, manchmal sah man aber darüber hinweg. Mit viel Improvisationskunst wurde im Knast eine Gerätschaft gebastelt, die solch eine Tätowierung möglich machte. Als Farbstoff dienten Ruß und Kugelschreiber-Flüssigkeit. Texte von Tätowierungen, so berichtete Dr. Tobias Wunschik in einem Vortrag, wurden auch »nach oben« gemeldet und von der

Stasi registriert. Zumal, wenn es um provokative Sätze ging wie »Dem Menschen die Freiheit« oder »Belogen, betrogen, zum Hassen erzogen«.

Solche Losungen gingen der Stasi natürlich im wahrsten Sinne des Wortes unter die Haut.

Aus den seltenen Tätowierungen wurde nicht nur in Deutschland das Massenphänomen der Tattoos. 10 bis 15 Prozent der Deutschen sollen tätowiert sein! Noch nie in der Geschichte der Menschheit waren Tätowierungen so in Mode wie in unserer Zeit.

Der schönste Schmuck der Jugend – die glatte samtige Haut – wird mit Hilfe von farbigen Tinten bebildert. Arme, Beine, Rücken und Brust werden zu Flächen für farbige comicartige Bilder. Was soll man machen, wenn der Körper so viel langweilige Hautfläche hat, auf der nur ein paar unterschiedlich große Leberflecke oder Härchen zu sehen sind?

Diese Leere will gefüllt sein.

Und so schlängelt sich aus der Mitte eines prächtigen Busens ein schwarzblauer Kampffisch zum Hals. Am Bein eines Radfahrers leuchtet es rot und schwarz, dass ich von weitem denke, der Pedalritter habe einen schlimmen Sturz gehabt. Oder eine Hautkrankheit. Erst beim Näherradeln entpuppt sich das Ganze als Tattoo.

Bekanntermaßen neigt die nächste Generation spätestens in der Pubertät dazu, möglichst vieles anders zu machen, als das bei den Eltern gebräuchlich war. Wie werden die Kinder der Tattoo-Generation reagieren?

»Ich will mal nicht so wie meine Eltern werden.«

»Meine Eltern sind so richtige Tattoo-Spießer! Was die da schon für Geld ausgegeben haben!«

»Krass.«

Eine Umfrage hat bestätigt, dass die Mode bei den Jüngeren auf weniger Interesse stößt. Ich vermute, dass der Brauch wieder verschwindet und jene Menschen als »Gezeichnete« durchs Land laufen, bis sie ihre Tätowierungen entfernen lassen. Nicht ohne dass die Haut Schaden nimmt.

Es gibt 7000 Studios mit etwa 20 000 Mitarbeitern. Nancy Mietzi, Tätowiererin aus Zwickau, die zu einem Team gehört, das im TV-Sender Sixx in der Sendung »Horror-Tattoos – Wir retten deine Haut!« Tattoo-Opfern hilft, sagte dem Journalisten Carsten Bergmann in einem Interview: »Ein Tattoo ist ein Luxusartikel, den man in der Regel für immer hat. Da sollte man sich fünfmal überlegen, wo und bei wem man sich eins stechen lässt. Für zehn Euro im Laden um die Ecke gibt's kostenlos Tripper oder Hepatitis dazu.«

Begonnen hat das ja als Zeichen von Individualismus. Durch das Massenphänomen ist diese Motivation längst dahin. Heute ist ein Tattoo so etwas Besonderes wie eine Bockwurst oder eine Schrankwand. Die Bockwurst wird aufgegessen, die Schrankwand landet irgendwann im Müll, aber die Tätowierung hat man bis zum bitteren Ende.

Der Steinzeitmensch Ötzi war übrigens auch schon tätowiert. Da schließt sich der Kreis.

Tattoos bei Sportlern, vorwiegend bei Fußballern, und Leuten aus dem Showgeschäft haben zugenommen. Diesen Vorbildern wird nun nachgeeifert.

Der Mensch würde sich ja auch als Werbefläche eignen. Gibt es schon Leute mit Verträgen? Man lässt sich COCA-COLA auf den Arm tätowieren und kassiert.

Interessant ist eine Untersuchung, die besagt, dass mit steigendem Bildungsgrad die Tattoos rarer werden. Da haben vielleicht doch ein paar andere Dinge mehr Bedeutung. Ich hörte auch schon in Sachsen den Kommentar: »Hartz vier, verschdehste, Hartz vier, awwr ä baar Daduhs, du!«

Im Leipziger Zentrum sah ich einmal einen kräftigen

Mann, der hatte sich auf seinen Oberarm ein Glas Bier (mit Schaum) tätowieren lassen und auf seine strammen Waden zwei gruslige Figuren. Auf seinem T-Shirt stand »Pöbel und Gesocks unterwegs«.

Das hatte schon wieder was.

In dem zauberhaften Spielfilm »Renoir« schwärmt der große impressionistische Maler von der Haut junger Mädchen und Frauen – von eben dieser Pfirsichhaut. Renoir war bekanntlich ein Maler, der das Wechselspiel von Licht und Schatten in besonderer Weise beherrschte. Die Konturen lösen sich auf, es zeigen sich farbige Schatten. Nackte Schöne in der Natur kontrastieren mit dem Grün. Und diese wunderbare Haut. Wie Samt. Was hätte Renoir gesagt, wenn seine geliebten Modelle ihren Körper plötzlich von mehr oder weniger talentierten Amateurzeichnern hätten bemalen lassen …?

Denken die Besitzer solcher Bilder an die Risiken? Immerhin hat man die Chance, seinem Körper, seiner Gesundheit zu schaden: durch Entzündungen und Infektionen. In einer Fernsehdokumentation erfuhr ich, dass nicht alle Farbgifte nur unter der Haut landen. Ein kleiner Teil gelangt über die Lymphe in den Körper. Es können Ekzeme, Gewebeschäden, Lymphknotenvergrößerungen, Hautreizungen und Granulome entstehen. Bestimmte Tätowiermittel stehen im Verdacht, Krebs auslösen zu können, da karzinome Stoffe nachgewiesen wurden. Tumor durch Tattoo?

In einem Interview in der »Welt am Sonntag« gesteht der bekannte amerikanische Modemacher Marc Jacobs, dass Tattoos süchtig machen wie Botox. »Ich habe 33 Tattoos.«

Und er berichtet eine Begebenheit aus dem Studio eines Bekannten, zu dem er sagte: »Ich will ein Sofa.«

»Warum ein Sofa?«

»Weil ich ein Sofa will.«

Damit war die Sache erledigt. Und alle waren begeistert, weil sie noch nie ein Sofa-Tattoo gemacht hatten. So einfach kann das Leben sein.

»Ich wollte etwas Violettes hier, also habe ich mir diesen lustigen violetten Drachen machen lassen. Und hier was Grünes, also habe ich diesen grünen Frosch machen lassen. Dann habe ich noch ›Oui‹ und ›Lui‹, weil ich in Paris war und ein französisches Tattoo haben wollte ...«

Völlig logisch.

Den Körperbildern sind natürlich die Haare im Wege. Also müssen die weg! Am besten Ganzkörperenthaarung. Das bringt Fläche für Tattoos. Es gibt sogar Fälle, wo die Haut sozusagen als Notizbuch dient ... Ich hörte von einem Sozialarbeiter, der einen Vater nach dem Geburtsdatum seiner Kinder fragte. Da meinte der: »Warten Sie mal, da muss ich erst mal nachsehen.«

Dann krempelte er einen Hemdsärmel hoch und gab die gewünschte Auskunft.

Über sechs Millionen Deutsche (zumeist zwischen 25 und 35 Jahren) besitzen ein Tattoo, meint eine Studie der Gesellschaft für Konsumforschung. Das sind 22 Prozent in dieser Altersgruppe.

Aber nun kommt's: Rund 700 000 Menschen sind inzwischen mit ihren Hautbildern unzufrieden. Die Motive oder die Qualität der Darstellung gefallen ihnen nicht mehr.

Das seinerzeit inflationär aufgetretene »Arschgeweih« ist längst im Arsch!

Für die Tattoo-Entfernung (zumeist mit Laser) kommt bei mehreren Sitzungen ein vierstelliger Betrag zusammen. Im Schnitt sind die Kosten zehnmal so hoch wie für das ursprüngliche Tattoo ... Nicht selten bleiben aber Narben oder sichtbare Hautveränderungen zurück. Und das Entfernen ist schmerzhafter als das Tattoo-Stechen.

Nach dem Markt für die Tattoos kommt also jetzt der Markt für die Tattoo-Entfernung, denn jeder Zehnte möchte seine Tätowierung wieder loswerden … Das ist ein richtig großes Geschäft!

Aber so einfach verschwindet solch ein Hautbild nicht wieder vom Körper. Logischerweise wollen die Dermatologen als Fachleute die Sache möglichst in die Hand nehmen und sie nicht den Schöpfern überlassen. Einem Hautarzt würde ich auf diesem Gebiet auch mehr vertrauen.

Es wäre ja kurios, wenn die Tätowierer doppelt verdienen würden.

Rechnen wir nur mal 700 000 x 1000 Euro – das wären also 700 Millionen, die an Umsatz anfallen. Das Verständnis, wofür in Deutschland so eine Summe ausgegeben wird, hält sich logischerweise in bestimmten Teilen dieser Erde sehr in Grenzen.

An einem Wochenende überraschte ich meine Frau mit dem Vorschlag, dass wir uns doch einmal die in der Nähe unserer Wohnung stattfindende Tattoo-Messe ansehen könnten. Überall an den Ständen waren junge Menschen gerade in Arbeit.

Erste Beobachtung: Während das Tattoo-Gerät leise surrte und der Tätowierer konzentriert seiner Tätigkeit nachging, sah keiner der Tattoo-Fans, die gerade bemalt wurden, zu. Niemand wollte die Nadel bei ihrer Arbeit betrachten – ich hätte auch keine Lust, dem Zahnarzt beim Bohren zuzusehen. Man darf ja nicht vergessen – das tut richtig weh!

Eine junge Frau saß rittlings mit freiem Oberkörper auf einem Stuhl und beugte sich weit nach vorn (ich hätte das keine fünf Minuten ausgehalten!), um sich den gesamten Rücken bebildern zu lassen.

An einem Stand war bei einem jungen Mädchen ein Tattoo über dem Knöchel gerade fertig geworden. Die Stelle wurde mit einer Art Frischhaltefolie umwickelt, die mich an den Fleischverkauf beim Metzger erinnerte.

An vielen Ständen war ein Totenkopf im Angebot. Gestochen wurde er für 350 Euro.

Eine Frage kann ich mir nicht beantworten: Wieso nehmen Tausende heutzutage für solchen Körperschmuck Schmerzen in Kauf? Der alte Spruch »Wer schön sein will, muss leiden«, der sich früher auf Harmlosigkeiten bezog – wie bei Minusgraden mit Seidenstrümpfen oder ohne Kopfbedeckung die Straße entlangzuschlendern –, der hat längst eine neue Dimension erreicht.

Körperkult

Als junger Bursche kaufte ich mir einen Expander. Das war mal so eine Mode. Ein paar Muskeln antrainieren, Kraft tanken. Lange habe ich die mühsame Zieherei nicht durchgehalten. Es war mir zu langweilig, und das Gerät baumelte bald an einem Kleiderhaken an der Tür. Ein Freund von mir ging in eine Box-Sportgemeinschaft. Wenn ich bei ihm klingelte, stand er manchmal mit zwei Hanteln vor mir.

Heute betreiben viele junge Menschen einen regelrechten Körperkult. Sie haben inzwischen bei ihrer Karriereplanung gemerkt, mit inneren Werten kommt der Mensch nicht immer voran. Das Äußere zählt immens. Also muss die Hülle verbessert werden. Den Waschbrettbauch will sich so mancher durch sukzessive Quälerei erringen. Fitness-Center nennen sich die freiwillig besuchten Marterräume für eine tolle Figur.

Unglaublich, aber wahr: Krafttraining ist in Deutschland inzwischen beliebter als Fußball!

Mehr als 7,6 Millionen Deutsche vom Jüngling bis zum Opa zieht es zu Hanteln, Beinpressen, Ergometern und Laufbändern, auf denen man schwitzend nicht vom Fleck kommt, obwohl man sich permanent bewegt.

Früher war ja Folter immer umsonst. Es gibt Schätzungen, dass sich bis zum Jahr 2017 etwa 10 Millionen Deutsche in den Studios freiwillig quälen. Und dafür auch noch bezahlen. Die Fitness-Studios, so wird vermutet, verbuchen einen Jahresumsatz von über vier Milliarden Euro.

Inzwischen gibt es weit über 7 000 im Land.

Die »Welt am Sonntag« schreibt: »Kernige Männer sind

auch nach Ansicht der Männermagazine wieder ›in‹. Ein durchtrainierter Körper, so schrieb etwa ›GQ‹, sei ein Musthave.« Den musste also haben, wenn du wer sein willst!

»Gefragt ist der perfekt proportionierte, muskulöse Körper mit wenig Fettanteil«, erklärte der Kölner Sportwissenschaftler Ingo Froböse in einem Interview.

Das klingt ein wenig nach Putenschnitzel.

In der Vergangenheit wurde Kraft, wurden Muskeln in vielen Berufen dringend benötigt. Dafür sind mittlerweile allerorten Maschinen am Werk. Wegen der komfortablen Heizungen in den Wohnungen wird die männliche Kraft nicht mal mehr gebraucht, um die Kohlen aus dem Keller zu holen.

Nicht nur Männer, auch Frauen quälen sich für ihre Figur. Noch einmal die »Welt am Sonntag«: »Ich will einen definierten Body haben«, sagt etwa Monika, eine 38-jährige Lehrerin aus Bayern. Was, um Gottes willen, ist denn ein »definierter Body«?

»Definieren« heißt laut Fremdwörterbuch »begrifflich festlegen, abgrenzen, erklären«.

Was meint wohl die Lehrerin? Will sie ihren Körper abgrenzen? Oder definiert sie sich über ihn?

Früher dankten die Menschen ihrem Schöpfer. Heute sind sie selbst Schöpfer. Für viele spielt Religion längst keine Rolle mehr. Wenn es also keinen Gott im Himmel gibt, wird eben der eigene Körper angehimmelt. Aus Angst vor der Sterblichkeit muss er exzessiv trainiert werden, damit ein langes Überleben gesichert ist.

Die normale Nahrung reicht auch nicht mehr, sie muss ergänzt werden. Dafür gibt es eine Art »Kraftfutterläden«. Die sind sozusagen die Krippen für die heilige Kuh »gestählter Körper«.

Bodybuilder experimentieren inzwischen tatsächlich

schon mit Tiernahrung, um das Muskelwachstum zu beschleunigen. Im »Spiegel« stand: »Fit mit Ferkelfutter.«

Weiterhin wird in dem Magazin der Sportwissenschaftler Mischa Kläber zitiert, der darauf hinweist, dass Bodybuilder mittlerweile auch Medikamente für Tiere schlucken würden. Das Risiko für die Gesundheit nehmen sie in Kauf. »Wie Tiernahrung sind Veterinärpräparate meist billiger als Arzneien für Menschen. Besonders beliebt sind Medikamente wie Laurabolin, ein Anabolikum für Katzen und Hunde, oder Ventipulmin, ein Asthmamittel für Pferde, dessen Clenbuterol muskelaufbauend wirkt.« Deshalb wird es auch gern von Leichtathleten genommen.

Am Schluss steht: Der Körper als Weltanschauung. Man schaut an sich hinunter, und die Welt ist zu Ende.

Wie sagte man früher? »In einem gesunden Körper wohnt ein gesunder Geist.«

Bloß wo wird der Geist trainiert?

Dass Bewegung und Muskeltraining Krankheiten vorbeugen, weiß jedes Kind, aber eben maßvoll, sonst entwickelt sich Suchtpotential. Und so warnen Fachleute längst davor, zu viel Sport zu treiben. Nun kommen doch plötzlich wissenschaftliche Untersuchungen in die Medien, die besagen, dass sich leichtes Übergewicht für die Lebenserwartung positiv auswirkt.

Mannomann … Wenn sich das herumspricht!

Der Psychologe Hans-Joachim Maaz beschreibt in seinem Buch »Die narzisstische Gesellschaft« die Situation mancher Menschen so: »… zwanghafte Bemühungen um den Erhalt von Jugendlichkeit, Schönheit, Gesundheit. Das Ergebnis sind Diätwahn, Fitness-Qual, Markenfetischismus und künstliche ›Schönheit‹. Sinn und Zweck des Lebens werden äußeren Zielen gewidmet … manch einer erlebt geringste Gewichtszunahme als existentielle Bedrohung, glaubt, sich mit Botox oder Tattoos verschönern zu können …«

Mitunter beschleicht mich der Eindruck, es geht in erster Linie nicht mehr darum, unbedingt anderen zu gefallen, sondern – wie Narziss – vor allem sich selbst. Die Eigenliebe expandiert. Und auch dieser Anspruch zieht immer mehr Kreise: Alle wollen gesund sehr alt werden, ohne alt zu sein.

Der Philosoph Byung-Chul Han sagte in einem Interview mit Thomas Zaugg: »Wir haben es heute mit einem bloßen Leben zu tun, das wir um jeden Preis verlängern wollen. Der Gesundheitsterror gehört dazu. Dadurch gleicht das Leben dem Überleben. Ein erfülltes Leben ist aber ein Leben, das ich sinnvoll abschließen kann. Wir haben diese Schlussformen nicht mehr. So ist es heute schwieriger denn je zu sterben. Oder: Wir sind zu lebendig, um zu sterben, und zu tot, um zu leben.«

Operation Schönheit

Eine Sache ist es, den Körper nach individuellem Geschmack mit Bildern oder diversen Hilfsmitteln zu schmücken, eine andere, radikal in die vorhandene Substanz einzugreifen. Also nicht nur durch Training den Körper zu verändern, sondern – durch eine Operation.

Jahrhunderte nahmen bzw. mussten die Menschen sich so nehmen, wie sie von der Natur ins Leben entlassen wurden. Keiner dachte daran, dass man mit medizinischer Hilfe sein Aussehen verändern könnte. Man fügte sich in sein Schicksal.

Durch den Mangel nach dem Krieg gab es in den vierziger und fünfziger Jahren, also in meiner Kinderzeit, kaum dicke Menschen.

Nicht *ein* Junge in meiner Klasse war dick! Tauchte doch mal irgendwo in der Schule ein beleibter Schüler (meist »Mobbl« genannt) auf, dann hatten wir von den Erwachsenen aufgeschnappt: »Der hat es mit den Drüsen.« Was immer das sein mochte. Und wo immer die sich im Körper befinden würden.

Mir fiel kurioserweise dann aus der »Mickey Mouse« Daniel Düsentrieb ein. Aus dem machte ich einen Daniel Drüsendieb. Und der würde dem »Mobbl« helfen.

Mit steigendem Lebensstandard wabbelte allerdings mehr und mehr überflüssiges Fett durch die beiden Deutschlands. Aber noch lange wäre niemand auf die Idee gekommen, dass eines Tages Menschen deshalb freiwillig in eine Klinik gehen, um es sich – »absaugen zu lassen« (eine Formulierung, die mich frösteln lässt).

Fett, das nicht »wegen der Drüsen« üppig wucherte, sondern sich durch unmäßiges und ungesundes Essen im Körper anlagerte. Und wegen fehlender Bewegung nicht genügend abgebaut wurde.

Fett absaugen ist in Deutschland die beliebteste Schönheitsoperation. Mikrosonden werden in die schwabbelnde Gegend eingeführt und der Patient ist am nächsten Tag schon wieder arbeitsfähig. Die Schnelligkeit ist gerade bei Managern sehr wichtig, denn wer zu lange vom Schreibtisch weg ist, ist dann auch mal schnell weg vom Fenster.

Die Profi-Fettabscheider haben allerdings in den USA unerwartete, kostengünstigere Konkurrenz bekommen. Völlig neue Sitten durch Parasiten! Amerikanische Frauen bestellen im Internet Bandwürmer und schlucken sie tapfer runter.

Sie sehen wieder: Nichts ist phantastischer als die Wirklichkeit!

Die bis zu zehn Meter langen Mitesser sind aber durch die bei ihren »Wirten« verursachte Mangelernährung gefährlich. Mediziner warnen, bloß wovor haben Mediziner nicht schon erfolglos gewarnt!

Längst tauchen in den Schönheitskliniken nicht mehr nur Frauen auf. Inzwischen sind jedes Jahr über 100 000 Männer dabei, die sich von gut bezahlten Fachleuten (Pfusch kommt natürlich auch in dieser Branche vor) verschönern lassen. Und so werden hängende Lider gerichtet oder Tränensäcke mit dem Skalpell retuschiert.

Die so Verschönten versprechen sich in einer auf Äußerlichkeiten fixierten Gesellschaft, dass ihnen dadurch der jüngere Kollege noch nicht gefährlich werden kann.

Motto: Fett weg, Karriere gesichert!

Und so entstanden in den letzten Jahren Arbeitsstellen in einer neuen Branche: der Verschlankungsdienstleistung.

Ein Dicker kommt, ein Schlanker geht. Und der kann sich dann wieder den Bauch vollschlagen – bis zur nächsten OP.

Ein neuer Trend machte sich vor dem Oktoberfest in Bayern breit. Da gibt es doch tatsächlich Männer – Sie werden's nicht glauben! –, die sich vom Schönheitsoperateur *Wadenimplantate* verpassen lassen. Und diese Idee kommt denen nicht etwa nach fünf Maßkrügen, sondern in völlig nüchternem Zustand ...

Aber die Experten der medizinischen Schönheitsfraktion haben natürlich noch viel mehr drauf: Für 2000 bis 5000 Euro können Sie, so Sie damit unzufrieden sind, sich beispielsweise Ihr Kinn korrigieren lassen. Auf diese Weise lässt sich ein fliehendes Kinn operativ verlängern.

Das Gesicht kann mittels eingewobener Fäden gestrafft werden. Ein Risiko besteht allerdings darin, dass solch ein Faden reißt und eine Gesichtshälfte unübersehbar herunterhängt!

In einem Beitrag der »Welt am Sonntag« erfuhr ich über einen Mann Unvorstellbares: Justin Jedlica ist ein slowakisch-amerikanisches Model, Mitte dreißig. Er hat bereits – Sie sitzen hoffentlich! – 191 Schönheitsoperationen hinter sich. Aber er ist noch lange nicht am Ende! Sein Traum sind so viele Operationen »... bis ich 100 Prozent Plastik bin«.

Nun, das wird er wohl nicht ganz schaffen, denn um ein paar menschliche Teile kommt er nicht herum. Jedlica ist Teil der US-Reality-Show »Botched«, und sein Streben ist, unbedingt wie Ken (das ist der Partner von Barbie) zu sein. Eine menschliche Puppe also. Als letzten Streich hat er sich nach seinem Entwurf Implantate am Rücken einsetzen lassen, die seine Schulterblätter zu Flügeln formen sollen.

Mit dem Fliegen selbst sehe ich allerdings schwarz – das sieht eher nach einer Bruchlandung aus.

So wie die Natur einen geschaffen hat, das wird von vielen Menschen nicht mehr akzeptiert. Körperoptimierung ist angesagt. Und wer besser aussieht, so die Meinung und Erfahrung vieler, hat einfach im Berufsleben größere Chancen. Das heißt, diese Menschen können dann – wie oft in unserem Land zu erleben – noch so schlecht in ihrem Beruf aussehen, Hauptsache, sie sehen gut aus.

Fünfstellige Summen sind bei so einer Schönheitsoperation schnell zusammengeschnippelt.

Die Absurditäten wachsen: Ich las von einer jungen Frau, die zu einem Experten kam, ein Kleid vor ihn hinlegte und sagte: »In vier Wochen habe ich eine Party. Bis dahin muss ich hier hineinpassen.«

Es sollen schon Eltern ihrer Tochter einen Gutschein für eine Brustvergrößerung geschenkt haben. Es wabern ja Brüste durch das Land, dass einem angst und bange werden kann.

Aus Körbchen werden Körbe. Und überforderte Männerhände greifen ins volle Silikonleben.

Das Lexikon beschreibt Silikone als temperaturbeständige, elastische Kunststoffe, die Silicium enthalten. Verwendet werden sie als Schmiermittel, Isolier- und Lackrohstoffe.

Ein Unternehmen in Frankreich vertrieb als Brustimplantate riskante Billigprodukte. Gefüllt mit Industriesilikon. Das Ende vom bösen Lied: schwere Gesundheitsschädigungen, nachdem der Inhalt in den Körper gelangt war. Wegen äußerer Schönheit nehmen Frauen innere Schäden in Kauf.

30 000 Frauen in Frankreich gerieten an solch ein Billigimplantat. Einige erkrankten an Krebs. Zwei sind gestorben, weil man – im wahrsten Sinn des Wortes – der Natur ins Handwerk gepfuscht hat.

Inzwischen gibt es sogar in dieser Branche Operationen auf Ratenzahlung. Immer mehr Menschen werden des Schönheitswahns fette Beute. Der Psychologe Hans-Joachim Maaz spricht in seinem Buch »Die narzisstische Gesellschaft« von »Dysmorphophobie«, das ist die ständige Angst, nicht die gewünschte Körperform zu haben. Eine Angst übrigens, die Menschen wie Minister Altmaier oder Sigmar Gabriel eindeutig noch nicht befallen hat.

Das Nacktmodell Micaela Schäfer meinte in einem Interview auf die Frage eines Journalisten, warum sie vier Brust-Operationen über sich habe ergehen lassen: »Weil ich mein Idealbild erreichen möchte: Ich mag dünne Frauen mit großen Brüsten – und habe schon immer von 75-Doppel-D geträumt.« Als der Journalist nachfragte, ob sich mit dem großen Busen etwas geändert habe, meinte sie: »Da fehlt mir der Vergleich, meine erste OP hatte ich mit 18. Ich weiß gar nicht, wie es mit Naturbusen ist.«

Man schätzt, dass sich etwa eine Million Deutsche pro Jahr der Schönheit zuliebe – von der Lidstraffung bis zur Intimoperation – unters Messer legen. Für die Schönheitsoperationen zahlen sie pro Jahr über eine Milliarde Euro.

Selbstbewusstsein wird durch freiwillige Körperverletzung hergestellt. Das Problem ist allerdings: Je mehr Frauen mit operierten Brüsten herumlaufen, desto unzufriedener wird der Rest und umso mehr steigt der Druck. Früher hieß es nur: »Schneiders waren in Thailand, mir müssen ooch mal nach Thailand!« Heute klingt das anders: »Schatz, die Frau Krüger von nebenan hat eine neue Brust. Ich will auch so eine!«

Die Wünsche ändern sich im Laufe der Generationen erheblich. Als 14-Jähriger, was hatte ich da für einen Wunsch? Vielleicht eine Felgenbremse für mein Fahrrad. Unser Sohn träumte in jenem Alter von einem Kassettenrecorder. Jennifer Weist, Sängerin der Band Jennifer Rostock, so las ich in einer Zeitung, wünschte sich schon mit vierzehn Jahren eine größere Brust.

In den USA kommen immer mehr Frauen mit ganz konkreten Wünschen zum Schönheitschirurgen. Sie möchten die Augen so wie Cameron Diaz, die Nase wie Penélope Cruz, die Lippen wie Angelina Jolie oder die Brüste wie Marilyn Monroe.

Sofort denke ich an den verehrten Erich Kästner. An solche gravierenden Operationen konnte er noch nicht denken, aber die »sogenannten Klassefrauen« fielen ihm bereits in den zwanziger Jahren auf. Ihnen traute er alles Mögliche zu, wenn es nur Mode wird. So lässt er seine Phantasie spielen, wozu jene Damen wohl bereit wären. An einige Verse aus seinem Gedicht sei hier erinnert:

Wenn es Mode wird, die Brust zu färben
Oder, falls man die nicht hat, den Bauch …

… oder sich die Hände gelb zu gerben,
bis sie Handschuhn ähneln, tun sie's auch …

Der Dichter würde heute Stoff im Überfluss finden.

Extremsport und andere extreme »action«

Als wir Jugendliche waren, ging – wie schon erwähnt – einer meiner besten Freunde boxen. Seine beiden älteren Brüder ebenfalls, und die kloppten sich auch mal zu Hause. Einige Freunde trainierten in einem Schwimmsportverein. Ich trieb keinen Sport in einem Club, fuhr nur mit meinen Freunden unheimlich gern mit dem Rad durch die Gegend. Selbst längere Strecken scheute ich nicht, radelte von meiner Heimatstadt Zwickau nach Triptis in Thüringen, nach Dresden, Meißen, Leipzig oder Plauen.

Die mutigsten von uns sprangen vom 10-Meter-Turm. Ich benutzte ihn nur als Aussichtsturm.

Heute lieben Wagemutige ganz andere Varianten bei Sport und Spiel. Eben extrem.

Das alte deutsche Kinderspiel Schnitzeljagd heißt jetzt Geocoaching. In meiner Tageszeitung las ich, dass ein Mann aus Nordrhein-Westfalen beim Geocoaching auf einer Industriebrache schwer verunglückt ist. Der 24-jährige stürzte beim Abseilen von einem 22 Meter hohen Schornstein auf das Dach eines Gebäudes und überlebte nur durch eine Notoperation. Von Nordrhein-Westfalen nach Magdeburg, um mit Geocoaching (eine Art elektronischer Schatzsuche) Erfolgserlebnisse zu haben. Die Verstecke werden anhand geografischer Koordinaten im Internet veröffentlicht und können anschließend mit einem GPS-Empfänger gesucht werden.

Wellenreiten – das war früher. Heute geht alles ein paar Zacken straffer. Im US-amerikanischen Bundesstaat Hawaii ist die verschärfte Form an der Nordküste Mauis möglich. Man sagt, dort sähe man den brutalsten Surfsport der Welt, Jaws genannt. Auf einer Wellenhöhe von 70 Fuß, das sind immerhin etwa 21 Meter. Manche meinen, es gehe dort sogar bis 120 Fuß. Lassen wir den extremen Windsurf-Profi Jason Polakow zu Wort kommen: »... du weißt nie, wie dein Tag ausgeht – aber genau das macht Jaws so spannend.«

Ja, und wir Spießer wollen natürlich, dass unser Tag möglichst gut ausgeht. Deshalb würden wir auch nicht mit 60 Kilometer pro Stunde auf Schlittschuhen einen Eiskanal hinunterrasen – als Ice-Cross-Downhiller. Mit Haarnadelkurven und komplizierten Hindernissen, genannt Kicker, die den Läufer durch die Luft schleudern, oder Float Jumps, die eine Flugkurve erzeugen. Die Wagemutigen fallen natürlich ab und an auf die Nase. Da heißt es, sich schnell wieder berappeln und weiter. Und falls einer nicht mehr aufsteht – das ist eben das Extremsport-Risiko.

Wenn Ihnen Marathon mittlerweile zu langweilig ist (da laufen ja längst schon Großeltern mit), dann hätte ich etwas für Sie. Im unterfränkischen Münnerstadt müssen die Läufer beim »Braveheartbattle« über eine Distanz von 28 Kilometern 50 Hindernisse überwinden. Zum Beispiel eine metertiefe Schlammgrube, Dornenhecken oder einen steinigen Fluss. Von den 3000 Teilnehmern kamen fünf Prozent nicht an – wegen Unterkühlung oder Verletzungen. Der Veranstalter versichert: »Jeder Läufer geht durch die Hölle.«

Wenn man im Alltag paradiesisch lebt, braucht man eben mal das Gegenteil.

Sie können aber auch »Tough Mudder« probieren, einen Matsch-Lauf, der mit verschiedenen Ängsten spielt. Da gibt es dunkle Tunnel und beengende Schlammkäfige, die einem den Atem nehmen, brennende Hindernisse, und Sie müssen selbst mit ein paar Stromstößen rechnen. Es gibt zwar in Deutschland auch ohne solche Spielchen bereits Millionen Menschen, die an Ängsten leiden, aber wer damit noch keine Erfahrung gemacht hat, kann sich hier versuchen.

Dass aus solchen Spaßveranstaltungen bitterer Ernst werden kann, haben wir beim Zugspitzlauf gesehen, bei dem viele der 600 Läufer trotz der Ankündigung von schlechtem Wetter in kurzen Hosen und T-Shirts erschienen. Zwei starben an Erschöpfung und Unterkühlung, und einige mussten ins Krankenhaus.

Einfach Freude am Laufen – das gibt es zwar auch, aber manche bevorzugen dennoch den Color Run.

Was verbirgt sich dahinter? Auf fünf Kilometern bewerfen sich die Teilnehmer mit Farbe und traben wie »bunte Hunde« ins Ziel.

Schließlich noch eine Empfehlung für Feinschmecker: der Gourmetlauf in Fürth. Auf der ganzen Strecke werden Sie mit diversen Leckereien verköstigt. Ja, die Läufer schlagen sich den Magen voll und laufen trotzdem. Obwohl wir doch früher gelernt haben, nicht mit vollem Bauch Sport zu treiben.

Aber das ist ja der ganze Sinn der Aktion: Sport *gegen* die Vernunft!

Nackte Tatsachen

Ich habe den Eindruck, in der DDR war man, was den Körper anbelangte, viel unverkrampfter als im Westen. Die Freikörperkultur aus den zwanziger Jahren wurde an der Ostsee traditionell weitergeführt. Überall gab es FKK-Strände. Im Gegensatz zur Parteiführung hatte die Bevölkerung nichts zu verbergen.

Im Sommer tummelte sich dort die halbe DDR ohne textile Hüllen. Aber einfach »naggsch« im Sand in der freien Natur – das reicht in der neuen Zeit nicht mehr. Da fehlt die Show!

Die Nacktheit muss zum »Event« werden!

In Leipzig und Dresden wurden Nacktradler-Demos verboten. Fahrradaktivisten hatten zum Naked Bike Ride aufgerufen, um für das Rad als umweltschonendes Verkehrsmittel zu werben. Doch warum muss man nackt sein, wenn man für das Radfahren werben möchte?

Ganz einfach: weil man auffallen will.

Deshalb wurde zum Beispiel auch das Nacktwandern erfunden! Endlich mal alles und nicht nur die Seele baumeln lassen. Total frei durch Wald und Flur. Da kann schon mal eine Pilze sammelnde Omi vor Schreck rücklings ins Heidekraut fallen.

Nacktrodeln in Altenberg und sonst wo war auch ein großer Erfolg. Tausende standen eingemummelt an der Piste und besahen sich die Brüste der rodelnden Damen. Noch schöner war es auf dem Flugplatz Cochstedt. Dort produzierten riesige Eismaschinen bei immerhin 13 Grad Celsius den Schnee für die »Weltmeisterschaften« im Nacktrodeln. Klaus Härtel schrieb in der »Leipziger Volkszeitung«: »… im

Gegensatz dazu sollen normale Menschen in Zukunft Staubsauger bis nur 900 Watt kaufen dürfen, Sparlampen nutzen, das Auto stehen lassen ... wo bleiben hier die Umweltaktivisten? Wo endet bei der Spaßgesellschaft das Denkvermögen? Oder ist dem Kommerz alles untergeordnet?«

8000 Zuschauer bejohlten 44 Selbstdarsteller – an der Spitze die sächsische RTL-Dschungelkönigin mit ihrem Silikonbusen ...

Ist das eigentlich noch Rodeln, wenn man auf aufgeblasenen runden Schläuchen den Abhang hinuntersaust?

In derselben Zeitung las ich, dass gut 250 unbekleidete Menschen einen Supermarkt in dem kleinen nordfriesischen Ort Süderlügum gestürmt haben. Waren das etwa hungrige Nacktwanderer, die sich verirrt hatten und dringend Essbares brauchten? Nein, der Supermarkt hatte sich zur Neueröffnung etwas Besonderes einfallen lassen. Die ersten hundert Kunden, die ohne alles den Markt betraten, konnten sich für 2000 Kronen (das sind etwa 270 Euro) Schnaps und Nudeln, Fischkonserven und Gummibärchen und was ihr Herz sonst noch begehrte, umsonst aus den Regalen holen.

In sprichwörtlicher nackter Gier!

Schon nachts haben einige Leute vor dem Markt ihr Zelt aufgeschlagen, um bei der Eröffnung rechtzeitig zum »Nackt-Shoppen« da zu sein; und es gab als Krönung tatsächlich – nackte Regale.

Bei etwas Nachdenken merken wir, dass wir noch über ungeahnte Reserven verfügen. Zum Beispiel werden schon lange Nachtflohmärkte veranstaltet, aber wo bleibt der Nacktflohmarkt?!

Oder im Verkehr! Wir fordern die Aufhebung des Nacktflugverbots. Und dann die Schlafwagenschaffner im Nacktzug. Allerdings Achtung! Es wird vor allem den männlichen

Akteuren äußerste Vorsicht beim Schließen der Schiebetüren angeraten.

Mir scheint, die Deutsche Bahn ist allen wieder einmal einen Schritt voraus! Wenn man von den täglichen Pannen, Verspätungen und Umleitungen hört, dann kann man nur zu dem Schluss kommen: Hier regiert sogar der nackte Wahnsinn!

Draußen sitzen

Der Mangel an Freisitzen war in der DDR-Gastronomie
eklatant. Im Leipziger Zentrum gab es, wenn ich mich richtig erinnere, lediglich vier Möglichkeiten, sommerliches
Wetter zu genießen: vor der Pinguin-Milchbar an der Ka-
tharinenstraße, vor dem »Burgkeller« auf dem idyllischen
Naschmarkt mit der prächtigen Barock-Kulisse der Alten
Börse, vor der »Kümmelapotheke« in der Grimmaischen
Straße und vor dem »Stadt Kiew« in der Petersstraße mit
dem schönen Blick zur Thomaskirche. Ich habe darüber
mal ein Lied für die sächsische Hitparade geschrieben, die
das Kabarett »academixer« gestaltete. Der Sender Leipzig
brachte es auf der Messewelle. Der Refrain lautete:
Sommer vorm ›Giew‹
Dreff ich Leid', die ich sonst nie dreff.
Alle loofen da vorbei:
Freinde, Fremde, Bollezei.
Un der Durm der Dohmasgerche
Raacht ganz ruhich aus dem Gewerche.
Ich sidz dord un dringke Wein,
Und de Sorchn werdn glein.«
Das Lied brachte mir vor gut 30 Jahren immerhin den ers-
ten Platz ein. Heute werden sich junge Menschen fragen,
warum so wenige Stühle draußen standen? Ganz einfach:
weil es der DDR an allem mangelte. Es fehlten zunächst
einmal die Stühle an sich, die Sonnenschirme, die Kellner
und vor allem die Waren. Es reichte ja gerade so für drinn-
nen.
    Ein klassisches Beispiel für das Fehlen einfachster Dinge:
Ich saß einmal während der Herbstmesse vorm »Kiew«.

Die Sonne schien, es war sehr warm. Das Restaurant hatte keine Kapazität, um die Flaschen mit Radeberger zu kühlen. Die Kästen standen hinter Glas im Vorraum und waren der prallen Sonne ausgesetzt. Schenkte der Kellner ein, füllte er das Glas lediglich mit Bierschaum. Ein westdeutscher Messebesucher beobachtete ihn fassungslos und fragte: »Haben Sie denn keine Kühlschränke?«

»Schon, aber für das Bier reichen die nicht.«

Dem westdeutschen Gast war nicht klar, dass ein DDR-Besucher diesen Fakt nie zum Grund einer Beschwerde gemacht hätte, denn er war erstens sehr froh darüber, überhaupt vorm »Kiew« einen Platz bekommen zu haben. Einige Menschen liefen nämlich unauffällig auf und ab, nicht weil sie in Diensten der Stasi gestanden hätten, sondern weil sie permanent Ausschau hielten, ob jemand zahlen würde, und sie dann sofort auf die freien Plätze stürmen könnten.

Und zweitens war der DDR-Gast froh, wenn auch nicht gekühltes, so doch wenigstens wieder einmal Radeberger Bier trinken zu können, das in der heimischen Kaufhalle das ganze Jahr über nicht ein einziges Mal auftauchte.

Die fehlenden Freisitze führten dazu, dass wir im Osten an so manchem heißen Tag in übervölkerten, verrauchten Gaststätten und Cafés schwitzten.

Die meisten Freisitze in der DDR gab es vermutlich vor den Gartenkantinen.

Wenn im Herbst die Tage kühler wurden, vor allem in den Abendstunden, dann stellte man das Sitzen draußen ein und setzte sich einfach wieder ins Lokal.

Damit gibt sich der moderne Mensch nicht mehr zufrieden. Der will auch draußen sitzen (zumal seit dem Rauchverbot in Gaststätten), wenn die Jahreszeit nicht dafür gemacht ist. Und so schossen in den letzten Jahren vor Lokalen und Cafés Heizpilze aus dem Boden. Egal ob auf dem Pflaster oder auf Asphalt. Sie wuchsen überall.

Frische Luft ist natürlich etwas Gutes, aber in den letzten Jahren beobachte ich mehr und mehr Übertreibungen im Freien: Sonnige 10 Grad im März(!), Tage zuvor war noch Frost, und schon breitet ein junges Pärchen auf der Wiese eine Decke aus und veranstaltet ein Picknick wie im Sommer. Im Cabrio fährt man natürlich sofort oben ohne, ein Jogger dreht in kurzer Hose seine Runden, und schließlich begegne ich sogar einem Barfüßigen.

Sie alle wollen uns zeigen: Seht her, was wir für Teufelskerle sind!

Auffällig ist, dass man heutzutage weniger Betrunkene als früher sieht. Menschen, die aus der Kneipe in Richtung Wohnung taumeln, sind selten geworden. Echte Kneipen sind rar, in den Restaurants und Bars ist es zu teuer.

Heute taumelt man durch die Wohnung.

Aber die Möglichkeiten, vor Restaurants und Cafés im Freien zu sitzen – diese Möglichkeiten sind unglaublich vielfältig geworden. Südländisch. Wenn ich durch die Karl-Liebknecht-Straße spaziere, habe ich allein an diesem Boulevard vierzig Möglichkeiten gezählt. An lauen Sommerabenden reichen die Plätze nicht einmal, und junge Leute sitzen mit ihrem Getränk sogar auf dem Bordstein.

Und wenn Sie in Leipzig noch nie den Trubel vor den vielen Lokalen im Barfußgäßchen mit dem sich anschließenden, italienisch anmutenden Platz um den Brunnen herum erlebt haben … dann müssen Sie das schnellstens im nächsten Sommer nachholen.

So etwas finden Sie erst wieder in der Toskana oder der Provence, und Sie haben es doch bestimmt nicht weit nach Leipzig, oder …?

PS: An dieser Stelle muss ich im Zusammenhang mit der Gastronomie noch auf eine besondere Errungenschaft in der neuen Zeit hinweisen, die man nicht genug würdigen kann: die Toiletten in Restaurants und Kaffeehäusern!

Sie gehören für mich zu den beeindruckenden Errungenschaften der Friedlichen Revolution. Blitzsauber. Wohlriechend. Das gabs früher nicht.

Botschaften und Graffiti

Als wir Kinder waren, maßregelten uns die Erwachsenen bei passender Gelegenheit mit dem Spruch: »Narrenhände beschmieren Tisch und Wände!«

In der Schule wiesen die Lehrer darauf hin, dass es sich bei Bänken um *Volkseigentum* handelt. Das war das schönste Eigentum auf der Welt, durfte keinesfalls bemalt und musste besonders in Ehren gehalten werden.

Die Kreidezeichnungen – Vorläufer heutiger Graffiti –, die Kinder unserer Generation an Hauswänden hinterließen, waren natürlich absolut harmlos. Die Sätze oder kleinen Malereien hat der nächste Regen wieder abgewaschen. »Wer das liest, ist doof« war wohl die häufigste Botschaft. Ab und an erfuhr man an einer Bretterwand Interna wie »Horst geht mit Ruth«. Oder an der Mauer der Schule wurde ein Denunziant entlarvt: »Gudrun ist eine Petze«.

Dann gab es in allen Städten die Botschaften der Partei auf Transparenten. Sie zierten Betriebe, öffentliche Gebäude oder präsentierten sich auf einem Rasenstück. Als würde das die kleine Wiese vorm Haus besonders veredeln.

Losungen in der Öffentlichkeit waren schon in der Nazi-Zeit üblich. Nach dem Zweiten Weltkrieg brachen sofort neue Losungen über die Menschen im Osten herein. Eben hatten sie noch gelesen: »Räder müssen rollen für den Sieg« oder im Angesicht der Ruinen »Unsere Mauern brechen, unsere Herzen nicht«. Oder auch die Behauptung: »Der Führer hat immer recht.« Wenige Jahre später hieß es doch tatsächlich »Die Partei hat immer recht«.

Im übertragenen Sinne war also nun die Partei der neue

Führer. Und wieder wurde bedingungsloser Glaube gefordert.

Das am häufigsten aufgehängte Transparent war in der DDR wohl jenes mit der Behauptung »Der Sozialismus siegt!«. In Dresden prangte sogar eine Lichtreklame mit diesem Satz auf einem Hochhaus – einmalig für die Republik. Im Angesicht der bröckelnden Mauern ringsum, die den Bomben des Kriegs getrotzt hatten, wirkte solch eine Aussage wie das berühmte Pfeifen im Wald. Wenn es schon nicht danach aussah, dass der Sozialismus siegen würde, musste wenigstens die Botschaft erstrahlen. Zwei Jahre vor der Friedlichen Revolution war die Agitprop-Reklame vermutlich selbst den Verantwortlichen nicht mehr ganz geheuer, und man baute sie ab.

Erstaunlicherweise verschwand mit dem Erscheinen von Gorbatschow auf der sozialistischen Bildfläche über Nacht eine weitere der lange gebrauchten Losungen: »Von der Sowjetunion lernen heißt siegen lernen!« Wenn uns jemand wenige Jahre zuvor gesagt hätte, dass unsere Führung sich von dieser zentralen Aussage verabschieden würde, weil ihnen der neue Stil der KPdSU nicht passte, hätten wir das nie und nimmer für möglich gehalten.

Die Transparente begleiteten uns durch 40 Jahre DDR. Gelesen hat sie längst keiner mehr. Sie waren nur noch Vorlage für den Volkswitz. Und so wurde kolportiert, an einem Gefängnis hätte dieses Transparent gehangen: »Alles heraus zum 1. Mai!«, und an einer Klinik für Psychiatrie: »Alles, was wir sind, verdanken wir der Partei!«

Als Walter Ulbricht behauptete: »Die DDR ist der einzig rechtmäßige Staat in Deutschland«, probten wir am Biertisch die satirische Deutung: »Die DDR ist der einzig recht *mäßige* Staat in Deutschland«.

Im Herbst 1989 verschwand über Nacht der ganze Spuk. Und mit einem Mal konnten auf der Straße Losungen entdeckt werden, die wahrhaftig Volkes Stimme repräsentierten. Ich notierte mir Texte von Transparenten auf dem Leipziger Ring, die heute schon Zeitdokumente sind: »Die Karre steckt zu tief im Dreck. Die alten Kutscher müssen weg!«

Zum Glück dauerte das nicht mehr lange. Es gab allerdings einen letzten Versuch der Partei, unter Führung von Egon Krenz zu retten, was noch zu retten war, und deshalb reimte der Volksmund sogleich: »Konkurrenz für Egon Krenz.« Und schon vor dem 9. November las ich »Egon, reiß die Mauer ein, wir wolln nicht mehr alleine sein!«

Den Leuten, die am Georgiring wohnten und die Demonstrationen vom Fenster aus verfolgten, rief man zu: »Leute, lasst das Glotzen sein, kommt herunter, reiht euch ein!«

Das Volk reimte, nachdem es sich auf dieses Land lang genug einen Reim gemacht hatte.

In der neuen Zeit wurden die Kreidezeichnungen an Häuserwänden und die Losungen der Partei durch Graffiti und Werbebotschaften abgelöst, beispielsweise Zigarettenwerbung:

»Gute Momente kosten wir jetzt länger aus. Neuer. Länger. Besser.«

Und in genauso großer Schrift auf dem Riesenplakat: »Rauchen kann tödlich sein.«

Wenn man Gefährliches länger auskostet, kommt dann der Tod eventuell früher?

Bei meinem ersten Besuch in der Schweiz in den achtziger Jahren sah ich zum ersten Mal auf einer Fassade jene Zeichen, die man auf Englisch Tags nennt. Ich konnte das nicht verstehen, denn ich freute mich, endlich einmal helle renovierte Gebäude genießen zu können. Ich fragte meinen Freund Urs, wer dafür verantwortlich sei. »Es sind junge Leute. Sie sind gegen den Staat, gegen das Privateigentum.«

Damals gab es in Zürich einen Mann, der wegen seiner gesprühten Strichmännchen zur Legende wurde: Harald Naegeli. Ich habe 1983 bei meinem Besuch in Zürich noch ein Graffito von ihm sehen können. Dessen Intentionen verstand ich: Er protestierte auf diese Weise gegen das Ausbreiten des Betons in der schönen Stadt und sprühte seine Figuren auf das langweilige Grau vieler Neu- und vor allem Verkehrsbauten. Die Stadt verlor an Lebensqualität, und Naegeli opponierte gegen die Uniformierung. Weil er 1982 zu einer hohen Geldstrafe und neun Monaten Haft verurteilt wurde, floh er nach Düsseldorf. Obwohl Naegeli berühmte Fürsprecher wie Willy Brandt und Joseph Beuys fand, lieferte man ihn trotzdem an die Schweiz aus, und er saß sechs Monate im Gefängnis. Danach ging er wieder zurück nach Düsseldorf.

Und wie wird der Sprayer von Zürich heute in der Schweiz offiziell bewertet?

2004 wurde das letzte erhaltene Strichfrauchen – der weibliche Wassergeist Undine – vom Kanton Zürich sogar restauriert! Fünf Jahre später widerfuhr ihm das noch einmal mit seinen Figuren im Parkhaus Jelmoli. Inzwischen ist Naegelis damalige »Schmiererei« als Kunst akzeptiert.

Überall nutzt ein kleiner Teil der Jugend (in Leipzig schätzt man die Szene auf etwa 200–300 Akteure) den öffentlichen Raum und besprüht illegal Mauern, Häuser, Brücken oder Zäune. In den USA habe ich an freien Hauswänden, an Brandmauern künstlerisch herausragende Bilder gesehen. In Kabul wird ein Viertel, in dem Diplomaten wohnen und verschiedene Institutionen residieren, wegen der gefährlichen Situation im Land durch eine hohe Mauer geschützt. Um mit dieser Mauer besser leben zu können, haben Künstler darauf Bilder gesprüht. Ich sah zum Beispiel in einer Fernsehdokumentation ein beeindruckendes Porträt von Gandhi. Auch die Berliner Mauer war ja vom Westteil der Stadt aus nur durch die farbigen Bilder, durch diese besondere Freiluft-Galerie unterschiedlichster Kunstwerke einigermaßen zu ertragen.

Weltweit gibt es wahre Graffiti-Künstler. In meiner Heimatstadt Leipzig erschöpft sich das oft nur in farbigen Schriftspielereien und vor allem nicht zu entschlüsselnden Krakeln. Damit markieren Jugendliche ihr Terrain, ähnlich den Hunden, die an bestimmte Häuserecken pinkeln. Die jungen Leute, die sich da zu schaffen machen, verstehen nicht, warum das Verunzieren von Hauswänden der Ästhetik der Älteren widerspricht. Wir mussten vierzig Jahre mit schwarzgrauen, verfallenen Fassaden leben. Ab 1990 begannen die Gründerzeit-Häuser endlich zu leuchten, und nun werden sie in Sichthöhe an vielen Stellen beschmiert. Vorher hätte man diese Botschaften im Schwarzgrau gar nicht gesehen. Das hat erst die Renovierung möglich gemacht.

Die Sprayer sorgten doch tatsächlich dafür, dass sich ein neuer Berufszweig entwickelte – die Graffiti-Entferner.

200 000 Euro gibt eine Stadt wie Leipzig pro Jahr für die Entfernung von Graffiti an öffentlichen Gebäuden aus. Für das Geld ließen sich etliche legale Graffiti-Aktionen (aber da fehlt jenen Sprayern wohl der besondere Kick!) und alternative Kulturprojekte der freien Szene finanzieren … Wenn man die Aufwendungen anderer Eigentümer noch dazuzählt, kommen natürlich ganz andere Summen zusammen. Und in Deutschland selbst sind es einige Millionen.

Botschaften fallen dem Vorübergehenden heutzutage überall ins Auge. Ich wohne in der Leipziger Südvorstadt und habe bei meinen Spaziergängen schon so manche entdeckt. An einer Hauswand las ich beispielsweise: »Opa gibt mir Geld für Stoff.«

Eine alte Dame denkt da beim Lesen vielleicht, dass sich das Enkelkind eine Hose oder einen Rock schneidern lassen will, liegt aber leider völlig daneben. *Der* Stoff ist nicht für'n Kleiderschrank.

In einer Grünanlage vor einer Schule zierten eine Bank die folgenden Inschriften: »Unser bestes Leben heute leben«, und nicht weit davon: »Ich hasse euch alle!« So unterschiedlich kann die Wahrnehmung im Alltag sein.

An der Wand einer Einfahrt las ich: »Die Arbeit tötet dich!«

Wir alle wissen, dass der Stress in dieser Gesellschaft schon manchen Menschen krank gemacht hat, aber so postuliert, würde das heißen, dass nur die Arbeitslosen und die Rentner überleben. Vielleicht stammt der Spruch ja auch von einem, der generell mit Arbeit nicht viel am Hute hat …

Bei einem Spaziergang durch den Clara-Zetkin-Park las ich an einer Brücke: »Flüchtlinge im Hungerstreik … und ihr geht spazieren.«

Die Aktion hat bestimmt einen triftigen Grund, und die Tatsache ist beklagenswert, aber ich frage mich im Umkehrschluss, wenn wir aufhören würden, spazieren zu gehen, ob die Flüchtlinge ihren Hungerstreik wohl einstellen würden. Es wäre für sie garantiert keine Hilfe, wenn wir zu Hause blieben.

An einem Fernwärmerohr steht geschrieben: »Nie glauben, wissen!«

Sehr fürwitzig! Ohne Glauben wird es wohl nie im Leben gehen! Der Schreiber wird seinem Partner schon glauben müssen, dass er oder sie treu ist. Wissen kann man das nie. Wer hofft, muss auch glauben und kann nicht wissen, wie die Sache ausgeht, was auf uns zukommt. Außerdem gibt es eine ganze Reihe Menschen, die lediglich glauben, etwas zu wissen.

Und manche mussten sogar daran glauben, weil sie etwas wussten.

An einer Fleischerei im Leipziger Musikviertel stand an der Hausmauer: »Go vegan.« Keinem Wurstesser würde es einfallen, einen Vegetarier aufzufordern: »Esst Wurst!«

Und erst Autos. Da zeigt mancher Besitzer, wes Geistes Kind er ist. So stand zum Beispiel an einem Opel hinten an der Karosse: »Mein anderes Spielzeug hat Titten.«

Ein typisches Beispiel, wie zwei Hobbys einen schlichten Mann ausfüllen können.

An einem anderen Wagen lese ich auf der dunklen Karosse in weißer Schrift »suicide commando«. Dass sich der Begriff auf den Fahrstil des Besitzers bezieht, wäre eine Deutung …

Besonders übel fand ich eine Aufschrift in Fraktur – die Schrift wurde von Nazis gern verwendet – an einem Auto: »Vizeweltmeister 1945«. Hier wird der mörderische Zweite Weltkrieg, den Deutschland verloren hat, zum Neonazi-Gag.

Laternenmasten, Verkehrs- und Straßenschilder (Fremde haben mitunter keine Chance, wegen des vielen Papiers auch noch den Namen der gesuchten Straße zu lesen!) mutieren zur Litfaßsäule des kleinen Mannes und sind über und über mit den sogenannten »Spuckis« beklebt. Das sind kleine Aufkleber, in denen junge Leute für bestimmte Bands werben, ihre Überzeugung und mitunter auch ihren weltanschaulichen Streit austragen. Die Sticker, oft nur halb so groß wie eine Postkarte, werden auch zur politischen Agitation benutzt.

Ich sah einen Zettel mit einem Foto, das dem ehrenden Gedenken der Frauen und Männer der »Bielski-Partisanen« gewidmet war, jenen gut organisierten jüdischen Kämpfern, die gegen die Nazis in Polen kämpften und sich in die Wälder retten konnten. Und daneben »Gegen Antisemitismus«. Während an einer Stelle die Aufkleber unversehrt waren, hatte man sie an anderer Stelle versucht abzureißen. Da ist sofort klar, wer sich daran zu schaffen gemacht hat.

Die vielfältigsten Botschaften finde ich bei meinen Spaziergängen an Hauswänden, Zäunen oder Fallrohren von Dachrinnen. Schmerzlich vermisse ich allerdings, dass heute wieder einmal jemand an irgendeine Hauswand der Stadt die für mich wichtigste Losung auch für die Gegenwart schreiben würde: KEINE GEWALT.

Seit der Friedlichen Revolution verging kein Jahr, in dem es nicht auf den Straßen Leipzigs politisch motivierte gewalttätige Auseinandersetzungen gegeben hat. Leider war es nach dem Sieg der Revolution buchstäblich mit dem Frieden vorbei. Bald gab es erste Attacken von Neonazis auf Jugendliche des linken Spektrums und deren autonome und alternative Objekte. An den Hauswänden meiner Heimatstadt entdeckte ich über Nacht Hakenkreuze und SS-Runen. Schriften wie »Jude verrecke« und »Rot Front verrecke«.

Und dann diese Losung: »Deutschland Erwache – Auf zum Natzionalen Befreiungs Kampf!«

Ja, wenn sie nur über unsere Rechtschreibung herfallen würden, das wäre ja noch zu ertragen … Aber leider passierten in den Jahren seit dem Herbst 1989 noch viel schlimmere Dinge. 2014 fand im Neuen Rathaus eine besondere Ausstellung statt: »Die verschwiegenen Toten – Opfer rechter Gewalt in Leipzig seit 1990«. Der Initiativkreis Antirassismus präsentierte seine Recherchen und kam auf acht rechtsmotivierte Tötungsdelikte und zwei Verdachtsfälle in der Messestadt. (Die Amadeu-Antonio-Stiftung in Berlin geht von über 180 Todesopfern rechtsextremer Gewalt seit jenem Jahr in Deutschland aus – das reicht vom Polizisten über den Punk bis zu Obdachlosen, Rechtsanwälten oder Asylbewerbern.)

Eine der letzten großen gewalttätigen Aktionen in Leipzig wurde im Januar 2016 begangen. 250 Fußball-Hooligans und Rechtsextremisten überfielen in Connewitz die Wolfgang-Heinze-Straße, zerstörten Scheiben von etwa 20 Geschäften und Kneipen, beschädigten Einrichtungen, zündeten Pyrotechnik.

Aber auch bei Protesten der Autonomen gegen Nazi-Aufmärsche wurde jene Kernaussage der Friedlichen Revolution, die von Leipzig in die Welt ging, immer wieder missachtet. Nach schweren Auseinandersetzungen mit der Polizei und über sechzig verletzten Uniformierten in der Südvorstadt im Dezember 2015 stieß ich auf eine besondere Botschaft: In der Karl-Liebknecht-Straße klebte ein Brief an der Wand. Ganz oben stand in einer Art Sprachblase: Bitte lesen.

»Liebe Antifa,

ich bin wirklich schockiert.

Ich glaube, wir teilen ein linkes Weltbild. Ich bin auch für eine weltoffene, bunte und aufgeschlossene Welt. Die zunehmenden rechten Entwicklungen in ganz Europa ängstigen und verstören mich, und ja, es ist gut, etwas dagegen zu tun. Auch finde ich persönlich, es ist wichtig zu zeigen, dass ich die wachsende Ausländerfeindlichkeit nicht dulden möchte, deswegen bin ich auch am 12. 12. auf die Straße gegangen.

Doch glaubt ihr wirklich, dass Steine werfen, Flaschen werfen, Scheiben einschlagen und Mülltonnen anzünden irgendetwas bringt? Es bringt *nichts*. Im Gegenteil. Damit schadet man nur. Einzelpersonen und die Stadt leiden darunter. Doch damit nicht genug. In dieser Zerstörungswut finden Nazis und ›besorgte Bürger‹ dann erst recht einen Grund, euch und, viel schlimmer, jede linke Aussage für nichtig zu erklären (…) Gewalt und Hass schüren wirklich nur Gewalt und Hass. Und ich dachte, da wären wir uns einig, dass wir Gewalt und Hass von rechter Seite verhindern wollen (…) Ich bitte euch also inständig, lasst den Scheiß das nächste Mal. Ich finde es gut, wenn ihr euch einsetzt, laut und wild seid, aber bitte friedlich!

Mit Hoffnung, J.«

Egal ob Jürgen, Jutta, Joseph oder Julia (ich persönlich neige dazu, eine junge Frau dahinter zu vermuten) – der Schreiber oder die Schreiberin zeigten mir, dass in der Stadt Leipzig der Geist der Losung »Keine Gewalt« doch nicht unter all den vielen Scherben begraben liegt.

Fotos

Menschen meiner Generation besitzen oft nur wenige Bilder aus den ersten Lebensabschnitten. Es ist ja logisch, dass man in den vierziger Jahren andere Probleme hatte, als Fotos zu schießen. Auf der Flucht oder im Bombenkeller war einem nicht nach Fotografieren zumute. Es war in dieser Zeit sowieso schwierig, überhaupt einen Film aufzutreiben. Das erste Foto, das ich von mir besitze, stammt von einem Spaziergang nach Kriegsende. Ich tapse noch etwas unsicher in die weite Welt und halte mich an den Händen meiner Mutter fest.

Dann besitze ich zwei Fotos, die mein älterer Cousin gemacht hat. In seinem Hof sitze ich in einem großen Korb und blicke erstaunt in die Umgebung.

Das nächste Foto stammt vom Tag meines Schulanfangs. Mit Gertraude und Gisela und unseren Zuckertüten. Dann findet sich in meiner dürftigen Sammlung das obligatorische Einzelfoto in der Schulbank mit einem Stift in der Hand. »Denkt dran! Zieht euch ordentlich an. Morgen kommt der Fotograf!«, hatte uns der Lehrer am Vortag ermahnt.

Auch von der ganzen Klasse existiert eine Aufnahme auf einer Treppe im Schulhof. Bis auf zwei Verschmitzte guckt die ganze Truppe doch sehr ernst. Dann mal ein Wandertag, ein Ausflug mit Freunden meiner Eltern. Meine Mutter oder mein Vater haben nie fotografiert. Mein zwölf Jahre älterer Bruder hat mit einer Box mal ein Foto von mir gemacht, als er mich im ersten oder zweiten Schuljahr von der Schule abholte. Es ziert die Rückseite von »Magermilch und lange Strümpfe«.

Aus den Teenager-Jahren tauchen dann mehr Fotos auf. Dafür haben wir uns schon etwas in Pose geworfen. Schließlich die Bilder von Freundinnen. Alles schwarzweiß. Ich besitze nicht ein einziges farbiges Foto aus dieser Zeit.

Wann wurde früher fotografiert? Zu besonderen Anlässen. Vom Schulanfang bis zur Hochzeit. Bei Feiern eben. Und vor allem im Urlaub wurden die Freunde, die Familie abgelichtet.

Dann warten auf die entwickelten Fotos. Mal sehen, wie viele Bilder »was geworden sind«? Denn da war immer Ausschuss dabei. Zu dunkel. Oder der Transport des Filmes hakte, und es gab zwei Motive übereinander. So manche Aufnahme, die ich heute in Ausstellungen junger Fotografen sehe, hätten wir als »nischd gewordn« dem Papierkorb überantwortet. Inzwischen gilt so etwas als Kunst.

Wir haben zu schnell weggeworfen …

Besonders groß war die Enttäuschung über toll gemachte Fotos, die nicht zu betrachten waren, weil der emsige Knipser vergessen hatte, einen Film einzulegen. Und der Verursacher brauchte für den Spott nicht zu sorgen.

Wenn ich einige Zeit nach dem Urlaub aus dem Fotogeschäft nach Hause kam, dann freute ich mich schon darauf, mit meiner Frau in einer gemütlichen Kaffeestunde Erinnerungen an die Reise auszutauschen. Nach dem Motto: »Weißt du noch …?«

Das Fotografieren hielt sich insgesamt in Grenzen. Ich wäre nie auf die Idee gekommen, mit einem Selbstauslöser von mir ein Foto zu machen. Heute knipst der digitale Mensch unentwegt Bilder von sich selbst und nennt sie »Selfies«. Aber er will natürlich damit unter die Leute und stellt die Fotos ins Netz. Millionen Bilder finden sich dort. Der Trieb, sich zu zeigen, wächst unaufhörlich. Ich und Schweini. Ich und Udo Lindenberg. Ich und Angela Merkel.

Eine der blödsinnigsten Erfindungen ist ja der Selfiestick. Die Verlängerung des eigenen Arms, um bessere Bilder schießen zu können. Logisch, dass ihn die Museen sofort verboten haben. Am Ende rammen ihn Fotografierwütige noch in ein unersetzliches Kunstwerk!

Ich und ein Rembrandt.

Der amerikanische Senator Lindsey Graham betrachtet Selfies als Ausdruck der Demokratie: »Ich glaube nicht, dass sich jemand wie Wladimir Putin groß um Selfies schert.«

Da haben wir es! Wer sich nicht selbst fotografiert, ist immer verdächtig.

Anders reagiert die Wissenschaft. Die Professorin Jesse Fox von der Ohio State University hat im Zusammenhang mit der fotografischen Selbstbespiegelung das Verhalten von 800 Männern untersucht. Wer häufig Bilder ins Netz stellte, litt öfter an narzisstischen Persönlichkeitsstörungen.

Wissenschaftler warnen – und da gibt es auch schon einen entsprechenden Begriff – vor einer »digitalen Selbstüberforderung«.

Man spricht inzwischen schon von einer Bilderflut. Wer soll sich all die Fotos jemals ansehen? Und so wird irgendwann gelöscht und gelöscht, und es bleibt am Ende gar nichts.

Die Bar unterm Dach des Hotels »The Grand« in Ahrenshoop hat zumindest noch einen deutschen Namen – sie heißt »Weitblick«. Und sie hat den Namen nach der Tat, denn der Blick ist tatsächlich imposant, ein weiter Himmel, eine traumhafte Sicht auf die Ostsee. Auf der Terrasse mischen sich Schickimicki-Typen mit Normalos, um einen Sonnenuntergang zu erleben. Der Himmel leuchtet rot in allen Facetten, und eine ganze Reihe der Gäste recken der Sonne ihre Smartphones und Tablets wie eine Opfergabe entgegen. Dann machen sie ein Bild von jenem wunderbaren Naturspektakel, um es anschließend sofort dem Nachbarn zu zeigen, der genau dieses Bild gerade gesehen hat.

Besonders tragisch ist, dass die Fotografierwut weltweit schon eine ganze Reihe Todesopfer forderte. Im Jahr 2015 gab es mehr Tote durch Selfies als durch Haie.

Menschen achten vor lauter Begeisterung nicht mehr auf ihre Umgebung, und das Ende vom Lied ist, dass der Tiger oder der Stier im Rücken des Posierenden doch schon viel näher war als gedacht. Oder man hatte bei einem Schritt nach hinten für die bessere Position den Abstand des schmalen Wanderweges zum Abgrund überschätzt …

Die Hinterbliebenen haben wenigstens ein tolles Foto.

Telefonieren

Wir besaßen kein Telefon. Es hätte mir auch nichts genützt, wenn wir eins gehabt hätten. Meine Schulfreunde hatten ebenfalls keins. Ich hätte also niemanden anrufen können.

Wir verabredeten uns entweder auf dem Heimweg nach der Schule, oder wir gingen einfach zur Wohnung des Freundes, klingelten und fragten die Mutter, wenn sie öffnete: »Guten Tag. Ist der Rudi da?«

»Ja, Bernd, komm nur rein.«

In meinem Kindheits-Haus in Zwickau gab es zwei Telefone.

Eins hatte der Zahnarzt über uns. Das andere hatte der Gastwirt im Erdgeschoss. Der war auf Telefonate eingerichtet. Er hatte sogar einen Mauerdurchbruch machen lassen. Da stand man dann im Gang zu Toilette und Küche und schob ein Türchen auf. Der Wirt im Gastraum drehte das Telefon rüber, und man konnte loslegen. Das Stimmengewirr aus der Gaststätte drang natürlich während des Anrufs ans Ohr. Wenn man das Telefon in Anspruch nahm und anschließend die zwei Groschen auf den Tresen legte, dann hatte man aus einem triftigen Grund telefoniert.

Ich habe dort beispielsweise an einem Abend als 12-jähriger Junge zum ersten Mal in meinem Leben überhaupt ein Telefonat geführt. Meine Mutter schickte mich los, um unseren Hausarzt anzurufen. Mein Vater war schon einige Zeit in Behandlung. Ich ahnte allerdings nicht, wie schwer krank er war. Und so telefonierte ich vor dem Hintergrund fröhlicher und singender Zecher (»Wer soll das bezahlen, wer hat so viel Geld …«) mit der Frau des Arztes, und sie versprach, ihrem Mann Bescheid zu geben, wenn er von seinen Hausbesuchen zurückgekehrt sei.

Als ich wieder in unsere Wohnung kam, war mein Vater schon gestorben.

Erst viel später begriff ich, wie schwierig es in Notfällen damals war, nachts ohne ein Telefon ärztliche Hilfe zu holen.

Und als ich dann in Leipzig wohnte, habe ich ein-, zweimal im Jahr in einem dringenden Fall dort in der Gaststätte angerufen. Dann ging der Wirt in den ersten Stock, klingelte bei meiner Mutter und sagte: »Frau Lange, Ihr Sohn ist am Telefon.« Oder er informierte mich: »Ihre Mutter ist nicht da.«

So war das einst mit der Kommunikation. Alles andere teilte ich in Briefen und auf Karten mit.

Als meine Frau 1971 kurz vor der Entbindung stand, hatte ich gehofft, dass es tagsüber »losgeht«, aber es geschah natürlich – nachts! Nun konnte ich ja nicht zwischen drei und vier Uhr bei dem einen Hausbewohner klingeln, der ein Telefon besaß, um ein Taxi zu bestellen. Also machte ich mich in jener Dezembernacht frierend auf den Weg zur Telefonzelle. Von weitem sah ich zu meiner großen Freude ein Taxi mit erleuchtetem Schild stehen. Ich rannte los und stellte vor Ort fest, dass es sich um eine Fata Morgana gehandelt hatte – das Licht der Straßenbeleuchtung hatte sich lediglich auf dem Dach eines Wagens gespiegelt. Als ich enttäuscht zur nahen Telefonzelle ging, bog doch zufällig ein Taxi um die Ecke. Das hätte ich ohne diesen Spurt nie erreicht. Denn in jener Zeit nachts ein freies Taxi zu erwischen, das war in Leipzig schon ein Hauptgewinn.

Die Geschichte hätte ja noch dramatisch weitergehen können: ein funktionierendes Telefon in solch einer Zelle war damals leider überhaupt nicht die Norm. Also, wo wäre die nächste gewesen? Und zu Hause die Frau allein in ihren Wehen!

Telefonzellen sind inzwischen immer seltener im Stadtbild anzutreffen. Dieser Raum war der Beweis, dass man aus der Enge in die Weite denken konnte. Die Telefonzelle war ein Schutzraum im Großstadtgetriebe. Ein kleines gelbes Gewächshaus für wuchernde Rede.

Bei angenehmen Außentemperaturen war es drinnen gemütlich, und so trieb das Gespräch Blüte um Blüte. Stand die Telefonzelle allerdings in der prallen Sonne, hielt man es nicht lange drin aus. Ich habe dann, wenn es mir die Schweißperlen auf die Stirn trieb, immer mit der linken Hand oder einem Fuß die Tür einen Spalt offen gehalten, um wenigstens für etwas Frischluft zu sorgen. Allerdings nur, solange niemand draußen wartete, denn ich wollte ja keinen an meinem Gespräch teilhaben lassen.

Manchmal war die Zelle vom Vornutzer völlig verqualmt, dann musste wieder der Fuß in Aktion treten. Hatte man die Telefonnummer nicht parat, hoffte man darauf, dass ein Telefonbuch vor Ort war. Eine meist trügerische Annahme. Und lag eins in der Zelle, so war garantiert gerade jene Seite, die man brauchte, herausgerissen.

An mancher Haltung des Telefonierenden war schon zu erkennen, ob er ein sachliches Gespräch mit einer Behörde führte oder ob ihn die Sehnsucht nach seiner Liebsten an den Apparat getrieben hatte. Im ersten Fall stand der Sprechende meist ziemlich hölzern da, während er bei der Liebsten mit dem Kopf und mit dem Oberkörper mehr in Bewegung war.

Postierte sich in dieser Zeit ein wartender Mensch vor der Zelle, war es um die Romantik beim Gesäusel mit der Liebsten geschehen, denn dazu brauchte es bekanntlich Ruhe und nicht das Gefühl, man stehe unter Zeitdruck.

Zwar hingen in meiner Kindheit noch jene heute auf Flohmärkten gehandelten Emailleschilder aus der Vorkriegszeit an der Tür: »Fasse dich kurz! Nimm Rücksicht auf Wartende!«, aber wie soll man sich bei der Liebsten kurzfassen?!

Es gab allerdings auch Telefonierer, die kümmerten die Wartenden überhaupt nicht. Sie redeten und redeten, und schließlich bildete sich gar eine Warteschlange. Irgendwann klopfte der Erste oder der Mutigste an die Scheibe und machte eindeutige Gesten.

Manch einer musste sich beim Verlassen der Zelle eine Schimpfkanonade anhören, und es sollen damals auch Menschen vom Hörer weggezerrt worden sein! Natürlich nur, wenn es sich bei dem Sprechenden nicht gerade um einen boxerähnlichen Typen handelte …

Telefonzellen stifteten sogar Bekanntschaften, denn wenn man drinnen merkte, dass die Groschen fehlten, konnte man das hübsche wartende Mädchen draußen fragen: »Würden Sie mir bitte mal eine Mark wechseln?« Und mit etwas Glück kam man nach dem Gespräch ins Gespräch und landete anschließend gemeinsam im Kaffeehaus.

Zwanzig Pfennig kostete zu DDR-Zeiten ein Telefonat. Egal wie lange derjenige sprach. Man brauchte nicht, wie in der neuen Zeit, den unersättlichen Apparat ständig weiterzufüttern. Und die jungen Leute von heute kennen nicht jene Freude, wenn nach dem absolvierten Telefonat plötzlich wegen des gestörten Geräts die beiden Groschen wieder in die kleine Metallkuhle purzelten oder sogar noch zwei, drei mehr!

Eine Telefonzelle besitzt auch eine besondere Romantik. Ein Refugium, in dem die Töne der lauten Stadt gedämpfter klingen. Dann dieses poetische Bild, wenn in einer dunklen Straße plötzlich der helle Kubus leuchtete.

Bei den alten Modellen war oben eine Schrift ausgestanzt: Fernsprecher – die in seltenen Fällen ebenfalls beleuchtet war. Andererseits konnte jener Raum, wenn die Lampe nicht brannte und es draußen im Dunkeln stürmte oder schneite, als kleiner schützender Hort für Zärtlichkeiten genutzt werden.

Es war schon ein ganz besonderes Ereignis, als wir in der zweiten Hälfte der siebziger Jahre ein eigenes Telefon bekamen. Da saßen wir dann vor dem Apparat, hielten den Hörer mit der geringelten Schnur in der Hand und hatten in ganz anderem Maße Kontakt zur Welt, konnten gar »nach dem Westen« telefonieren. Natürlich sagte man in die Muschel nicht die ganze Wahrheit, weil einem schon klar war, dass Gespräche mit dem Klassenfeind erst recht abgehört wurden. Trotzdem machten wir Scherze, wenn wir im Draht ein Knistern hörten, dann war vielerorts die Bemerkung fällig: »Warte mal, die Genossen legen gerade eine neue Kassette ein!« Die Stasiakten belegten diese Vermutung später.

Heute ist natürlich alles anders. Die moderne Technik kennt kein Knacken.

Das Besondere heutzutage ist: Man hört überall Stimmen! Beim Spazierengehen, beim Einkaufen, in der Straßenbahn. Manchmal erschrecke ich sogar, wenn plötzlich auf der Straße hinter mir jemand zu sprechen beginnt.

Ich besitze natürlich auch ein Handy, aber ich leiste mir einen besonderen Luxus: Es ist ausgeschaltet! Wenn ich mit dem Auto unterwegs bin, steckt es zu meiner Sicherheit im Jackett. Ich benutze es nur, wenn ich telefonieren will.

In Ämtern stieß ich auf ein neues Verb für »anrufen«, denn man informierte mich, dass man in der Sache noch einmal »durchklingeln« würde.

Früher sagte man, wenn ein Unbekannter das Gespräch

annahm und sich dabei herausstellte, dass man eine falsche Nummer eingegeben hatte: »Oh, Entschuldigung, da habe ich mich verwählt!«. Sagt man eigentlich heutzutage bei den modernen Apparaten: »Oh, da habe ich mich verdrückt!«?

Mit dem Handy kam Unruhe in die Welt, weil Menschen in teilweise extreme Abhängigkeit gerieten. Ein Taxifahrer berichtete mir, dass er schon mehrmals verzweifelte Anrufe bekommen habe, weil ein junger Fahrgast sein Handy im Wagen liegen ließ. »Die benehmen sich, als hätten sie den Verlust eines nahen Verwandten zu beklagen.« Und er hat bei der Zentrale darum gebeten, seine Handy-Nummer nicht mehr weiterzugeben.

Ein älterer Mann, der die Natur über alles liebt und im Nachbarhaus lebt, erzählte mir von einem schönen Wintertag. Die Sonne schien. Ein tiefblauer Himmel. Er machte sich auf, um durch den Wald zu stapfen und diesen Tag zu genießen. »Ich traf bei meinem Spaziergang drei junge Frauen mit ihren Hunden. Die Hunde waren voller Freude über den prächtigen Tag und tobten durch die Gegend. Die drei Frauen liefen, nicht rechts, nicht links guckend, den Weg entlang, hatten entweder ihr Handy am Ohr oder ihre Augen starr auf das Display gerichtet. Mein Eindruck war: Die Kreatur genoss den Tag mehr.«

Ob im Konzert oder im Gottesdienst, das Mobiltelefon ist überall zur Hand.

Ein Beleg für eine gewisse Verlotterung der Sitten ist das folgende Erlebnis in der Stralsunder Nikolaikirche. In der andachtsvollen Stille klingelt ein Handy. Die Frau holt es aus der Tasche und schaltet es nicht etwa aus, sondern sagt: »Hallo, ich bin gerade in einer Kirche.« Ich dachte, nun kommt der Satz: »Ich ruf dich zurück.« Nichts da, und ihre Sätze hallten durch das Kirchenschiff.

Unlängst kam mir eine junge Frau entgegen, die auf der Brust ihr in ein Tuch eingeschlagenes Baby trug. In den Händen hielt sie ihr Handy und tippte eine Botschaft ein. Sie sah gar nicht, wo sie entlangging und ob auf dem Fußsteig eventuell eine Stolperfalle drohte.

Und die Moral von dieser Beobachtung? In der Zeitung las ich, dass in Europa durch das Hantieren mit dem Handy vermehrt Kopfverletzungen und Gehirnerschütterungen zu beklagen sind, weil junge Menschen gegen Laternen oder andere Masten stießen.

Nasenbein- oder Schädelbasisbruch durch SMS.

In London hat man in einer frequentierten Fußgängerzone die Laternenmasten inzwischen abgepolstert.

In den USA gibt es eine Studie, nach der SMS-Verfasser viermal so oft eine rote Ampel ignorieren wie andere Fußgänger. Handy-Unfälle gibt es nicht nur mit Autofahrern, sondern auch mit Handy-Fußgängern. Deshalb wird in Städten wie New York oder London dringlich darauf hingewiesen, doch beim Telefonieren oder Hantieren mit dem Gerät einfach stehen zu bleiben.

Im Auto haben bekanntlich wegen des Griffs zum Handy schon Menschen ihr Leben eingebüßt. Doch nicht nur dort, auch bei anderem Verkehr wird das Handy inzwischen eingesetzt. So las ich die Ankündigung einer Sendung im Fernsehen: »Schneller Sex per Handy: Wie Singles die Dating-App Tinder nutzen und ob sie auch auf der Suche nach der großen Liebe hilft.«

Man bestellt sich eine Pizza oder eben einen Partner für schnellen Sex. Am besten in der romantischen Umgebung eines Parkplatzes.

Gedanken, die Jahrhunderte den Menschen einfach so durch den Kopf gingen, werden nun bei allen möglichen Gelegenheiten hörbar geäußert. Manchmal ahnte man, dass der Mensch, der da neben einem in der Straßenbahn saß, vermutlich ein etwas schlichtes Gemüt sein Eigen nannte. Aber jetzt ist das auch zu hören!

»Ich bin's. Ich sitze jetzt in der Straßenbahn. Ich habe die DVD gekriegt. Nee, die gucken mir heute Abend. Ich will heute Nachmittag erst noch Sturm der Liebe angucken. Jetzt fängts an zu regnen. Regnets bei dir auch? Hier regnets ganz schön. Wie weit bistn mit dem Essen? Gut. Ach so … Bratkartoffeln wärn mir lieber. Das ist doch keine Hürde. Da haust du die Dinger eben in die Pfanne. Alles klar. Also, ich bin gleich da. So ein Mist! Nee, ich meine den Regen! Ich hätte eben doch den Schirm mitnehmen müssen.«

Nahezu täglich wird man bei Handy-Gesprächen Ohrenzeuge von Exzessen der Banalität. Ein Großteil der Telefonierer benutzte über Jahrzehnte das Gerät zur Übermittlung wichtiger Informationen. Das ist seit der Erfindung des Handys endgültig vorbei. An allen möglichen Orten muss ich mir sinnloses Geschwätz anhören. Das gehört schon in die Rubrik Nötigung. Besonders nervend sind die Gespräche im Zug. Ein Bekannter von mir hat eine radikale Gegenwehr entwickelt. Plaudert eine Dame oder ein Herr in seiner Nähe ohne Rücksicht drauflos, beginnt er sofort den Text in seinem Buch laut vorzulesen. Natürlich gab es schon mehr als giftige Blicke, aber die Telefonate werden doch etwas kürzer.

Früher war man beim Telefonieren an einen Ort gebunden. Heute wandern die Menschen mit dem Telefon durch die Wohnung. Mitunter höre ich, dass der- oder diejenige während des Gesprächs Wasser in die Kaffeemaschine schüttet oder Geschirr in den Schrank räumt. Es fehlte bloß noch, dass der Staubsauger in Aktion tritt.

Und was ist der Piepton beim Drücken auf die rote Taste

am Ende eines unerfreulichen Gesprächs gegen den Schwung, mit dem man den Hörer auf die Gabel knallen konnte.

Das dröhnte dem Heini am anderen Ende des Drahtes wenigstens noch im Ohr.

Wenn ich mich mit jemanden im Kaffeehaus treffe und derjenige sein Handy auf den Tisch legt, kann ich mich eines kritischen Kommentars nicht enthalten. Wenn es sich um einen auf der Bühne arbeitenden Künstler handelt, pflege ich zu sagen: »Steven Spielberg wird dich in der nächsten Stunde nicht wegen einer Rolle anrufen.«

PS: Nach so vielen kritischen Bemerkungen zur zeitgenössischen Telefonitis soll natürlich eins nicht unerwähnt bleiben: Das Handy hat schon so manchen Menschen aus einer misslichen Situation befreit oder ihm das Leben gerettet!

Bei einer Panne auf der Landstraße oder einem Unfall in den Bergen – da nützt es einem nämlich gar nichts, wenn man zu Hause im Wohnzimmer ein Telefon hat …

Und auch das sei noch angefügt: Für die aus dem Straßenbild verschwindenden Telefonzellen gibt es dank der Phantasie findiger Leute inzwischen völlig neue Verwendungsmöglichkeiten – zum Beispiel als Mini-Bibliothek. In Dörfern oder kleinen Ortschaften werden sie mit gespendeten Büchern bestückt. Man nimmt ein Buch mit und stellt zumeist eins dafür ins Regal, und schon ist eine Ausleihe ohne Bibliothekarin möglich. Immerhin kriegt man 200 bis 300 Bücher in solch einem Häuschen unter.

In Lunzenau gibt es die Gaststätte »Zum Prellbock«, zu der ein kleines Museum rund um die Eisenbahn gehört. Auf der Terrasse steht auch eine Telefonzelle mit einer Handbibliothek. Angenommen, ein Paar hat keinen Gesprächsstoff mehr (und der schöne Blick auf die Mulde erschöpft sich auch mal …), dann kann man zur Zelle schreiten und sich die Zeit mit Lesen verkürzen.

Selbst Kleingärtner haben schon für ihre Zwecke Ideen entwickelt: Das reicht vom Mini-Gewächshaus (exotisch warm wird's da drin – wie schon beschrieben!) bis zur Dusche (da rauscht nicht mehr der Gesprächs-, sondern der Wasserfluss, und es entsteht eine echte Nasszelle).

Und das Tollste: Man transportiert sie inzwischen sogar in Büros, damit die Mitarbeiter endlich wieder mal im Raum in Ruhe telefonieren können!

Sitten und Unsitten

Der Lauf der Jahreszeiten bestimmte unseren Alltag. Das bezog sich auf den Gebrauch der Kleidung genauso wie auf den Umgang mit den traditionellen Festen des Jahres.

Aber nicht nur Weihnachten ist nicht mehr, was es einmal war. Das betrifft auch den Winter. Die Pflanzen im Balkonkasten blühen inzwischen bis in den Dezember. An einem 7. Januar holten wir den letzten Stollen vom Brett, das auf dem Balkon stand. Da kamen tatsächlich zwei Bienen geflogen, die sich über den Staubzucker hermachten.

Im Januar!

Und eine Amsel sang im Baum.

Beim Spaziergang sah ich Regenwürmer auf dem Weg und frische Maulwurfshügel. Einen zartgelben Krokus hatte ich auch noch nie im Januar gesehen!

Aber ich wollte ja von neuen Unsitten erzählen. Bei einer kleinen Runde durch mein Wohnviertel stieß ich im Frühling auf drei Adventssterne. Sie hängen in einer Loggia, einer Veranda, einem Eckzimmer. Da baumeln sie das ganze Jahr über nach dem Motto: Der nächste Advent kommt bestimmt. Warum erst wegpacken.

Die Beliebigkeit hat vielerorts Einzug gehalten. Ist doch egal. Und die Zeit vergeht sowieso viel zu schnell.

Längst hat nicht mehr alles seine Zeit.

Fasching war immer im Februar am Rosenmontag und Faschingsdienstag. Heute ist Verkleiden das ganze Jahr über angesagt. Nicht nur, dass einzelne Zeitgenossen wie auf dem Weg zu einem Maskenball aussehen, nein, da strömen auch gleich mal Hunderte zu einem Zombie-Flashmob.

Was das ist? Nun, da übernehmen junge Leute mit dem

sogenannten Zombie-Walk eine neue Sitte aus den USA, dekorieren sich mit viel Kunstblut und schrägen Klamotten, um als Untote durch das Zentrum einer Stadt zu wandeln. Für Stunden schaffen sie eine düstere Zwischenwelt, wollen als Horrorfiguren beeindrucken. Und die Geschäfte blühen mit Zombie-T-Shirts, Pantoffeln, Gartenzwergen, Survivor-Energydrinks und grünem Duschgel.

Mein Freund Rudi achtet selbst in der neuen Zeit noch sehr auf Formfragen. Obwohl er das Rentenalter längst erreicht hat, nimmt er als Diplom-Agraringenieur manchmal noch Prüfungen von Umschülern ab. Als ein junger Bursche mit Basecap den Raum betrat, machte er ihn darauf aufmerksam, dass es hier nicht regne und er die Mütze abnehmen könne. Darauf entgegnete der Prüfling: »Brauch ich nicht. Wir haben Demokratie.«

Rudi antwortete: »Wenn Sie mir mit zwei, drei Sätzen erklären, was Demokratie ist, können Sie die Mütze aufbehalten.«

Da nahm sie der junge Mann ab.

Auf einer Schiffsreise saß ich am Abend mit meiner Familie im Restaurant. Die Vorspeise wurde gerade serviert, als am Tisch schräg gegenüber ein Mann plötzlich den Gürtel seiner Hose aufmachte. Er zog den Reißverschluss nach unten, fasste den Bund an den Seiten und schob den Stoff ein Stück herunter. Ich sah seinen nackten Bauch. Daraufhin reichte ihm seine Frau eine Spritze, die er sich in eine Hautfalte setzte. Hier passt nun wieder perfekt der Buchtitel »Das gabs früher nicht«, denn der Gang zur Koje ist einem Diabetiker ja wohl zuzumuten. Wenn Sie aber denken, dass es sich um ein Erlebnis mit Seltenheitswert handelt, muss ich Ihnen sagen, dass ich das Gleiche in einem guten Restaurant in Leipzig beobachtete.

Auch das Kaschieren ästhetischer Problemzonen ist heutzutage nicht mehr angesagt. Junge Frauen mit Übergewicht tragen bauchfreie Tops, ältere Damen hautenge Jeans.

Die Stilikone Iris Apfel aus New York zählte im Jahr 2015 immerhin stattliche 93 Jahre. Die Innenausstatterin der High society wurde erst mit über achtzig richtig berühmt. Sebastian Moll hat in der »Jüdischen Allgemeinen« über sie geschrieben. »Iris Apfel ist ein Unikum, ein Phänomen. Sie selbst nennt sich ›das älteste Covergirl der Welt‹ … Doch trotz ihres Alters ist sie ein Darling der Modewelt, eine Stil-Macherin und eine Inspiration für andere Frauen – egal ob sie 17 oder 97 Jahre alt sind.«

Und wie beurteilt so eine Frau das Äußere ihrer Zeitgenossen?

Iris Apfel erklärte dem Journalisten, dass sie bei der heutigen Alltagsmode oft der reine Abscheu überkomme: »Ich habe das Gefühl, dass das mit dem Zwanglosen etwas zu weit getrieben wird.« Im Sommer etwa mag sie gar nicht mehr auf die Fifth Avenue gehen, wo man in den fünfziger und sechziger Jahren die elegantesten Damen der Welt bewundern konnte. Wenn sie dort heute fette Touristen in kurzen Hosen und Badeschlappen sehe, werde ihr übel. »Dagegen sollte es ein Gesetz geben.« Und sie zieht das Fazit, dass man sich zu ihrer Zeit niemals getraut hätte, so auf die Straße zu gehen.

Also nicht nur in Deutschland, auch im hippen New York gehören Entgleisungen zum Alltag.

Die Partybahn

Die Fetenkultur der DDR war legendär. Meine erste Party ist mir unvergesslich. Es war an einem lauen Sommerabend in einem Gartengrundstück im Zwickauer Stadtteil Marienthal. Ich war vielleicht so siebzehn, achtzehn Jahre alt. Es gab Musik von einem Tonbandgerät. Wir tanzten ausgelassen nach Rock-'n'-Roll-Titeln und Schmusestücken à la »Wenn Teenager träumen …« oder »Moonlight … die Nacht ist schön …«. Wir waren eine fröhliche Gesellschaft. Es wurde geflirtet und viel gelacht.

Was werden wir getrunken haben? Ich erinnere mich nicht mehr, aber vielleicht gab es eine Bowle oder ein paar Flaschen Bier.

Lampions schaukelten an einer Leine, die zwischen den Bäumen hing. Sterne glitzerten.

Die sah ich besonders intensiv, als ich Susanne nach Hause brachte. Ein unvergesslicher romantischer Abend.

Mit meinen Zwickauer Freunden habe ich später oft in Wohnungen gefeiert oder im Vereinszimmer eines Kaffeehauses, das früher den Großeltern von Freunden gehört hatte und inzwischen als volkseigenes HO Theatercafé geführt wurde.

Gefeiert wird heutzutage natürlich auch noch. Doch der Rückzugsort Wohnung spielt nicht mehr jene Rolle, die er in unserem Leben im Osten gespielt hat.

Die Möglichkeiten zum Feiern heute sind immens. Im München sah ich zum Beispiel an einem schwülwarmen Augustabend eine Partybahn durch die Stadt rollen. Eine Straßenbahn nur zum Feiern. Bässe dröhnten, die Scheiben vibrierten im Disko-Takt.

Jugendliche standen eng aneinandergedrängt und schwitzend im Wagen, hatten eine Flasche in der Hand, johlten irgendeinen Hit mit und hüpften im Rhythmus auf der Stelle … wenn sie überhaupt noch so viel Platz gehabt haben.

Ein junger Mann wurde durch die Masse der Partygäste gegen das Glas der Tür gedrückt, stützte sich mit den Händen ab. Er lächelte trunken und versuchte trotzdem, das Lied mitzusingen.

In dem Moment kamen mir wieder die Bilder jenes unvergesslichen Sommerabends in Zwickau in den Sinn.

Musik hören

Wir haben unserem Sohn, als er klein war, an seinem Bett jeden Abend ein Schlaflied gesungen.

Inzwischen weiß man, dass das die musische Bildung eines Kindes fördert.

Wann hört heute das Gros der Kinder die Eltern einmal singen? Kennen sie überhaupt die Singstimme von Vater und Mutter?

Ich habe den Sopran meiner Mutter noch immer im Ohr, wenn sie – von meinem Vater am Klavier begleitet – Lieder sang. Und ich höre sie in meiner Erinnerung mit so manch altem Weihnachtslied.

Wo das Radio stand, das war in den fünfziger Jahren der Ort in der Wohnung, an dem sich alle versammelten, um Musik zu hören. Damals wurde noch konzentriert zugehört. Man setzte sich vor den Apparat und lauschte einem Sinfoniekonzert oder einer Schlagersendung. War völlig in die Musik versunken.

Als Teenager verfolgte ich leidenschaftlich die Hitparaden. Ganz oben stand bei mir und meinen Freunden der von den DDR-Oberen verhasste Sender Radio Luxemburg. Da meine Eltern nur ein sehr bescheidenes Gerät besaßen, ging ich zu einem Schulfreund, um die neuesten Schlager zu hören. Die Stimme von Camillo Felgen war mir vertraut. Später moderierte dort auch der junge Frank Elstner. Alle Hetze gegen diesen Sender war erfolglos, die DDR-Jugendlichen liehen ihr Ohr gern dem Klassenfeind, um über die neuesten Musiktrends mitreden zu können. Das betraf genauso die »Schlager der Woche« vom RIAS Berlin, so wurde der Rundfunk im amerikanischen Sektor abgekürzt. Die

»Schlagerrevue« von und mit Heinz dem Quermann konnte da nicht annähernd mithalten.

Wollten wir im Freien Musik hören, dann – mussten wir selbst singen! Dafür war vor allem die Gitarre *das* Instrument. Ob bei einem romantischen Abend am Strand der Ostsee oder bei einer Wanderung, Gitarrenspieler hatten Erfolg bei den Mädchen.

Bekannte von mir besaßen Ende der fünfziger Jahre – und das war in Zwickau schon eine echte Sensation – einen VW-Bus. Mit dem machten wir in froher Runde Ausflüge. Musikalische Besetzung: Gitarre, Waschbrett und ich an der Trompete. Der Leiter des Posaunenchors meiner Kirchgemeinde hatte mir ein paar Stunden Unterricht gegeben. Es reichte immerhin, um solch einen Titel wie »When the saints go marching in …« zu spielen.

Musizieren wird heute mehr zu einem eher ungewöhnlichen Hobby. In einer Zeitung las ich, dass 17 Prozent aller Deutschen ein Instrument beherrschen. Vor ein paar Jahren war das noch ein Viertel aller Bundesbürger. Mein Vater, mein Bruder und ich – wir spielten alle Klavier. Und jeder hatte neben Musikstücken wie der »Träumerei« von Schumann auch Unterhaltungsmusik in seinem Repertoire. Von meinem zwölf Jahre älteren Bruder Martin erfuhr ich zum ersten Mal etwas über Negro-Spirituals.

Der einzige Ort, wo wir als Jugendliche im Freien unsere Musik hören konnten, war der Rummel. So nannte man in Zwickau den Jahrmarkt mit Karussells und Buden. An den Fahrgeschäften trafen wir uns, vor allem wegen der Rock-'n'-Roll-Titel, die dort vom Tonbandgerät abgespielt wurden, und hotteten ein wenig herum.

So nannten wir unsere Verrenkungen, unsere Tanzversuche zu der Musik, die aus dem Lautsprecher dröhnte …

»Rock around the clock« mit Bill Haley, dem Mann mit der Schmalztolle, oder King Elvis ... mit seinem legendären »Jailhouse Rock« oder Little Richard oder oder ... Unvergesslich diese Stunde, als ich mit meinen Freunden den ersten Rock-Titeln lauschte. Wir waren noch Junge Pioniere, sangen in der Schule »Unser Lied die Ländergrenzen überfliegt/Freundschaft siegt, Freundschaft siegt«. Und mit einem Mal kamen Lieder aus dem System des sterbenden Kapitalismus über die Grenze geflogen, die wir sofort großartig fanden, sie elektrisierten uns, obwohl wir in einer völlig anderen Welt lebten.

Es war eine Sensation, als ich von Bekannten aus Westdeutschland einmal eine großformatige Postkarte bekam, auf die ein Musiktitel gepresst war, der abgespielt werden konnte. Zu viert standen wir um den Plattenspieler herum, und es drehte sich »Buona sera, signorina, buona sera ...« Mit dem raffinierten Saxophon-Solo! Alle strahlten, und wir hampelten sofort wieder los.

Mir ist ein Kinobesuch im Zwickauer »Vaterland« unvergesslich. Mit drei Freunden stand ich als Halbstarker in der Schlange. Jürgen Klotz, der Sohn des Kneipenwirtes in unserem Haus, besaß das eben in der DDR herausgekommene »Sternchen« – das erste Transistorradio im Taschenformat. Er schaltete es ein, es ertönte – qualitativ nicht gerade exquisite – Musik aus seinem Jackett, und die Leute konnten die Quelle der Töne nicht orten. So viel verwunderte Gesichter habe ich selten gesehen.

Jahre danach hielten die jungen Leute ihre Kofferradios wie ein Brot unterm Arm. Ein Symbol für die Halbstarken-Kultur. Zum ersten Mal konnte man auf der Straße und im Park Musik hören.

Heute werden wir in Läden aller Art mit Popmusik beschallt. Für unsere Generation einst unvorstellbar. In den beiden Zwickauer Kaufhäusern, in den angesehenen Konfektionsgeschäften von Hassinger, Seidel, Waldschmidt oder Mäntel-Meyer – überall herrschte Stille. Undenkbar, dass aus solchen Geschäften Bässe hämmern würden. Und dass ich in einem Laden dessen Musikangebot zu konsumieren habe. Ob ich will oder nicht. Desgleichen in Restaurants. Das ist schon fast Nötigung.

Wie auch in der S-Bahn, wo ich den Musikanten nicht entfliehen kann. Das ist nicht nur in Deutschland so. Ich saß in der Bahn von Sorrent nach Pompeji, wollte in Ruhe die Landschaft genießen und musste mir von »O sole mio« bis zu »Yes, sir« alle möglichen Hits anhören. In bescheidenen Arrangements für Saxophon und Akkordeon, während der dritte Mann mit dem Plastikbecher die Münzen einsammelte, die sehr spärlich ins Gefäß klapperten, weil die Leute ihre Ruhe haben wollten.

Und heute: Überall kommen einem die »Verkabelten« entgegen, die auf Schritt und Tritt Musik brauchen. Ich habe selbst schon eine junge Frau im letzten Moment von den Gleisen gezogen, weil sie wegen der Stöpsel in ihren Ohren nicht mal das alarmierende Bimmeln der Straßenbahn hörte. Der 21-jährige Volleyball-Bundesligaspieler Dennis H. nahm die Gleise, statt durch den Fußgängertunnel zu laufen, er trug Kopfhörer und hat den InterCity nicht gehört.

Leider kommt Musikhören heutzutage als Todesursache immer wieder vor.

Natürlich ist es schön, die ganze Welt der Musik von der Klassik über Jazz bis zum Pop in so einem unglaublich kleinen Gerät zur Verfügung zu haben. Und ich genieße das auch mal im Urlaub am Strand oder auf dem Balkon mit dem Blick auf Bäume und den Himmel. Die Musik ist einem über Kopfhörer auf besondere Weise nahe. Aber die ipod-Nutzer in den Städten laufen ja nahezu taub durch die Straßen.

Der New Yorker Neurologe und Autor Oliver Sacks sagte dazu im »Spiegel« über seinen Wohnort Greenwich Village: »Früher war es hier eine nettere Nachbarschaft, da sprachen die Leute noch miteinander. Heute sprechen sie mit unsichtbaren Gesprächspartnern und hören unsichtbare Musik. Einst hatte Musik eine soziale Funktion. Man ging in die Kirche, in eine Konzerthalle, zu einer Blaskapelle oder zum Tanzen. Ich mache mir Sorgen, dass die Musik sich zu sehr von ihren Wurzeln entfernt und nur noch konsumiert wird wie eine Droge.«

Eine junge Mutter im Park kann nur am Blick ihres Babys erkennen, ob es weint, wenn sie sich auf die Aufnahmen vom ipod konzentriert. Die Ohrstöpsel schützen den Jogger vor dem Lied einer Amsel. Er lauscht ebenso wie der rasant die Anlagen durchquerende Radfahrer sonst wem, aber nie dem Gesang eines Vogels.

Ein Rapper hatte vor seinem Konzert im Haus Auensee neben dem Eingang ein Plakat aufgehängt und warnte davor, dass seine Musik sehr laut wäre. Junge Menschen hören bekanntlich besonders gut, warum muss also die Musik so laut sein, dass es einem in den Ohren dröhnt? Ist das logisch, dass man auf Konzerten, bei denen man Musik hören will, seine Ohren mit Stöpseln schützen soll?

Von Heavy Metal will ich gar nicht reden. Diese Musik lebt vom Krach, die würde leise vermutlich nach gar nichts klingen. Da ist der Lärm System.

Im Jahr 2014 besuchte ich mit meiner Frau in der Oper das Ballett »Revolución« aus Kuba. Die Tänzer vollbrachten enorme Leistungen. Diese Sprünge! Grandios!

Aber die Musik! Bei unserer Vorstellung jedenfalls war sie für den Raum viel zu laut: Ohrenterror. Das Zwerchfell vibrierte. Eine Frau fragte mich in der Pause am Tresen: »Was sagen Sie denn zu dieser Lautstärke, Herr Lange, wie halten Sie das aus?«

»Gar nicht, ich trinke jetzt ein Bier, und dann gehen wir.« An der Garderobe trafen wir zwei weitere Paare, die gerade ihre Mäntel holten.

Im Februar 2016 war die Truppe wieder in Leipzig. Die Rezensentin Birgit Hendrich ist von dem Ballett begeistert, merkte aber in der »Leipziger Volkszeitung« an: Das Showvergnügen werde »allerdings von der ohrenbetäubenden Lautstärke getrübt, in der der fette Sound aus den Boxen dröhnt. Jammerschade ist es, wenn das Publikum seinen eigenen Beifall nicht mehr hören kann …«.

Zehn Tage vor meinem Gastspielbesuch habe ich in der Schaubühne Lindenfels die Bigband Roy Frank erlebt. 16 Musiker, darunter 4 Saxophone, 4 Trompeten und 4 Posaunen.

Ein Mikro hatte nur die Sängerin. Verglichen mit den vier Musikern in der Oper streichelten die Bigband-Titel meine Ohren.

Ich bin eben ein hoffnungsloses Auslaufmodell.

Aber man muss realistisch sein: Wie's mal war, wird's nie mehr sein.

Ein Bekannter von mir, ein paar Jahre jünger als ich, erzählte mir, dass er ein Konzert von Peter Maffay besucht hatte. Er ist ein alter Rockfan. »Ich stand ziemlich weit vorn. Beim Rausgehen knickten mir die Beine weg. Ich konnte nicht mehr weiter. Mit dem Krankenwagen ging es in die Klinik, von dort ins Herzzentrum. Wie gesagt, ich stand eben ziemlich weit vorn. Die Bässe waren schuld! Man nannte mich im Herzzentrum nur den Maffay.«

Laut Angaben der Weltgesundheitsorganisation (WHO) riskieren etwa 1,1 Milliarden Jugendliche im Alter von 12 bis 35 Jahren wegen zu lauter Musik den Verlust ihres Gehörs.

Ein bekannter und beliebter Club in London feierte vor kurzem den 15. Geburtstag. Von Samstagnacht bis Montag früh. In 30 Stunden donnerten 200 000 Bass-Drum-Schläge auf das jugendliche Zwerchfell. Das gab fun!

An einem sonnigen Sonntag kam ich mit dem Kuchen für die nachmittägliche Kaffeestunde aus einer Konditorei. Ein junges Mädchen, das an ihrem Fahrrad gerade etwas repariert hatte, sprach mich an und bat um ein Autogramm für ihre Mutter. Wir wechselten ein paar Worte, und sie erzählte mir, dass sie (die Uhr zeigte 13.30) geradewegs aus der Disko käme. Jetzt fahre sie nach Hause, um sich auszuschlafen.

Mir hat noch niemand plausibel erklären können, warum man nicht am Abend zur Disko gehen kann, sondern sich nachts auf den Weg machen muss. Von 24 Uhr bis 12 Uhr mittags geht das Gedröhn, blitzen die Lichter. Dann wird geschlafen.

Vermutlich dröhnt und blitzt es noch bis in die Träume. Und der Sommertag hat sich umsonst schön gemacht.

Und auch das hat sich entscheidend verändert: Früher hörte man Fred Frohberg im Osten oder Caterina Valente im Westen bei einem Auftritt zu, wenn man diese Sänger mochte. Und so war das bei den Vier Brummers oder dem Hazy-Osterwald-Sextett, bei Peter Kraus, Manfred Krug, Veronika Fischer oder Udo Lindenberg ... Man freute sich, wenn man die Titel hörte, die einem besonders gefielen.

Heute ist das völlig anders. Als das Duo Rosenstolz vor Jahren auf der Parkbühne in Leipzig gastierte, spazierte ich einmal dort vorbei. Und was hörte ich? Die Stimmen der beiden? Irrtum!

Ich hörte vor allem den Chor des Publikums. Die Fans bezahlen heutzutage viel Geld, um jene Lieder mitzusingen, die auf der Bühne gerade angestimmt werden. Konzerte sind also mittlerweile eher gemeinschaftliche Singstunden.

Auf dem Leipziger Markt habe ich versucht, ein Konzert der Prinzen zu erleben. Völlige Fehlanzeige. Neben mir standen fünf Frauen im mittleren Alter, die jeden Titel so laut – singen kann ich das nicht nennen – bläkten, wie wir in Sachsen sagen, dass ich so gut wie nichts von der perfekten Interpretation dieser bei den Thomanern geschulten Stimmen hörte.

Ja, der Fan, liebe Leute, der will heute nicht die Lieder seiner Lieblinge von ihnen gesungen hören, sondern er will vor allem seine Textsicherheit demonstrieren!

Dafür bezahlt er gern viel Geld!

Straßenmusikanten

In meiner Heimatstadt Zwickau und später in Leipzig habe ich nie einen Straßenmusikanten erlebt. Was die Funktionäre der DDR gegen Straßenmusik hatten – das bleibt deren Geheimnis. Noch im Juni 1989 wurden im Leipziger Zentrum Musiker, die sich an einem nicht genehmigten Straßenmusik-Festival beteiligten, »zugeführt«, also verhaftet. Vermutlich hatten verantwortliche Genossen Angst, dass Texte, die die Passanten im Vorübergehen hören, die Fundamente des Staates erschüttern könnten.

Die ersten Straßenmusiker in meinem Leben habe ich im August 1968 auf der Karlsbrücke in Prag entdeckt. Jugendliche aus Ost und West hörten sich die Lieder von Joan Baez, Simon & Garfunkel, Pete Seeger und Bob Dylan an – und wie sie noch alle hießen. »The answer, my friend, is blowing in the wind …« Es war eine Aufbruchzeit. Für die Tschechoslowakei dauerte sie leider nicht lange. Am 21. August übertönten die Panzerketten alle Gesänge.

Im Herbst 1989 wurde ab und an auf der Straße gesungen. Aber kein Solo, nein, Tausende Stimmen waren zu hören. Hier sang der erste revolutionäre Massenchor der DDR, der nie vorher geprobt hatte, eine Strophe eines weltbekannten Liedes: »Völker, hört die Signale, / auf zum letzten Gefecht …«

Die Funktionäre in Berlin wollten ihren Ohren nicht trauen! Und sie dachten sich: Wie können denn die Vertreter der leibhaftigen Konterrevolution unser Lied singen?! Das ist ja infam! Es war für sie fern jeglicher Vorstellung, dass auf den Straßen tatsächlich gerade unblutig das letzte

Gefecht ausgefochten wurde … im nationalen, ja lokalen Anlauf schaffte die Solidarität der Massen das Unvorstellbare.

Mit der Friedlichen Revolution von 1989 war auch der Weg frei für Straßenmusik. Heute geht man keinen Tag durch die Stadt, ohne an einer Ecke Musik unterschiedlichster Qualität zu hören. Internationale Darbietungen klingen durch die Straßen. In den ersten Jahren nach der Wende waren es vor allem südamerikanische Rhythmen. Chilenen zumeist, die auf der Panflöte spielten und in ihrer Tracht im Kreis tanzten. Bald kamen in die Zentren unserer Städte klassisch ausgebildete russische Musiker, die mit ihren Blechblas- oder Streichinstrumenten auf hohem Niveau musizierten.

Neben südeuropäischen Musikanten mit folkloristischen Melodien gab und gibt es auch dilettantische Akkordeonspieler, die mit primitiven Tonfolgen nerven. Müsste ich in einem der Läden ihres Einzugsgebietes arbeiten, würde ich jedem von ihnen sofort einen Betrag stiften, damit sie einige Häuser weiterziehen. Das gilt auch für einen Geiger in der Leipziger Innenstadt, der die Saiten nicht spielt, sondern bekratzt. Und er hofft, dass man auf dem kurzen Weg vorbei das gar nicht wahrnimmt.

Alex Jakubowski, ein frommer Jude aus den USA, gibt oft mit seinem Marimbaphon kleine Konzerte. Virtuos schlägt er mit den Filzklöppeln auf die Palisanderstäbe. Da ihm zwei Klöppel nicht genug sind, nimmt er mitunter in jede Hand zwei und spielt die Kompositionen des von ihm verehrten Johann Sebastian Bach.

Gänsehaut stellt sich ein, wenn ich zur Weihnachtszeit in einer Passage junge Mädchen mehrstimmig singen höre. Da verhält selbst der hartnäckigste Weihnachtsmuffel den

Schritt, erfreut sich an Alt und Sopran und wirft (hoffentlich!) ein paar Münzen in das Körbchen. Gleiches wünsche ich dem zehnjährigen Jungen mit seiner Blockflöte.

Ab und an taucht in der Stadt auch ein junger Bursche mit seiner Gitarre auf, der die Lieder meiner Jugend spielt, die ich auf der Karlsbrücke in Prag hörte, und es freut mich, dann zu erleben, dass in diesen Melodien etwas steckt, was auch heute junge Menschen berührt.

Es ist wunderbar, nun schon seit über 25 Jahren Straßenmusik als etwas Selbstverständliches zu erleben. Musikalischer Genuss im Vorbeigehen. Und manch einer verlangsamt seine hektischen Schritte und gönnt sich eine kurze Auszeit.

Aber, um auf ein Lied aus vergangenen Tagen zurückzukommen, eins ist uns geblieben: Es gibt nach wie vor eine Menge Fragen, auf die nur der Wind eine Antwort weiß …

Das neue Service-Angebot

Wenn ich eine Frage bei meiner Krankenkasse hatte, dann rief ich noch vor wenigen Jahren einfach jene Mitarbeiterin an, die für mich zuständig war. Dann wurde die Sache geklärt. Eben ganz einfach.

Heute wird unter dem Vorwand der besseren Versorgung alles eher verschlimmbessert. Ich kann also die mir vertraute Mitarbeiterin nicht mehr erreichen und lande irgendwo in einer Zentrale.

»Herzlich willkommen bei der AOK Sachsen-Thüringen! Wir freuen uns über Ihren Anruf …

Sie werden gleich mit dem nächsten freien Mitarbeiter verbunden … Lalalala … Lalalala …«

Es erklingt eine nervende Musik.

Schließlich meldet sich eine Frau. Ich frage: »Warum kann ich denn nicht mehr mit meiner Filiale in Leipzig-Connewitz direkt telefonieren?«

»Das kann ich Ihnen nicht sagen.«

»Wo sind Sie denn?«

»In Pulsnitz.«

Nun bin ich also in der sächsischen Lebkuchenstadt gelandet. Und ich stelle ihr jene Frage, die ich eigentlich mehr im Scherz gestellt hatte, aber die mir auch in meinem Freundeskreis niemand verbindlich beantworten konnte: »Bekommt man eigentlich als Rentner, der weiter arbeitet, bei Krankheit auch noch Krankengeld?«

»Da gebe ich Ihnen mal eine Nummer. Da bekommen Sie direkt Auskunft. Haben Sie was zum Schreiben?«

»Ja.«

»08002471001.«

Ich wähle also diese Nummer, und was empfängt mich auf der anderen Seite der Leitung?

Lalalala … Lalalala.

Dann meldet sich wieder eine Frau.

»Wo sitzen *Sie* denn?«

»In Chemnitz.«

Ich erkläre also erneut mein Anliegen.

»Da verbinde ich Sie mal mit der Kollegin, die das direkt bearbeitet.«

Lalalala … Lalalala.

Ich erinnere mich nun spätestens an den Text von Karl Valentin mit dem Telefonat des Buchbinders Wanninger. Nur dass zu jener Zeit noch keine Musik aus dem Telefon erklang.

»Hören Sie?«

»Ja.«

»Die ist gerade im Kundengespräch. Ich notiere mir Ihre Nummer. Sie ruft Sie gleich zurück.«

Dann rief (sogar recht schnell) ein Kollege zurück.

»Wie kann ich Ihnen helfen?«

»Aus welchem Ort rufen Sie mich denn an?«

»Aus Sömmerda.«

Nun erkläre ich mein Anliegen zum dritten Mal, und meine Ahnung wurde, ohne lange nachzudenken, von dem Mitarbeiter bestätigt. »Nein, Altersrentner bekommen kein Krankengeld«.

Menschen mit hohem Blutdruck sollten auf den neuen Service besser verzichten.

Mitleid mit Kastanien

Schon in der Kindheit zählte die Kastanie für mich zu meinen Lieblingsbäumen. Ich liebte die Fülle der weißen oder roten Blütenkerzen. Solch einen nahezu weihnachtlich geschmückten Baum gibt es nicht noch einmal in der Natur. Ich kannte jede Kastanie in der Nähe unserer Wohnung und freute mich im Herbst darauf, die braun glänzenden Früchte zu sammeln, mit ihnen zu spielen und mancherlei daraus zu basteln. Da musste ich dann beizeiten unterwegs sein, damit die stachligen Früchte nicht schon von anderen Kindern »abgeerntet« waren.

Auf der Hofseite unserer jetzigen Wohnung stehen zwei stattliche Exemplare. Sie wurden in der Zeit des Hausbaus gepflanzt und sind mittlerweile etwa 120 Jahre alt. Durch sie habe ich von meinem Arbeitszimmer aus einen absoluten Grünblick. Unterbreche ich das Schreiben und sehe über den Computerbildschirm aus dem Fenster, füllen sie links und rechts das Bild. Wenn ich mit meiner Frau auf dem Balkon sitze, haben wir das Gefühl, dass uns einer der Bäume mit seinen ausladenden Ästen immer näher rückt. Und wir fragen uns, ob wir es wohl noch erleben, eines Tages einen Ast berühren zu können. Die Nähe täuscht aber, wir mussten feststellen, dass wir selbst mit einem ausgestreckten Besen noch keinen der Äste erreichen.

Ab und an rasten in den Bäumen Vögel, so entdecke ich – vor allem wenn die Bäume ihr Laub verloren haben – eine Amsel, Kohl- und Blaumeisen, Spatzen, Krähen, seltener einen Specht oder einen Eichelhäher. Stieglitz, Grünfink und Rotkehlchen leben auch in unserem Hofgelände, sind aber nur im Winter am Futterhäuschen zu sehen.

Ein Türkentauben-Pärchen wohnt in einem der Bäume. In meinem Vogelbuch lese ich über sie, dass sie Baum- und Gebäudebrüter sind … »Im schlampigen Nest 2 Eier.«

Das hätte ich nicht erwartet, denn sie sehen so adrett aus!

Der Lauf der Jahreszeiten ist für mich in erster Linie am Zustand der beiden Kastanien vor meinem Fenster ablesbar.

Vor vielleicht zehn Jahren begann das Unglück: Die Rosskastanienminiermotte hatte auch unsere beiden stattlichen Exemplare befallen. Das Ursprungsgebiet dieses Schädlings sind Albanien oder Nordgriechenland. 1984 tauchte die Motte in Mazedonien auf. Nicht umsonst nennt man sie auch Balkan-Miniermotte. 1989 wurde sie erstmalig in Österreich entdeckt und parallel zum Mauerfall (unter Honecker gab's die nicht!) breitete sie sich in den beiden deutschen Staaten mehr und mehr aus.

Die Miniermotte ist ein fünf Millimeter großer Kleinschmetterling, ihre Raupen und Puppen entwickeln sich nahezu ausschließlich in den weiß blühenden Kastanien. Die Weibchen legen ihre Eier an den Oberseiten der Blätter ab. Die Larven zernagen die Blätter. Die Fressbahnen zerstören das Wasser- und Nährstoffnetz, die Blätter werden braun, rollen sich ein und fallen früh vom Baum.

Und so gräme ich mich, wenn ich am Computer sitze und schon im Sommer die hässlichen Geräusche des Laubbläsers höre, den unser Hausmeister anwirft, um braune Blätter auf einen Haufen zu pusten. Bei der Gelegenheit kann ich mich gleich einmal als absoluter Gegner dieser Geräte, die es in unterschiedlichen Größen gibt, offenbaren. Eine Unterschriftensammlung für ein Verbot kann jederzeit auf meine Unterstützung bauen. Ich habe unserem Hausmeister schon einen Wettstreit angeboten und wollte ihm beweisen, dass ich mit einem metallenen Laubrechen garantiert schneller bin als er mit seinem Laubheuler. Als Lehrling in der Stadtgärtnerei zu Zwickau habe ich mit dieser Form der Handarbeit Erfahrungen gesammelt. Die großen Laubbläser, die heute in Parkanlagen zum Einsatz kommen, sorgen ja ab und an sogar dafür, dass im Laub aufgescheuchte Tiere auch ohne Flügel zum Fliegen gezwungen werden …

Zurück zu meiner Sorge die Kastanien betreffend. Inzwischen gibt es eine weitere Hiobsbotschaft: In Sachsen-Anhalt treibt der Asiatische Laubholzbockkäfer sein Unwesen. In Magdeburg und Umgebung trat eine Quarantänezone in Kraft, in der mit Argusaugen kontrolliert wird. Werden Käfer und Larven gefunden, wird der Baum gefällt. Selbst Bäume, die in der Nähe standen, werden vorsichtshalber gerodet.

Auch in anderen Gegenden Europas bedrohen Schädlinge die Vegetation. Ich las von einem Käfer, er heißt Roter Palmrüssler, der in Ländern rund um das Mittelmeer die Palmen vernichtet. Sie werden von ihm und seinen Larven nach und nach ausgehöhlt, und die Bäume brechen schließlich zusammen.

Diesen Palmen und meinen Kastanien kann niemand mehr helfen.

Doch das ist lange nicht alles! Die Amerikanische Faulbrut bedroht unsere Bienenvölker. Und ich lese im Teletext, dass die Asiatische Tigermücke in Deutschland heimisch wird. In Süddeutschland, genauer in Freiburg, hat sie bereits überwintert. Sie ist ein gefürchteter Krankheitsüberträger und löst in den Tropen das Dengue-Fieber aus. Auch Zecken breiten sich in Deutschland mehr und mehr aus und wurden in den letzten Jahren immer aggressiver. Während man sich gegen die von ihnen übertragene Hirnhautentzündung impfen lassen kann, ist das gegen die Borreliose nicht möglich. Ein Mann in meinem Bekanntenkreis wurde dadurch sogar invalid.

Und während ich das hier schreibe, um noch andere Größenordnungen zu erwähnen, schmelzen die Pole und Gletscher wie noch nie, und das von den Wissenschaftlern beklagte Artensterben auf dieser Welt geht rasant weiter.

Nun sehe ich in den Nachrichten Fotos, die eine Sonde vom Neptun gemacht hat, und weiß deshalb, dass es dort sogar Nebel gibt, aber meine Begeisterung für die gestochen scharfen Fotos hält sich angesichts der bedrohten Natur auf der Erde sehr in Grenzen.

Die Dunkelheit, die nicht mehr dunkel wird

»Dunkel war's, der Mond schien helle …«, meine Generation ist mit diesem Scherzgedicht aufgewachsen. Aber die Nacht, liebe Leser, ist ja auch nicht mehr, was sie einst war!

Ich entsinne mich genau, wie ich zu DDR-Zeiten zu einem Arbeitsurlaub auf Schloss Wiepersdorf war. Mit ein paar Leuten hatte ich mich angefreundet, und wir besuchten am Abend die einzige Kneipe im Ort. Als die schloss, trat unsere fröhliche Truppe vor die Tür. In dem Moment schaltete der Wirt die darüber befestigte Lampe aus, und wir standen im undurchdringlichen Dunkel des Dorfes. Nicht eine Lichtquelle gab es auf der Dorfstraße. Es dauerte eine Weile, bis sich unsere Augen an die Abstufungen von Schwarz gewöhnt hatten und wir schließlich doch den Weg zurück ins Schloss fanden.

Als Kind erlebte ich in den fünfziger Jahren noch Stromsperren. Blickte man aus dem Fenster, lag die ganze Straße mit den angrenzenden Häusern im Dunkel. Kerzen mussten immer parat sein, und hinter den Scheiben flackerten dann die Flammen. Heute bringt uns höchstens ein Unwetter, dem eine Havarie folgt, in solch eine Situation.

Im Urlaub in den Bergen oder an der See staunen wir des Nachts über den Sternenhimmel. Eine unglaubliche Vielfalt an Sternbildern bietet sich uns dar. Und wir erinnern uns plötzlich wieder: »Sieh mal … das dort, ist das nicht der Große Wagen?«

Die Initiative Dark Sky kämpft gegen die »Umweltverschmutzung durch Licht«. Licht und Verschmutzung ergeben ja in dieser Kombination eine besonders skurrile Paarung, aber die Wahrheit ist: Die Schönheit des nächtlichen Himmels ist in den Städten schon lange nicht mehr zu sehen. Sie geht im künstlichen Lichtermeer unter. Und die Lichtverschmutzung wächst von Jahr zu Jahr, weil die Ausleuchtung unserer Städte zunimmt. Vom Skybeamer bis zum angestrahlten Bauwerk schafft die Beleuchtung riesige Lichtglocken unserer Zivilisation.

»Ein Drittel der Deutschen hat noch nie die Milchstraße gesehen«, sagt Andreas Hänel von der Initiative Dark Sky. So stand es in der »Leipziger Volkszeitung«. Gegen den Beleuchtungswahn wenden sich längst auch Astronomen, Biologen und Mediziner. US-Vogelkundler gehen davon aus, dass pro Jahr eine Milliarde Zugvögel an den Hochhäusern verenden.

Inzwischen gibt es sogar den Begriff Licht-Smog. Er schadet weder Bronchien noch Lungen, aber diese Überbelichtung macht vielen Tieren zu schaffen. Bei den Biologen sind es vor allem die Vogelkundler und Insektenforscher, die Alarm schlagen. Marlene Dietrich sang seinerzeit: »Männer umschwirrn mich wie Motten das Licht.« Ja, wenn es nur die Motten wären, die in unserer überbeleuchteten Welt daran zugrunde gehen … »Bis zu 150 Billionen Insekten kommen alleine an den Straßenbeleuchtungen in Deutschland pro Jahr zu Tode«, meint ein Umweltwissenschaftler. Die fehlen dann in der Nahrungskette und für die Bestäubung der Pflanzen.

In China werden heute schon Bäume von Menschen per Hand bestäubt … Da können Sie mal sehen, was uns noch blüht!

Ein Hof war früher einfach nur dunkel. Eben schwarz wie die Nacht.

Kommt ein Hausbewohner heute nach Hause, dann blendet ihn ein Spot, beleuchtet den Weg und hilft ihm, das Schlüsselloch zu finden. Und selbst in meiner Wohnung ist es nachts nie mehr so dunkel, wie ich es aus Kinderjahren kenne.

Wenn ein Mensch früher einmal gezwungenermaßen durch die Wohnung tapste, war es auch wirklich zappenduster. Es sei denn, die Straßenbeleuchtung oder der Mond schienen in die Räume.

Anders heute. Wenn ich nachts in Richtung Bad gehe, beleuchten fünf grüne Lichter meinen Weg, die auf mich wie stationäre Glühwürmchen wirken. Sie stammen vom Laptop und den dazu nötigen Gerätschaften, die da Modem, Router und Splitter heißen. Ein Bekannter von mir nennt die kleinen blinkenden Lichter für die Internetverbindung »Mäusekino«.

Da wundern die sich und haben was zu gucken!

Komme ich in die Küche, dann blinkt dort am Elektroherd neben Zahlen ein roter Punkt im Sekundentakt. Am Gaskocher gab es früher keine Uhr!

Und so erinnert mich zu nächtlicher Stunde der digitale Zeitmesser daran, dass ich längst in einem anderen Jahrhundert lebe …

Die Wohnzimmer

Ich bin als Kind, wenn die Wohnungen denn glücklicherweise den Krieg unbeschadet überstanden hatten, vor allem mit Möbeln aus dem ausgehenden 19. Jahrhundert, aus der Zeit des Jugendstils und aus den dreißiger Jahren in Berührung gekommen. In Zwickau waren zum Glück nur um die siebzig Häuser zerstört, so dass ich bei Verwandten und Schulkameraden noch die Vorkriegsausstattung in den Zimmern kennenlernte.

Wie waren die Wohnungen meiner Kindheit eingerichtet?

In manchem Wohnzimmer stand zum Beispiel ein Vertiko. Dieser Zierschrank, so sagt man, wurde nach dem Schöpfer, dem Berliner Tischler Vertikow, benannt, auf gut Sächsisch »Wärrdiegoh«.

Mitunter thronte eine Kredenz im Raum. Das war ein etwas veralteter Begriff für eine Anrichte. Sie erfüllte schon lange nicht mehr ihre Funktion, denn spätestens mit Beginn des Krieges wurden Feste und Abendgesellschaften aufgrund der Versorgungslage rarer. Und nach dem Krieg war die Versorgung mehr als karg. Da konnte man nicht mehr viel – kredenzen.

Zierte ein Büfett das Wohnzimmer, wurde es ebenfalls als Anrichte genutzt und als Geschirrschrank. Bei Feiern in guten Zeiten stand darauf logischerweise das kalte Büfett.

Im Lokal diente ein Büfett als Schrank hinter der Theke, und im großen Ball- und Tanzsaal »Neue Welt« meiner Tante Hanne hieß der Mann, der den ganzen Abend Bier zapfte oder Schnäpse ausschenkte, noch Büfettier.

Als bequemer Ort zum Sitzen und Ruhen diente ein Sofa (der Begriff stammt aus dem Arabischen) oder eine Chaiselongue – laut Duden eine gepolsterte Liege mit Kopflehne.

Das Wort kommt aus dem Französischen. »Setz dich off de Schähse!«, war von alten Leuten noch zu hören, und Chaise ist der veraltete Begriff für Stuhl oder Sessel.

Aus Frankreich kommt auch der Begriff Kanapee. Die andere Bedeutung des Wortes war in der DDR (da sprach man übrigens in der Möbelindustrie nur noch von einer Liege) nicht gebräuchlich: Die steht für pikant belegte Weißbrotscheiben. Leider hatten wir keine Steh-Partys, auf denen derlei gereicht wurde.

Aber ich will ja eher vom Hinlegen erzählen: Zum Entspannen diente die Couch, jenes Liegesofa, das oft zu einer Garnitur mutierte. Dazu gehörten zwei Sessel und ein Couchtisch. Neben der Couch stand eine Stehlampe mit Schirm.

Nie habe ich in Zwickau Möbel im Bauhaus-Stil gesehen. Das war vermutlich doch eher der Geschmack einer künstlerisch gebildeten Elite und der Masse des Volkes nicht gemütlich genug. In den Wohnzimmern meiner Kindheit dominierte dunkelbraunes Holz. Der Bücherschrank hatte Glastüren, die oft verschlossen waren, damit die Kinder nicht an Bücher herankamen, die ihrem Alter nicht entsprachen und zur Verwirrung der Gefühle hätten führen können wie vielleicht Theodoor Hendrik van de Veldes »Die vollkommene Ehe« oder das »King Ping Meh«.

Ein Schreibtisch gehörte zum Mobiliar vieler Wohnzimmer. Dort schrieb man privat per Hand und an Behörden mitunter auch auf einer schwergewichtigen Schreibmaschine Marke Mercedes oder Continental seine Briefe.

Klaviere gehörten oft zur Ausstattung, und sie standen nicht bloß herum, sondern es wurde auch musiziert. Mein

Großvater Richard besaß eins mit einem Messingleuchter-paar und gedrechseltem Aufsatz. Der Bäckermeister hat sich das Klavierspielen selbst beigebracht, nachdem er in Rente gegangen war. Und die Hausbewohner wussten, wenn sie ihn spielen hörten, da übte kein Kind, sondern ein Opa.

Klappte man den Deckel des Instruments auf, prangte ein roter Tastenschoner über dem Elfenbein, der mit Blu-menmustern bestickt war. Die Logik dieses Stoffstreifens leuchtete mir nie ein, denn wenn man den Deckel zu-klappte, war doch die Tastatur sowieso vor Staub geschützt. Sinn hätte der Schoner nur bei geöffnetem Deckel gehabt.

Was schmückte damals die Wände?

In den seltensten Fällen zierte ein echtes Gemälde oder eine Originalgrafik den Raum. Meist hingen gerahmte Drucke an der Wand: wogende Getreidefelder, dunkle Wäl-der, Blumenstillleben, der Königssee (das erinnerte daran, dass Deutschland im Westen noch weiterging). Auch der berüchtigte röhrende Hirsch war zu bewundern.

Bilder der Ahnen hingen manchmal an der Wand, und auf der Kredenz stand das gerahmte Foto des im Krieg ge-fallenen Ehemannes oder Sohnes in Uniform, mitunter noch mit einem schwarzen Trauerflor versehen.

Richtete man den Blick nach unten, so lagen dort Orient-teppiche, die nie den Orient gesehen hatten. Das »Mor-genland« war um die Ecke. Die Halbmond-Teppiche aus Oelsnitz im Vogtland hatten keine lange Reise hinter sich. Es waren bedruckte Teppiche. Durchgewebte waren selten.

In manchem Wohnzimmer stand ein Rauchverzehrer. Die heute von Sammlern begehrten Objekte gibt es etwa seit Anfang des vorigen Jahrhunderts. In den fünfziger und sechziger Jahren zählten sie kurioserweise zu den Waren in der DDR, an denen nie Mangel herrschte, weil eine ganze Reihe – oft noch privater – Hersteller im Osten welche produzierte. Auf mich als Kind wirkte es sehr romantisch, wenn im spärlich beleuchteten Wohnzimmer die Glasaugen einer Eule funkelten.

Sehr beliebt waren unter diesen Porzellanfiguren aber auch Katzen oder Chinoiserien wie Pagoden oder Tempel. Der Begriff Rauchverzehrer ist völliger Unsinn, weil die Objekte nicht einen Hauch Rauch verzehrt haben. Der blieb im Raum. Die Glühlampe im Inneren sorgte lediglich dafür, dass ein Duftöl verdunstete und den Geruch des Rauches überlagerte. In heutigen Zeiten wären diese Duftöle längst als gesundheitsschädlich aus dem Verkehr gezogen.

Die einzigen wirklichen Rauchverzehrer waren die anwesenden Nichtraucher, die den Zigarren- oder Zigarettenqualm einatmeten.

Was fiel noch auf in den Wohnzimmern meiner Kindheit?

Besonders beeindruckte mich immer die Standuhr. Sie verbreitete eine ganz besondere Ruhe durch das lautlos und langsam schwingende Pendel. Sie ist für mich in der Rückschau die Inkarnation der Muße, die in den fünfziger Jahren noch in den Familien herrschte, und gongte in verschiedenen Tönen, was die Zeit geschlagen hatte. Kam Besuch und musste der im Wohnzimmer übernachten, dann wurde vorsorglich, damit der Gast nicht um den Schlaf gebracht wurde, die Uhr angehalten.

Selbstverständlich war vor dem Fenster ein Store. Und die gemusterten Übergardinen hingen als Streifen links und rechts an der im Mauerwerk befestigten Gardinenstange. Nur so war eine Wohnung komplett. Leute, die keine Gardinen am Fenster hatten, galten eher schon als asozial.

In diese Kategorie würde ich heute auch fallen.

»Sie sah ihm hinter der Gardine nach, als er von ihr ging«, stand in mancher Geschichte. Das ist heute seltener möglich.

In den Fenstern hingen mitunter noch Zeugen des eben zu Ende gegangenen Krieges: schwarze Schnapprollos, die der Verdunkelung gedient hatten.

In meiner Kindheit gab es im Wohnzimmer keine Stelle, auf die alle anwesenden Menschen starrten, weil dort das bläuliche Bild eines Fernsehapparats leuchtete.

Meine Frau und ich waren erst seit 1971 Besitzer eines Fernsehgeräts. Eine Prämie in meiner Arbeitsstelle, dem LKG Leipziger Kommissions- und Großbuchhandel, hatte die Anschaffung möglich gemacht. Das war ein besonderer Tag, als plötzlich der große Kasten im Zimmer stand. Vorher hatten wir einfach nicht das Geld und fuhren mit dem Fahrrad zu meinem Kabarettkollegen Christian Becher nach Markkleeberg, um dort das ersehnte »Westfernsehen« zu gucken.

Unlängst sah ich vor unserem Nachbarhaus einen großen Fernsehapparat stehen. Darauf lag ein Blatt Papier, beschrieben mit »Zu verschenken«. Seinerzeit unvorstellbar, dass eines Tages jenes Symbol des Wohlstands einfach im Staub der Straße stehen könnte …

Allmählich wurde der Fernseher in vielen Wohnungen zum Altar, dem man einen Großteil seiner Lebenszeit opferte. Ich schweife ab, diese Sitten haben ja nicht direkt mit der Einrichtung eines Wohnzimmers zu tun.

Was unterscheidet die heutigen Wohnzimmer von jenen in den fünfziger Jahren?

Heute bevorzugt man vor allem weiße Möbel (meine Generation kennt das schon aus DDR-Zeiten mit dem MDW-Programm). Die Wohnungen wirken dadurch hell und licht. Da und dort blitzt ein verchromtes Regal mit Glasscheiben in der Sonne. Mit der gedämpften Beleuchtung der Stehlampe ist es vorbei, die Fluter lassen das Licht – wie der Name schon sagt – zur Decke und in den Raum fluten.

Das Möbelangebot ist heutzutage überbordend. Und es gibt großartige Stücke. Wer sich einrichten will, braucht Zeit, und vor allem muss er wissen, was er will. Sonst verläuft er sich im Dschungel des Angebots. Neben tollen gibt es allerdings auch reichlich spießige und mopsige Produkte.

Und so tastet sich der Interessent im Möbelhaus an den Wohnwänden entlang, sinkt zwischendurch ermattet auf ein Sofa im Urban-Style oder entspannt sich gleich auf dem Couchtisch Yoga III. Und er überlegt, braucht er nun ein Lowboard, Sideboard oder Highboard. Dem gehetzten Bürger der Neuzeit scheint Entspannung wichtig, denn es wird eine Vielzahl an Relaxsesseln angeboten.

Und der Wandschmuck? Kein Hirsch röhrt mehr auf einer Lichtung. Aber zeitgemäßer Kitsch findet sich zuhauf.

Fernsehen

An mein erstes Fernseherlebnis erinnere ich mich genau.

Es war bei der Schwägerin meiner Tante Hanne in Augustusburg. Cläre Hinkert und ihrem Mann Fritz, einem ehemaligen Opernsänger, gehörte das in der Region sehr bekannte »Waldhaus«.

Dort stand ein Möbelstück, das ich nie vorher gesehen hatte: ein Fernsehschrank. Man öffnete links und rechts eine Tür und sah einen Bildschirm. Mich erinnerte das zunächst an ein Kasperletheater für Erwachsene. Dieser Einschätzung ist bis heute nichts hinzuzufügen.

In Augustusburg sah ich in den fünfziger Jahren einen Bericht von der Friedensfahrt. Ein Ereignis, das Kinder wie Erwachsene damals sehr beschäftigte.

Ich spürte unbewusst einen entscheidenden Unterschied zu Radioübertragungen. Während man die Sendungen im Rundfunk verfolgen und im Zimmer herumgehen konnte, ja, sogar aus dem Nachbarzimmer noch alles hörte, wurde der Mensch nun im Raum sesshaft, und die ganze Familie schaute gebannt auf eine bestimmte Stelle. Deshalb fiel mir Jahre später dieser Aphorismus ein: Radio betäubt nur örtlich. Fernsehen ist Vollnarkose.

Mit dem Fernsehen kam es zur Teilung der DDR, was den Empfang der Westprogramme anbelangte. Vor allem der Dresdner Raum (verspottet als »Tal der Ahnungslosen«) und Gebiete an der Ostsee waren vom Westfernsehen ausgeschlossen. Während man in der Gegend um Plauen – wie man scherzhaft sagte – bloß einen nassen Faden aus dem Fenster hängen musste, um ein Spitzenbild zu empfangen, sahen wohl nur wenige auf dem »Weißen Hirsch« in Dresden ein Westbild mit viel Grieß … Am Sonntagvormittag saß ein Großteil der Ostdeutschen mit einem Vokabelheft oder etwas Ähnlichem vor dem Gerät, um die Programmvorschau des Westfernsehens mitzuschreiben.

Wer hätte sich damals vorstellen können, dass wir DDR-Bürger dies einmal täglich in unserer Zeitung lesen würden?!

Es gab Menschen im Land, die gezwungenermaßen freiwillig auf das Westfernsehen verzichteten. Besonders klassenbewusste Bürger. Oder sie begleiteten Funktionen, in denen der Empfang nicht gutgeheißen wurde, und richteten sich danach. Manche wollten ihre Kinder nicht in einen Zwiespalt bringen. Ich kannte ein Ehepaar, das in staatlichen Diensten stand. Beide sahen die DDR nicht unkritisch, aber konsequent über das DDR-Fernsehprogramm.

Ein Handwerker erzählte mir einmal, dass er als Kind sonntags beim Spiel plötzlich allein im Hof stand, weil alle seine Freunde für irgendeine Westserie in den Wohnungen verschwunden waren. Als Funktionärskind war er davon ausgeschlossen.

Über die Jahre wuchsen die Qualität der Apparate und die Brillanz der Farbe immer mehr. Heute stehen oder hängen riesige Flachbildschirme in den Räumen. Nur ist leider zu beklagen, dass die Qualität des Fernsehens nicht besser als mit dem symbolischen Begriff »Flachbildschirm« beschrieben werden kann! Es war deutlich zu beobachten, dass mit der Zunahme der Kanäle die Abnahme des Niveaus einherging. Und da ist noch lange kein Ende der Fahnenstange in Sicht.

Deshalb habe ich in der MDR-Sendung »Riverboat« auf die Frage an die Runde, was jeder machen würde, wenn er nur noch ein Jahr zu leben hätte, gesagt: »Ich würde von früh bis spät Fernsehen gucken, damit mir der Abschied von dieser Welt leichtfällt.«

Der Psychologe Hans-Joachim Maaz schreibt in seinem Buch »Die narzisstische Gesellschaft«: »Über Sinn und Inhalt der meisten Fernsehproduktionen mag man sich schon nicht mehr wundern, weil sie eine Art Verblödung und aggressive Schadenfreude befördern, die offenbar vielen als Droge gegen ihre narzisstische Wunde dient. Wie groß muss die narzisstische Not einer Bevölkerung sein, dass sie sich solche Primitivität nicht nur gefallen lässt und sie konsumiert, sondern offenbar zur Ablenkung von eigenen Defiziten regelrecht braucht.«

Die Jagd nach der Einschaltquote nervt. Sie ist außerdem nicht präzise, denn sie berücksichtigt jene Menschen nicht, die vor dem Fernseher eingeschlafen sind …

Nach den neuesten Umfragen hat der Fernsehkonsum zugenommen, ist die absolute Nummer eins der Freizeitgestaltung. Allerdings wohl nicht mehr bei der Jugend. Die gestalten sich schon ihr eigenes Programm über das Internet.

Eine Woche ohne Fernsehen würde im Durchschnitt etwa vierzehn Stunden freie Zeit bringen. Mein Eindruck ist allerdings, dass anspruchsvolle Menschen das Gerät immer öfter meiden.

Der hauptsächliche Unterschied zu früherem Fernsehverhalten liegt in der Konzentration auf die Sendungen. Einst fragte man: »Hast du gestern den Film bei uns gesehen?« Dann wusste jeder, dass es sich um das DDR-Fernsehen handelte. Die Formulierung »Die Show im Ersten war klasse« bedeutete Konsum der Bilder von der ARD. Wir haben am nächsten Tag noch über die Filme gesprochen, die uns in besonderer Weise beeindruckten. Heute wissen viele Menschen auf Nachfrage gar nicht gleich, was sie eigentlich gesehen haben. Oder die schreckliche Unsitte der Zapperei: »In den Film habe ich nur mal reingeguckt. ... Habe nur ein Stück gesehen.«

Man geht ja auch nicht für fünfzehn Minuten ins Kino. Damals hat man nur »ganze« Filme gesehen.

Oder wenn man sich an einem Abend zwei Spielfilme ansieht. Wir sind doch nicht als junge Leute nach dem Kino noch in ein anderes Kino gegangen.

In meinen Kindheitstagen sah ich nach einer Katastrophe, die in irgendeinem Land der Erde passierte, meist erst nach ein, zwei Tagen in der Zeitung ein verschwommenes Schwarzweißfoto von einem Erdbeben oder einer Überschwemmung.

Heute verfolge ich auf meinem Flachbildschirm in Farbe und ganz nah eine verzweifelte Frau in der Flut, die ein Tsunami ausgelöst hat.

Stumpfen unsere Gefühle mit der Reizüberflutung ab? Können uns solche Bilder noch erschüttern?

Noch ein Wort zum Krimikult: Mir scheint, im deutschen Fernsehen gibt's inzwischen mehr Kommissare als früher in der Roten Armee!

Der sonntägliche »Tatort« (nichts gegen einen gelegentlichen guten Krimi!) ist für viele Menschen ein absolutes *muss*.

Und erst die Produktionen aus Schweden, Norwegen, Dänemark! Da dachte ich, in Skandinavien leben vernünftige, kinderliebe Leute. Holzmöbel, schöne Landschaften. Denkste! So viele Einwohner, wie in diesen Filmen umgebracht wurden, so viele können dort gar nicht leben. Nach den Toten in den Krimis müsste Skandinavien eigentlich schon menschenleer sein!

Überhaupt: Bei dem Blut, das pro Abend auf dem Bildschirm vergossen wird, ist es doch kein Wunder, dass die

Hälfte der Menschen in Deutschland an Schlafstörungen leidet.

In der ARD hörte ich »Das Wort zum Sonntag«. Eine Pastorin beendet ihre Ansprache, wünscht Gottes Segen und eine gute Nacht. Anschließend folgte im Programm der Film »The Ring – Das Grauen schläft nie«. Wie soll man denn bei permanentem Mord und Totschlag entspannen?

Zwei Freunde von mir sehen deshalb fast nur noch historische Dokumentationen oder Naturfilme.

Als ich mich mit einem Taxifahrer über dieses Thema unterhielt, sagte er mir sinngemäß: »Aber hamm Sie schon mal een Film über eene glückliche Familie gesehen? Een Film, in dem alle Arbeit hamm, sich sonntags bei Sport und Spiel oder im blühenden Garten entspannen, in dem alle nett sind und sich gut verstehen … Das würde sich doch kee Schwein angucken! So weit ist es schon gekommen, dass das Fernsehpublikum nur noch bei der Stange gehalten werden kann, wenn Menschen eens off die Rübe kriechn, ä Messer zwischen die Rippen oder wennse wie de Kaninchen abgeknallt wern.

Guckense ma, meine Eltern, als die jung waren und zu Hause noch keen Fernseher hatten, da sind die früher höchstens eemal in der Woche ins Kino gekommen. Eemal! Da war ä Krimi noch ausgesprochen was Seltenes. Heute gucken die Leute jeden Tag mindestens einen Film. Jeden Tag!

Das sind 365 Mal Mord und Totschlag. Die sehen jährlich im Fernsehen weit über tausend Tote! Davon bleibt doch etwas im Unterbewusstsein hängen … von den ganzen Erschlagenen, Erdolchten, Erschossenen und Erwärchten!«

Recht hat er!

Kino

Ein Kinobesuch in den fünfziger Jahren war für mich ein faszinierendes Erlebnis. Es ging uns noch so wie den Menschen vor dem Krieg. Ertönte der Gong und ging das Licht aus, dann eröffnete sich uns eine Traumwelt.

Kam ich mit meinem Freund zu spät ins Kino, und die Beleuchtung war schon erloschen, dann trat die Platzanweiserin an uns heran, über ihrem linken Arm bog sich ein kleines Bündel Programmhefte, die sie uns zum Kauf anbot, in der Rechten hielt sie eine Taschenlampe mit der sie uns den Weg zu unserem Platz leuchtete. Heute werden die Eintrittskarten nicht mehr abgerissen (wenn Sie schon längere Zeit nicht im Kino waren, dann wissen Sie das vielleicht gar nicht), sondern das Ticket wird gescannt.

Als die Menschen noch nicht täglich auf jene kleine Mattscheibe im Wohnzimmer starrten, suchten sie öfter ein Lichtspieltheater auf. Damals gab es im Kino jenen besonderen Zauber zu erleben: War der Film zu Ende, stellte sich eine gewisse Melancholie ein, die Türen gingen auf, draußen war es mitunter überraschend hell, und ich lief mit meinen Freunden zunächst wortlos den Weg über den Hof zur Straße, sah in Gedanken bestimmte Szenen noch einmal, und allmählich begann das Gespräch über das Gesehene.

Wir waren als Kinder und Jugendliche, als junge Männer durch bestimmte Streifen wirklich zu erschüttern. So beeindruckte mich zum Beispiel der Film »Ein Leben in Leidenschaft« mit Kirk Douglas über das tragische Geschick des Malers Vincent van Gogh. Erst beim Bier im Theater-Café fanden wir Worte für das Gesehene. Genauso ging es mir und meinen Freunden mit »Moulin Rouge« über das

Schicksal von Toulouse-Lautrec. Oder mit Carmine Gallones Film über das Leben von »Puccini«.

Aus dem Jahr 1958, in dem ich im Juli vierzehn Jahre alt wurde, besitze ich ein Notizbuch. Mit Datum sind alle Filme vermerkt, die ich gesehen habe. Am 1. Januar war ich genauso im Kino wie am 31. Dezember. Anhand meiner Aufzeichnungen kann ich beweisen, wie oft ein Jugendlicher in meinem Alter (meine Freunde eingeschlossen) damals pro Jahr im Filmtheater war. Diese Notizen sind tatsächlich ein kleines Zeitdokument.

61 Filme sah ich im Jahr 1958.

Und was waren das für Filme?

Interessant ist für mich, dass ich genau unterschieden habe zwischen »Deutschem, Westdeutschem und DEFA-Film«. Die anderen Streifen stammten aus Jugoslawien, Frankreich, Italien, Polen, Indien, Finnland, der ČSSR, Ungarn, Großbritannien, Bulgarien, Spanien, Mexiko und der Sowjetunion. Es fällt auf – nicht ein einziger Film aus den USA war dabei. Da wäre ich garantiert drin gewesen, sie tauchten in unseren Kinos damals kaum auf. Verblüffend ist die Internationalität. Die würde ich mir heute in den Kinos wünschen, in denen es (zumal in den großen) im Gegensatz zu den fünfziger Jahren vielfach amerikanisch zugeht. Besser aufgehoben bin ich da in meinem Leipziger Programmkino Passage mit fünf Sälen, in denen anspruchsvolle Filmkost und niveauvolle Unterhaltung garantiert sind.

So intensiv, wie meine Generation Kino erlebte, ist es nicht verwunderlich, dass ich in dem Notizbuch Filmtitel lese, an die ich nach fast sechzig Jahren noch präzise Erinnerungen habe. Da lese ich »Ein zum Tode Verurteilter ist entflohen«. Ein damals für mich unglaublich spannender Film, der im von den Nazis besetzten Frankreich spielt. Ein

Film, wie wir sagten, »der gut ausging«, weil die Flucht des von der SS gefolterten Widerstandskämpfers gelingt.

Ganz anders der westdeutsche Film »Lachkabinett«. Das war für mich als Dreizehnjährigen ein Urerlebnis in Sachen Komik. Ich sah zum ersten Mal Karl Valentin mit seiner Partnerin Liesl Karlstadt. Seine teilweise absurden Sketche wie zum Beispiel »Die Orchesterprobe« fand ich großartig. Ich parodierte Valentin im Freundeskreis oder bei Feiern in meiner Kirchgemeinde. Das waren meine ersten Schritte in Sachen Humor und Satire, und ich träumte davon, so etwas Komödiantisches später auch zu versuchen. Der künftige Kabarettist sah erste Vorbilder.

»Es geschieht Punkt 10« hieß ein französischer Kriminalfilm. Darin spielte ein großer deutscher Schauspieler mit, der besonders abgründige Typen überwältigend darstellen konnte: Gert Fröbe. Ein waschechter Zwickauer wie ich und deshalb ein Grund, ihn besonders zu verehren. Ihm nahm man jede Rolle vom übelsten Schurken bis zum Spaßvogel ab. In dem erwähnten Film fieberten wir jungen Burschen im Parkett besonders, denn wenn ich mich richtig erinnere, gelangte durch eine Verwechslung ein Fußball mit einer darin installierten Bombe in ein normales Spiel. Und die Akteure auf dem Rasen hatten natürlich keine Ahnung, in welcher Gefahr sie schwebten. Die Spannung war damals fast nicht auszuhalten!

Völlig entspannt dagegen der westdeutsche Film »Ich denke oft an Piroschka«, der vor allem vom Spiel der hinreißenden Liselotte Pulver lebte. Den unglaublich langen Namen einer kleinen ungarischen Station, den der Bahnhofsvorsteher immer stolz ausrief, den konnten wir jungen Burschen damals alle auswendig runterrasseln. Und beim Einrollen des Zuges sagte der Bahnbeamte stets (für die genaue Zahl verbürge ich mich nicht): »Pünktlich … zwanzig Minuten Verspätung!«

Oder »Fanfan, der Husar«! Grandios! Ein umwerfendes Paar spielte die Hauptrollen: die blutjunge Gina Lollobrigida, die mit diesem Streifen ihren internationalen Durchbruch hatte, und der Frauenschwarm Nr. 1 Gérard Philipe. Die schöne Schauspielerin mit ihrem entzückenden Dekolleté tauchte durchaus mal in unseren Träumen auf.

Und wie freuten wir uns, als der zum Tode verurteilte Fanfan aufgehängt werden sollte und der vorher angesägte Ast brach. Dies wurde als Gottesurteil gewertet, und er konnte sich wieder dem Lieben und Fechten widmen.

Der Film ist der einzige in meinen Aufzeichnungen, bei dem dahinter »2x« steht. Aus gutem Grund. Auch daran habe ich genaue Erinnerungen. Ich besuchte das Zwickauer Palast-Theater mit zwei Freunden. Einer von ihnen hatte vorher schon von diesem Film geschwärmt. Als es im Theater hell wurde, blieben wir sitzen und plauderten aufgeregt über das Gesehene. Nach einer Weile kam die Platzanweiserin und forderte uns auf, das Kino endlich zu verlassen, da gleich die nächste Vorstellung beginnen würde. Zu ihrer Überraschung zückten wir unsere bereits erworbenen Karten für die Folgevorstellung und sahen die Abenteuer von »Fanfan, dem Husaren« gleich noch einmal.

All das erzählt mir mein kleines Film-Notizbuch …

Nach meiner Erinnerung sahen wir damals viele sogenannte Lustspielfilme. Sie waren teilweise vor dem Krieg gedreht worden; dieselben Schauspieler traten aber auch in neuen westdeutschen Produktionen auf: Heinz Rühmann, Hans Moser, Theo Lingen oder Paul Hörbiger.

Unvergesslich, als ich zum ersten Mal Charlie Chaplin sah!

Ein Komödiant, den die ganze Welt kannte. Er brauchte keine Synchronisation. Seinen Humor verstand man überall.

Damals konnte ich nicht ahnen, dass ich durch die Sendung Riverboat beim MDR viele Jahre später seine Tochter Geraldine Chaplin kennenlernen würde. In der Sendung erzählte ich einen jüdischen Witz, und sie sagte mir danach, dass genau mit jenem Witz ihr Vater sie vor langer Zeit zum Lachen gebracht habe. Unglaublich!

Natürlich gab es für Schüler in den fünfziger Jahren ab und an den obligatorischen Besuch eines Films aus der DDR oder der Sowjetunion, der stark propagandistisch eingefärbt war. Etwa »Ernst Thälmann – Sohn seiner Klasse« oder »Ein Kommunist«. Aber das war doch relativ selten, und wenn dadurch Unterrichtsstunden ins Kino verlegt wurden, war das gut auszuhalten …

Wenn ich zu DDR-Zeiten mit Freunden aus der Bundesrepublik über das Filmangebot sprach, so meinten die oft: »Bei uns wird meistens bloß Müll gespielt. Fast ausnahmslos amerikanische Filme. Gute Filme laufen in Filmkunsttheatern. Die gibt's nur in den größeren Städten.«

Das Filmkunsttheater Casino – seine Schließung nach der Wende war ein herber Verlust für Leipziger Filmfans – zeigte in jeder Vorstellung von vormittags bis spät weltbeste Filme, teilweise wurden die Dialoge simultan gedolmetscht. Ein Mann saß in einer kleinen Koje und sprach alle Rollen. Bei Liebesdialogen ging das beim Publikum im Parkett nicht ohne Erheiterung ab …

Wir sahen in der DDR hervorragende Filme aus Italien, Schweden, Frankreich, Polen, der ČSSR, Ungarn, aus den USA und auch aus der UdSSR. In den achtziger Jahren kam es sogar – unvorstellbar! – zum Verbot sowjetischer Filme.

Wo sind heute in den großen Kinos europäische Produktionen von Rang?

Sie haben schon absoluten Seltenheitswert. Man hat den Eindruck, dass es beispielsweise in Tschechien und Italien gar keine Filmproduktion mehr gibt.

Gleiches ist vom DVD-Angebot zu sagen. Ich habe im Laden einer Kette das Angebot auf der Suche nach internationalen Streifen mit Niveau durchforstet, eine Stunde lang. Es ist unvorstellbar, wie viele Action-, Horror- und Vampirfilme aus den USA vorrätig waren. Ich fand in jener Stunde nur einen preisgekrönten ungarischen Film, einen polnischen und drei französische neben natürlich vom Niveau her unterschiedlichen Produktionen aus Deutschland und den USA.

Ich weiß wohl, dass es hervorragende amerikanische Filme mit großartigen Akteuren gibt. Ich sehe die Garde von Robert de Niro bis Jack Nicholson, von Leonardo DiCaprio bis Morgan Freeman, von Meryl Streep über Charlize Theron bis Julia Roberts und wie sie alle noch heißen, sehr gern auf der Leinwand, aber das ist ja leider nicht die Masse der amerikanischen Filmproduktion. Und mir kam beim Stöbern in den DVD-Regalen der Satz eines Bekannten in den Sinn, der der Meinung ist, dass bestimmte Kreise wohl unter Globalisierung eher Amerikanisierung verstehen ...

Mit viel Werbeaufwand (und vor allem auch viel Geld) werden die »Blockbuster« inszeniert.

Beim »Nachschlagen« im Internet erfuhr ich, dass jenes englische Wort etwa mit »Häuserblockzerstörer« übersetzt werden kann. Darunter verstand man eine gefürchtete Fliegerbombe, deren Sprengkraft im Zweiten Weltkrieg einen ganzen Wohnblock zerbersten ließ.

Später benutzte man den Begriff für die Warteschlangen, die sich um den ganzen Häuserblock schlängelten. Aber etwas makaber ist der Ausdruck schon, oder?

Inzwischen werden die kommerziell besonders erfolgreichen Kinoproduktionen durch Fortsetzungen immer wieder weitergeführt – wie zum Beispiel bei »Star Wars 7« oder »Jurassic World 4«. Sternenkriege und Dinosaurier sind eine sichere Bank für »Blockbuster«.

In Deutschland nannte man besonders erfolgreiche Fernsehfilme früher Straßenfeger (zum Beispiel die Krimis von Francis Durbridge oder »So weit die Füße tragen«, das Schicksal eines aus einem sowjetischen Kriegsgefangenenlager geflohenen Deutschen) und im Kino Kassenschlager oder Publikumsrenner (»Die glorreichen Sieben« oder – um auch mal einen legendären DEFA-Film zu nennen – »Die Legende von Paul und Paula«).

Briefe, E-Mails, Internet und Google

Ich denke, meine Generation ist auch die letzte, die jene jahrhundertealte Tradition des Briefeschreibens gepflegt hat. Zwar bekomme ich als Autor hin und wieder handgeschriebene Briefe von meinen Lesern, aber es werden weniger. Diese Art der Kommunikation bricht gerade weg.

Ein paar Männer sind unter den Schreibern, die meisten sind Frauen. Die nehmen sich noch die Zeit.

Ich selbst beantworte alle Schreiben ebenfalls handschriftlich auf Karten.

In der Zukunft wird es wohl kaum Bücher geben, die Briefe bedeutender Künstler oder Wissenschaftler abdrucken. Aus einem einfachen Grund: weil keine Briefe mehr geschrieben werden und die E-Mails längst gelöscht sind.

Seitdem Menschen schreiben konnten, stand über Jahrhunderte ganz oben jener Brief, der die Krone alles Geschriebenen war: der Liebesbrief.

Diese Spannung! … Am Dienstag habe ich den Brief an sie in den Kasten geworfen. Sie hat ihn vermutlich am Donnerstag bekommen … nun ist die Frage, wann sie antwortet … schreibt sie gleich noch am Donnerstag, dann kann ich vielleicht am Sonnabend schon die Antwort in den Händen halten. Also – warten auf den Sonnabend und an jenem Tag wiederum warten auf den Briefträger und die Frage: »Ist die Post schon durch?«

Dann diese Freude, wenn tatsächlich die Antwort im Kasten war. Der Brief duftete sogar, denn sie hatte etwas von ihrem Parfüm daraufgesprüht.

Heute passiert das alles in Sekunden. Jemand schickt eine SMS: »Ich liebe dich!« Darauf die sofortige Antwort: »Ich dich auch!« Das war's. Gibt es Liebes-E-Mails? Vermutlich schon.

Die meisten Briefe (mit dem langweiligen Stempel »Briefzentrum« an Stelle des Ortsnamens), die ich heute bekomme, sind Spendenaufforderungen. Meist liegt dem Dankesbrief gleich das nächste Überweisungsformular bei. Das nenne ich Nötigung.

»Eisbären brauchen Eis zum Überleben!« Das ist mir schon klar, nur schätze ich meine Einflussmöglichkeiten von der Leipziger Südvorstadt aus als ziemlich gering ein. Auch wenn mir quasi schlechtes Gewissen gemacht wird, falls ich den WWF-Rettungsplan nicht unterstütze. Denn es liegt ja letztlich an mir, ob die Eisbären schmählich eingehen.

»85 Euro tragen dazu bei, in der Arktis Erwachsene und Kinder zu informieren, wie Eisbären und Menschen friedlich nebeneinander leben können.«

Wie da ausgerechnet 85 Euro helfen, wird mir leider nicht erklärt. Und laufen überhaupt ahnungslose Erwachsene und Kinder dort zuhauf herum?

An zweiter Stelle liegen Werbebriefe von der exklusiven Sonderprägung einer Münze bis zum Angebot eines Weinkontors.

Früher waren Briefe immer persönlich an den Empfänger gerichtet. Von Verwandten und Freunden aus Ost und West oder eben von der Freundin. Werbebriefe gab es in der DDR nicht. Eine besonders willkommene Post war der Bescheid nach achtzehn Jahren, dass man nunmehr den bestellten Wartburg abholen könne.

Vom Staat bzw. von der Schule wurden vor allem Brieffreundschaften in die ruhmreiche Sowjetunion und in die anderen sozialistischen Länder gefördert.

Durch das Internet können die Kontakte heute weit über

das eigene Heimatland hinausgehen. Kein Mensch hätte früher an einem Tag so viele Briefe geschrieben, wie er es via E-Mail tut.

Über das Internet drängt die ganze Welt in unseren Kopf. Wenn früher jemand sagte: »Ich muss mal etwas abschalten«, so wollte derjenige ein paar Tage pausieren. Heute hat der Begriff »abschalten« eine ganz andere, der seelischen Gesundheit förderliche Bedeutung: Handy aus, Internet aus. Raus aus dem Stand-by-Modus.

Wie sagte John Naisbitt? »Wir ertrinken in Informationen, aber wir hungern nach Wissen.«

Ich las in der »Leipziger Zeitung« ein Interview mit einer Medienpädagogin. Auf die Frage: »Wie entspannst du? Gibt es Momente ohne Medien-Konsum?«, sagte sie: »Wenn ich am Rechner sitze, habe ich mein Handy in der Hand, meinen Laptop auf dem Schoß, eine Zeitung unterm Arm, Kopfhörer im Ohr. Wirklich! Mein Freund sagt immer: ›Wie kannst du an einem Text schreiben und gleichzeitig ein Hörspiel laufen haben und mit Oma telefonieren?‹ …«

Den Freund verstehe ich sehr gut.

Was in den letzten Jahren vor allem gewachsen ist – das ist die Angst, etwas zu verpassen. Die neuesten Nachrichten. Die Anrufe. Die E-Mails. Viele wollen immer auf dem aktuellsten Stand sein. Es gibt kaum noch Menschen, die man mit einer Information überraschen kann.

So wie früher: »Hast du schon gehört, dass …« Und der andere reagiert darauf: »Nee, erzähl mal …«

Jeder weiß heute alles, aber es hilft ihm auch nicht weiter.

Iris Radisch hat ein Buch über »Die letzten Dinge« herausgegeben, Gespräche mit Schriftstellern. Darin sagt der französische Autor Michel Butor: »… Es gibt eine Flut von Veröffentlichungen, aber einen geistigen Stillstand. Die Ursache ist eine Krise der Kommunikation. Die neuen Kommunikationsmittel sind bewundernswert, aber sie verursachen einen ungeheuren Lärm. Jeden Tag gibt es Neuigkeiten, noch mehr Neuigkeiten und noch mehr Neuigkeiten, die alle wieder verschwinden. Diese Informationsflut zerstört sich selbst. Es ist heute bedeutend schwieriger, zu erfahren, was wirklich geschieht, als vor zwanzig Jahren.«

Einen Brief hat man in Ruhe gelesen, sich darüber gefreut, vielleicht auch noch ein zweites Mal, dann weggelegt und irgendwann beantwortet. Heute wird unser Kopf täglich elektronisch zugemüllt.

Ich hatte als Kind vier, fünf gute Freunde, als Jugendlicher waren es dann ein paar mehr.

Ein paar gute Freunde sind tausendmal wichtiger als tausend sogenannte Facebook-Freundschaften. Die Netzwerke erzeugen über die Sehnsucht, von möglichst vielen Menschen anerkannt und geschätzt zu werden, eine Illusion. Professor Ernst Pöppel aus München sagt dazu: »Diese Menschen sind sich selber nicht genug. Sie brauchen die vielen anderen ... Doch wir dürfen darüber nie vergessen, dass zuallererst immer noch wir selber für uns selber verantwortlich sind.«

Apropos Freundschaft: Ein Bekannter erzählte mir die folgende Geschichte. Ein Vater holt seinen Sohn von der Schule ab. Ein Schulfreund ist dabei. Der Sohn verabschiedet ihn, als der an seinem Haus angekommen ist. Als er mit seinem Vater zu Hause ist, geht der Junge sofort ins Internet und kommuniziert mit dem Freund. Der Vater ist fassungslos: »Auf dem ganzen Weg hast du kein Wort mit deinem Freund gesprochen! Und jetzt schickt ihr euch Sätze hin und her?«

Wir mochten uns in der Schulklasse nicht alle mit gleicher Intensität. Den einen mochte man mehr, den anderen weniger, und dann gab es auch mal diesen und jenen, über den man unter Freunden sagte: »Den kann ich nicht leiden.« Wenn solch ein Typ mich geärgert hatte, dann meinte meine Mutter: »Den darfst du gar nicht estimieren.« Ich ahnte ungefähr, was sie meinte. Ich mied ihn, ohne das an die große Glocke zu hängen oder eine Aktion daraus zu machen. Es gab eben noch kein Mobbing.

Dieses englische Wort hat es ja immerhin schon in mein Fremdwörterlexikon geschafft.

Der Mob an sich ist bekanntermaßen der Pöbel, ein randalierender Haufen.

Etwas völlig anderes ist der Mopp (was im Sächsischen gleichermaßen »Mobb« ausgesprochen wird); hinter dem Begriff, der auch aus dem Englischen kommt, verbirgt sich ein Staubbesen mit langen Fransen.

Mobbing selbst wird im Lexikon mit »Untergrabung der persönlichen Integrität am Arbeitsplatz« definiert. Aber längst wird nicht mehr nur am Arbeitsplatz gemobbt.

Das Internet wurde schon viele Male zum Forum unsäglicher Hetze gegen Mitmenschen oder zum Ort übelster Nazi-Propaganda. Längst ist das soziale Netz nicht nur sozial. Die neuen Medien werden eben im Guten wie im Schlechten genutzt. Dadurch entstanden ist – das Cybermobbing. Nach der Vergewaltigung eines jungen Mädchens tauchte doch tatsächlich ein Foto davon im Internet auf. Das Opfer kam nicht darüber hinweg und nahm sich das Leben.

Der Philosoph Byung-Chul Han stammt aus Südkorea und lebt in Berlin. In einem Interview mit Thomas Zaugg für die Schweizer Zeitschrift »Das Magazin« sagte er: »Die digitale Vernetzung und Kommunikation hat uns am Anfang sehr viel Freiheit versprochen. Nun erweist sie sich als Zwang. Sie befreit uns nicht, sondern macht uns abhängig … Das digitale Medium etabliert sich immer mehr als Herrschaftsmedium und verdrängt sein Emanzipationspotential.« Han nennt diese neue Machtform »smarte Macht«. Und was will sie von uns?

»Die smarte Macht erlegt uns kein Schweigen auf. Vielmehr fordert sie uns permanent dazu auf, mitzuteilen, zu teilen, teilzunehmen, unsere Meinungen, Bedürfnisse, Wünsche und Vorlieben zu kommunizieren und unser Leben zu erzählen.« Und an unerwarteter Stelle wird es plötzlich in der Einschätzung von Han sehr katholisch: »Das Smartphone ist sowohl Überwachungsapparat als auch mobiler Beichtstuhl. Es ist die digitale Fortsetzung der sakralen Herrschaft des Beichtstuhls.«

Abgesehen davon, dass der Beichtstuhl (bis heute) manchem Menschen den Psychiater erspart, ist es natürlich ein raffiniertes Instrument, um die Kirchenfürsten wissen zu lassen, wie der Mensch denkt und was er alles so treibt. »Wir leben heute im digitalen Mittelalter«, formulierte Han, »wir beichten weiter, und zwar freiwillig. Dabei bitten wir nicht um Vergebung, sondern um Aufmerksamkeit. Und es ist jetzt nicht die Kirche, sondern es sind Geheimdienst und Markt, welche uns Gehör schenken.«

Wir, die wir das Leben in der DDR bis zur Neige ausgekostet haben, wissen, wie blindwütig der volkseigene Geheimdienst alles sammelte, dessen er von uns mündlich oder schriftlich habhaft werden konnte. Längst ist nun durch Aussteiger bekannt, dass der amerikanische Geheimdienst seine Sammelwut in ganz anderen Größenordnungen weltweit befriedigt. Politiker weisen uns immer wieder darauf hin, dass man doch um Gottes willen das Spitzeln der Amerikaner nicht mit der Stasi vergleichen könne.

Das ist völlig richtig.

Die war nie so perfekt!

Dafür fehlte denen die Technologie – von den heutigen Möglichkeiten konnten sie nur träumen!

Angela Merkel hat ja sinngemäß gesagt, dass man so was unter Freunden nicht macht. Und da man's doch gemacht hat, heißt das dann, dass es vielleicht nicht mehr unsere Freunde sind?

Hat der sowjetische Geheimdienst das Telefon von Erich Honecker abgehört?

Die waren ja auch Freunde.

Man sagt übrigens in unseren Nachrichten nicht, dass wir bespitzelt werden, sondern wir werden ausgespäht ... Das klingt nicht so hart, »er späht« wirkt etwas freundlicher, da denkt man an einen Indianer, der seine flache Hand zum Schutz vor der Sonne über die Augen hält und nach Wild oder einem Feind späht ...

Die permanente Spionage der Amis hat natürlich auch Vorteile für uns! Na klar! Wenn mein Computer abstürzt, dann kann ich drüben anrufen und sagen: »Mensch, Jungs, seid doch mal so nett und schickt mir mein ganzes Zeug wieder rüber!«

Und dann erreichte uns völlig überraschend, aus der Kalten sozusagen, die Nachricht ... wenn Sie die verpasst haben, werden Sie jetzt große Augen kriegen ..., dass der Bundesnachrichtendienst, ... also unser aller geschätzter und vertrauenswürdiger Geheimdienst, *auch* Politiker abgehört hat!

Wer hätte sich denn so etwas vorstellen können?!

Die geheime Beschaffung von Informationen treibt inzwischen in der Abwehr ganz besondere Blüten! Einer der russischen Geheimdienste hat wegen der Computerspionage in Deutschland zwanzig Schreibmaschinen bestellt.

Heikle geheime Dokumente werden von denen aus Sicherheitsgründen prinzipiell nur noch mit Maschine geschrieben!

Das Aushorchen ist heutzutage völlig unpersönlich geworden … Früher, in der DDR, da gab es ja wenigstens persönliche Kontakte, da saß der Spitzel mit am Tisch! Da konnte man sich noch menschlich nahekommen! Heute: alles nur elektronisch!

Ich habe einen Freund, dessen Computer hat keinen Internetzugang, und er besitzt kein Handy. Der Mann entzieht sich der elektronischen Überwachung. Das sind die neuen Dissidenten! »Das Handy«, sagte er mir, »ist ja letztlich eine Art Ortungswanze. Es ist eine elektronische Fußfessel, die von den Menschen freiwillig getragen wird.«

Und die Telekommunikationsexperten lassen sich auf ihrem Gebiet unentwegt Neues einfallen. In Russland fand man in Bügeleisen aus China Computerchips, die sich im Umkreis von 200 Metern in alle offenen WLAN-Netzwerke einloggen konnten.

Ich hatte immer schon so eine komische Ahnung, aber nun weiß ich, warum ich so ungern bügle!

Unlängst las ich, dass es nicht mehr lange dauert, bis uns die Kühlschränke über den Vorrat an Käse, Butter und Wurst informieren. Ich hoffe, das trifft auch auf Bier zu.

Die Zukunft ist ja das Internet der Dinge.

Nachdem die Menschen das World Wide Web in den letzten Jahren reichlich genutzt haben, fangen nun auch die Dinge damit an. Immer mehr Geräte des Alltags werden miteinander vernetzt. So sitzen Sie zukünftig im Kaffeehaus und steuern über eine App die Waschmaschine oder die Heizung. Die Geräte können sich aber mit Hilfe aus dem Netz bald selbst steuern. Und eines Tages werden wohl die Dinge mehr miteinander kommunizieren als die Menschen und schließlich die Oberhand gewinnen. Ob es für den Planeten besser ist, wenn sie dann die Erde regieren, das muss sich erst noch zeigen.

Wenn sie lernen, gar zu menschlich zu reagieren, geht's auch wieder schief.

Aber um auf die Überwachung zurückzukommen – die wird ja immer phantasievoller. Man muss mit allem rechnen! Wenn auf dem Ast der Kastanie vor meinem Fenster eine Krähe landet, muss ich mich doch inzwischen fragen: Ist das wirklich eine Krähe oder schon eine getarnte Drohne?

Früher dachte man, der liebe Gott sieht alles. Und heute?

Der neue Gott Google weiß, wo du bist, wo du warst, wie du denkst und was du vorhast.

Dagegen war die Stasi eine Laienspielgruppe.

Als Mark Zuckerberg gefragt wurde, wie er es mit der Speicherung von Daten und dem Schutz der Privatsphäre halte, meinte er: »Ich verstehe Ihre Frage nicht. Wer nichts zu verbergen hat, hat auch nichts zu befürchten.«

Diesen Satz benutzten die Geheimdienste untergegangener Diktaturen in aller Welt schon vor Zuckerberg.

Und so wird inzwischen aus dem freien – der gläserne Bürger.

Der Facebook-Gründer Zuckerberg glaubt übrigens daran, dass in Zukunft selbst Gefühle digital übertragen werden können. »Sie werden in der Lage sein, einfach an etwas zu denken – und Ihre Freunde werden das sofort ebenfalls erleben können, wenn sie es wünschen.«

Der erste Schritt dazu sind selbst lernende Computer, die den Inhalt von Nutzer-Einträgen besser erfassen sollen. Also, ich stelle mir vor, wenn ich in einer bestimmten Situation an ein Stück Schwarzwälder Kirschtorte denke, dann wird das meine Freundin Katrin Weber gleichfalls können. Ist das nicht toll? Und was machen wir dann? Wir treffen uns im Café Maître und verschnabulieren ein Stück.

Auf diese süße Idee wären wir ohne Mark Zuckerberg nie gekommen!

Die Sache ist nur die – ich vermute, dass unter solchen Bedingungen nicht nur positive und schöne Gefühle übertragen werden können ... vermutlich kann es auch böse zugehen. Wir sehen ja, was heute schon im Netz los ist. Früher wurden in den Zeitungsredaktionen anonyme oder beleidigende Briefe einfach in den Papierkorb geworfen. Inzwischen kann sich – wie Sie alle wissen – jeder Idiot unerkannt mit seinem Hass im Internet ausbreiten, ohne dafür gradestehen zu müssen. Für üble Typen eröffnen sich völlig neue Möglichkeiten.

Nun kommt bald der nächste technische Höhepunkt ... die Googlebrille. Die Möglichkeiten sind enorm. Die Technik verschmilzt mit unserem Alltag, und Sie sind ständig im Netz. Das geht immer weiter. Letztlich ist die Googlebrille ja nur das Übergangsgestell zum perfekteren Wahnsinn: dem Google-Implantat. Dann werden Biochips in Ihren Kopf operiert, und Sie sind direkt an das Cyberspace angeschlossen. Sie sind nicht mehr bloß Mensch, dann sind Sie Übermensch.

Die Zukunft gehört also dem Chip in Ihrem Kopf, jenem aus Silicium bestehenden Trägerplättchen mit integrierten Schaltkreisen. Die Nervenzellen sind mit diesem Chip verwachsen, der wiederum mit unserem Denken verbunden ist und unseren Alltag managt.

Wenn Sie also den nächsten Urlaub in Spanien verbringen ... dann lassen Sie sich einfach den Sprachchip Spanisch einsetzen, und schon können Sie loslegen, sobald Sie aus dem Flugzeug steigen: »Takže hezké počasí ... Oh, ich merke gerade, man hat Ihnen versehentlich den tschechischen Sprachchip eingesetzt – dann müssen Sie eben flexibel reagieren und schnell in die Tatra umbuchen!

PS: Natürlich hilft mir Google auch bei meiner Arbeit. Eine schnelle Recherche spart Zeit. Aber was ist mit jenen Zeitgenossen, die nicht Maß halten können?

Wie heißt es an einer Stelle der Bibel: »Was hülfe es dem Menschen, wenn er die ganze Welt gewönne und nehme doch Schaden an seiner Seele.«

Die Beschädigten sind längst unter uns.

Die Zeichen des Alters

Wenn ich mir überlege, wie ich mit meinem Freund Crassus (den Spitznamen bekam er von mir verpasst, weil sein muskulöser Körper und sein klassisches Profil einem römischen Gladiator verblüffend ähnelten) an einem Sommermorgen von Zakopane aus zu einer Bergwanderung aufgebrochen bin … Ohne Frühstück, denn wir schliefen in einem bescheidenen Wanderquartier mit mehreren Burschen in einem Raum. Ich weiß genau, dass wir gerade noch zwei, drei Scheiben Vollkornbrot besaßen. In dem Haus gab es keine Gastronomie.

Am Fuße des Berges Kasprowy Wierch an der polnisch-slowakischen Grenze in der Westtatra fanden wir in Tau überzogenen Wiesen Heidel- und Himbeeren. Wir füllten uns damit die Hände und brockten das Brot hinein. Das war unser Frühstück. Ich kann mich nicht entsinnen, dass wir etwas zu trinken dabeigehabt hätten.

Wir waren jung, dreiundzwanzig Jahre alt, und wir wollten auf den Berg. Der war knapp 2000 Meter hoch.

Schritt für Schritt genossen wir die herrliche Aussicht, die Gebirgslandschaft. Als wir unterwegs junge Mädchen sahen, machten wir uns den Spaß, so zu tun, als wären wir den ganzen Weg hinaufgespurtet. Sie schienen sehr beeindruckt, als wir an ihnen in lässigem Tempo vorbeirannten, um nach der nächsten Kurve, an einen Felsen gelehnt, erst einmal nach Luft zu schnappen.

Als wir im letzten Viertel der Tour über Krüppelgehölze kletterten, um die Strecke abzukürzen, riskierten wir mit unseren Volleyballschuhen zunehmend Verstauchungen und nahmen lieber wieder den normalen Weg.

Das Einzige, was wir mit Sicherheit wussten, war die Tatsache, dass es oben ein Restaurant gab. Und dass man auf der anderen Seite mit einer Seilbahn wieder hinunterfahren konnte.

Als wir schließlich in dem Berggasthof saßen, atmeten wir auf. Noch heute erinnere ich mich an das köstliche Schinkenbrot, und nie wieder habe ich Mineralwasser (oder war es doch eher ein Bier …?) mit so viel Genuss getrunken.

So war das damals.

Anfang 2013 rief mich Crassus an. Man hatte einen Tumor in seinem Kopf entdeckt. Er sagte mir, dass er nach der Operation mit Ausfällen rechnen müsste. Und er scherzte schwarzhumorig am Telefon: »Na, wenn ich bei der Gelegenheit die paar Russisch-Vokabeln, die ich noch draufhabe, verliere – darauf kann ich gut und gerne verzichten.«

Ich sandte ihm natürlich beste Wünsche für einen gelingenden Eingriff, und wir vereinbarten, dass Crassus sich bei mir meldet, sobald es seine Gesundheit wieder zulässt.

Trotz schwerer Krankheiten, die er bereits überstanden hatte, sah mein alter Freund immer noch sehr gut aus – wie Crassus eben. Sein Körper hatte nach wie vor stattliche Ausmaße. Er wirkte überhaupt nicht wie Ende sechzig.

Crassus war in einer Zeit, in der es so viele Kopien gibt, ein Original. Selbst seine Sprache unterschied sich vom üblichen Umgangston. Er benutzte Wörter, die heutzutage kaum mehr üblich sind. Er rauchte nicht, er hat »eine geschmaucht«, er fügte auch hin und wieder noch das uralte »alldieweil«, »geflissentlich« oder »nichtsdestotrotz« in seine Sätze ein. Er hat nicht eine Stunde geschlafen, sondern »geschlummert«. Und überflüssige Sachen, unnötiges Zeug bezeichnete er zusammenfassend als »diesen ganzen Gligglglaggl«.

Seine Liebe gehörte der Archäologie. Zu diesem Thema

stapelten sich in der Wohnung Bücher und Zeitschriften. Wäre er nicht in der DDR, im Land der beschränkten Möglichkeiten, groß geworden, so hätte er sich garantiert an Ausgrabungen beteiligt. Ich konnte ihn mir sehr gut mit einem Strohhut auf Grabungsfeldern im Orient vorstellen. Am Telefon sagte er mir, dass er bei seinem nächsten Besuch in Leipzig unbedingt mit mir wieder einmal ins Ägyptische Museum der Universität gehen wolle.

Ja, und wenige Wochen später war mein Freund Crassus tot.

Heute versteht man die Alten, wenn sie uns ermunterten: »Genießt eure Jugend!«

Dann sehe ich uns beide in Volleyballschuhen den Zweitausender bezwingen.

Inzwischen merke ich jedwede Steigung beizeiten. Da brauche ich nicht erst einen Berg zu erstürmen. Das Alter macht auch um meine Bekannten und Freunde keinen Bogen. Bei dem einen sind es die Augen, beim nächsten die Knie, der Rücken oder sonst was. Ob Dachdecker oder Wissenschaftler, jeden können die Auswirkungen des Alters auf tragische Weise treffen. Denken wir an den Physiker Leon Max Lederman. Er gilt als Vater des sogenannten Gottesteilchens. 1988 erhielt er den Nobelpreis für Physik. 2015 hat er ihn im Auktionshaus Nate D. Sanders in Los Angeles versteigern lassen. Sein Kommentar dazu: »Der Preis lag 20 Jahre lang nur im Regal herum.« Aber das war nicht sein Hauptgrund für diese Aktion, die ihm die stolze Summe von 765 002 Dollar einbrachte. Das Geld brauchte der Wissenschaftler, der an Demenz erkrankt ist, um Arztrechnungen zu bezahlen …

Jeder weiß, dass er alt wird, aber wenn sich die ersten Anzeichen bemerkbar machen, sind doch viele überrascht und verwundert. Älterwerden bedeutet in erster Linie Reduzierung der Gewohnheiten auf unterschiedlichen Gebieten.

Schwerer hören oder Falsches verstehen – das waren doch müde Witze von abgetakelten Conférenciers. Und heute? Spricht jemand undeutlich oder nuschelt seine Sätze nach unten, dann mindert das meine Chance, mich mit ihm gut zu unterhalten. Flüstern geht gar nicht. Eine ziemlich junge Frau (also wirklich jung, denn mit siebzig werden auch Fünfzigjährige noch als jung eingestuft …) sagte mir leise nach einer Vorstellung in der lauten Kneipe einige – wie ich ahnte – sehr nette Sätze zu unserem Programm und augenscheinlich auch zu meinem Auftritt. Das las ich ihrem Gesicht ab. Verstanden habe ich – null!

Und das Ende vom Lied? Ich habe lediglich gelächelt und mich bedankt, weil ich mir ein »Wie bitte?!« nach jedem Satz verkneifen wollte, um die intime angenehme Atmosphäre nicht zu zerstören.

Deshalb an dieser Stelle der wichtige Hinweis: Komplimente bitte gut artikuliert formulieren!

Sitze ich in einer Gesellschaft, und die sich unterhaltenden Paare reden über Kreuz am Tisch, dann habe ich Mühe, meinem Gegenüber im Gespräch zu folgen, und konzentriere mich lieber auf einen Dialog mit dem Nachbarn.

Und beim Fernsehen? Ich freue mich immer, einen älteren Film zu sehen. Warum? Weil die Schauspieler noch Sprachkultur besaßen und man jedes Wort versteht. Das betrifft ost- wie westdeutsche Produktionen. Ob Rolf Ludwig oder Gert Fröbe, Eberhard Esche oder Martin Held, Angelica Domröse oder Nadja Tiller, Jutta Hoffmann oder Romy Schneider.

Auch beim Blick in die Zeitung zeigt sich das Alter. Am Morgen sind die Augen mitunter noch nicht topfit. Ich muss mich sozusagen erst einsehen. Und so nehme ich ab und an nach dem Frühstück auf den Zeitungsseiten Wörter wahr, die da gar nicht stehen. Ich lese Religion statt Region, Hochzeit statt Hochseil. »Der Rektor ist wieder am Netz« ergibt keinen Sinn, und dann stellt sich heraus, dass es sich um einen Reaktor handelt. Und es ist schließlich ein Unterschied, ob ein Infekt oder ein Insekt im Kommen ist.

Wer derlei Fehlleistungen nicht beizeiten bemerkt, kann zur Quelle von Gerüchten werden.

»George Clooney droht in Berlin.« Dabei dreht er dort nur.

Was ich ausgesprochen albern bis ärgerlich finde, ist die verlogene Werbung mit den Alten. Die können haben, was sie wollen, es gibt für alles eine Medizin. Kaum haben sie eine Pille, ein paar Tropfen eingenommen, eine Salbe auf der Haut verteilt, dann ist der Kopf wieder fit, die Magenbeschwerden haben sich in Luft aufgelöst, es schmerzt das Knie nicht mehr, und sie tollen mit dem Hund herum. Trotz der fragwürdigen Erfolgsberichte scheint es immer wieder Menschen zu geben, die jene Freudenbotschaften, die allabendlich über den Bildschirm flimmern, wirklich glauben.

Und wenn's erst Sommer wird! Als junger Mensch war mir völlig schnuppe, ob eine Straßenseite in der Sonne oder im Schatten lag. An besonders heißen Tagen weiß ich heutzutage in meinem Wohnviertel ganz genau, welchen Weg ich nehme, um zu einem bestimmten Ziel zu gelangen. Welcher Bürgersteig zu welcher Zeit im Schatten liegt, ist mir wohlvertraut.

Früher war ein Baum eben ein Baum. Schön anzusehen. Gut. Heute achte ich den Wert des Schattens, den ein Baum wirft, ganz anders, ruhe im Urlaub auf einer Liege darunter mit einem Buch und einem erfrischenden Getränk. Genuss pur.

Als junge Familie in den siebziger Jahren lagen wir in der prallen Sonne, ohne Schaden zu nehmen. (Gut … einmal hatte ich einen veritablen Sonnenbrand.) Heute höre ich in meinem Freundes- und Bekanntenkreis immer wieder den Satz: Ich vertrage die Sonne nicht mehr.

Obwohl wir sie alle von Herzen lieben.

Ich habe in meiner Mappe, in der ich Material für dieses Buch sammelte, die Kopie eines Textes gefunden, bei der ich leider vergessen habe, die Quelle zu notieren. Ich weiß also nicht mehr, wer der kluge Mann war, der diese Gedanken formuliert hat. Ich möchte sie aber unbedingt an den Schluss dieses Kapitels stellen und bitte meine kundigen Leser, mir gelegentlich die Quelle bzw. den Namen des Autors mitzuteilen, damit ich ihn in einer (erhofften) zweiten Auflage vermerken kann.

Der kluge Mann schrieb Sätze, die man erst verstehen kann, wenn man sich anschickt, allmählich selbst in diesen Lebensabschnitt hinüberzugleiten. Und diese Erfahrung macht jede Generation unabänderlich wieder aufs Neue: »In meiner Jugend schon glaubte ich zu wissen, was das Alter, besonders das hohe Alter ist. Nun erst erkenne ich, wie sehr ich mich geirrt habe, denn ich erfahre täglich, dass es anderes ist und weit mehr als ein ständig wachsender Zukunftsverlust und die Verengung der Gegenwart durch unaufhaltsame Verminderung der körperlichen Disponibilität. Noch ist man Zeitgenosse, aber nicht mehr in gleichem Maße wie früher. Das sich verschlechternde Gedächtnis entfernt den bejahrten Mann nicht, wie man vermuten möchte, vom Vorgestern, sondern weit mehr vom nahen Gestern und von der gerade vergangenen Stunde.«

Ein besonderer Zeitmesser

Wir hatten in unserer Küche eine Sanduhr in einem kleinen Holzgehäuse. Meine Mutter benutzte diesen Zeitmesser zum Eierkochen.

War der rötliche Sand (der mich immer an die Sahara erinnerte – ich hatte irgendwo gelesen, dass es ihn dort in jener Farbe gäbe, denn in Zwickau sah er immer gelblich aus) durch den sich zur Mitte hin verjüngenden Glasbehälter gerieselt, dann waren die Eier fertig, und sie wurden mit kaltem Wasser abgeschreckt. (Vergleichbares erlebte ich auf andere Art jeden Morgen, denn aus unserem Hahn im ungeheizten Bad kam nur kaltes Wasser, und das konnte einen früh – vor allem im Winter – ganz schön abschrecken!)

Wichtig war bei der Benutzung dieser Uhr: Man musste sie im Auge behalten, denn die Zeit war schneller um, als man dachte, und sie verrann völlig lautlos.

Was mir damals in der Küche nicht klar war: dass ich dem Verrinnen meiner Lebenszeit zuschaute.

Im unteren Teil entstand ein winziger Hügel, der langsam wuchs. Auf dem stellte ich mir in meiner Phantasie ein kleines Kamel vor. Und ich dachte an Hadschi Halef Omar Ben Hadschi Abul Abbas Ibn Hadschi Dawuhd al Gossarah, der mit dem Ich-Erzähler Kara Ben Nemsi durch das Osmanische Reich zog. Am Anfang war der Mann mit dem langen Namen noch sein Diener, doch wurde er mehr und mehr sein Weggefährte und Freund. Den Namen in der Kurzform Hadschi Halef Omar und auch Kara Ben Nemsi hatten fast alle meine Spielkameraden auf Abruf parat. Ich kannte damals keinen Jungen in meinem Alter, der nicht schon ein Buch des sächsischen Schriftstellers Karl May gelesen hatte.

Zurück zur Zeit: Heutzutage ist sie an vielen Stellen ablesbar, selbst an unserem Küchenherd. Und wenn mein Enkel Friedrich in der Küche ein weiches oder ein hartes Ei kochen will, dann stoppt er die Minuten einfach mit seinem Handy.

In meinem Alter hat allerdings eine Sanduhr, dieser Zeitmesser, den man manchmal auch als Symbol an alten Grabsteinen sieht, geradezu etwas Beängstigendes. Nirgendwo verrinnt die Lebenszeit so dramatisch sichtbar wie in diesem Glasgehäuse.

Eine Sanduhr – die kommt mir nicht mehr ins Haus!

Kirchliche Feiertage

Auf den Druck des DDR-Staates gegen die Kirchen, der besonders Anfang der fünfziger Jahre zunahm, reagierten Christen im Osten unterschiedlich. Ein Teil verließ das Land und ging in die Bundesrepublik. Ein Teil widerstand und nahm selbst Nachteile in Kauf, andere traten aus der Kirche aus, um ihr Weiterkommen nicht zu gefährden. Mit den kirchlichen Feiertagen blieb zunächst alles beim Alten. Erst 1966/67 schaffte die Führung der DDR den Ostermontag, Himmelfahrt, den Reformationstag und den Bußtag ab. Die Produktion musste für den Sieg des Sozialismus flutschen, wenn es auch ständig klemmte.

Katholische Christen in der DDR hatten die Möglichkeit, Urlaub zu nehmen, um ihre Feiertage zu begehen.

Sachsen ist heute das letzte Bundesland, in dem noch der Buß- und Bettag begangen wird. Dafür hat sich nach der Friedlichen Revolution der sächsische Ministerpräsident Kurt Biedenkopf starkgemacht. Nichts gegen diesen traditionellen Feiertag, aber wie viele Menschen sind sich der Bedeutung dieses Tages bewusst?

In der »Leipziger Volkszeitung« finde ich diese Anzeige: »Am Buß- und Bettag einkaufen bei Nova Eventis«. Das nahe bei Leipzig gelegene Einkaufszentrum gehört schon zu Sachsen-Anhalt. Und da geht es nicht um Büßen und Beten, sondern um »Shoppen bis zum Umfallen«.

Die christlichen Feiertage sind in unserer Gesellschaft weitestgehend sinnentleert. Himmelfahrt wird seit langer Zeit als sogenannter »Männertag« gefeiert, und vielerorts fließt der Alkohol in Strömen. Hier finde ich lediglich positiv, dass in der Generation nach der unseren mehr Wert darauf gelegt wird, mit der ganzen Familie einen Ausflug zu machen.

Was gibt's noch heutzutage zu (westlich »an«) Himmelfahrt?

In der »Leipziger Volkszeitung« hieß es bei den Kleinanzeigen unter einer Handynummer »Sexy Vatertags-Strip«.

Oder schauen wir einmal auf den Karfreitag.

Die Szene der Autotuning-Fans trifft sich zwei Tage vor Ostern in Paderborn zu einem … Carfreitag. Mehrere tausend Autofanatiker versammeln sich mit ihren tiefer gelegten und getunten Wagen. Veranstalten dort ein »Schaufahren«. Die Polizei nimmt das Treffen in Augenschein, macht Geschwindigkeitskontrollen und legt gegebenenfalls an Ort und Stelle einen gar zu lauten Röhrer still.

Was wissen junge Menschen heute über die Bedeutung christlicher Feiertage?

Im Fernsehen sah ich einen Flashmob, der sich am Karfreitag auf einem Platz versammelte, um gegen das Tanz- und Musikverbot zu demonstrieren. Die Beteiligten hatten Stöpsel im Ohr und bewegten sich rhythmisch auf der Stelle. Einen Tag im Jahr still zu begehen – nicht möglich. Stille macht nervös. Erst recht die Gelegenheit, einmal über Leiden und Tod nachzudenken. Es geht ja nicht nur um jene Geschichte, die sich vor 2000 Jahren ereignete, denn dieser Tag symbolisiert letztlich auch das unendliche Elend und Sterben durch Kriege und Terror in unserer Welt.

Den Karfreitag respektierten selbst die Kommunisten in der DDR und stellten ihr Programm in Funk und Fernsehen darauf ein. Nebenbei: Ostern wird seit tausend Jahren in Deutschland als das bedeutendste christliche Fest gefeiert.

Oder schauen wir auf den Reformationstag, der nur in einigen Bundesländern Feiertag ist. Die Reformation ging

1517 von Wittenberg aus und hat Europa und viele Teile der Welt verändert. Luther, der Augustinermönch, wollte die katholische Kirche erneuern, eine Rückkehr zur eigentlichen Botschaft des Evangeliums einleiten und gegen Missstände wie den Ablasshandel vorgehen.

Im Jahr 2017 jährt sich Luthers Thesenanschlag zum 500. Mal. Dann soll der 31. Oktober in ganz Deutschland Feiertag sein. (Ich hatte keine Ahnung, dass dieser Tag sogar in Slowenien und Chile ein Feiertag ist!)

Die Reformation hat ja nicht nur das Christentum verändert, war nicht nur die Geburtsstunde der evangelischen Kirche, sie war vor allem auch ein Wendepunkt in der Entwicklung der Gesellschaft mit einer weltweiten Wirkung. Das Ereignis hat außerdem enorm politisch gewirkt, vor allem in Bezug auf die Emanzipation der Frau. Luthers Text von der »Freiheit eines Christenmenschen« eröffnete völlig neue Perspektiven, indem er darauf verweist, dass eine Handlung immer Ausdruck einer Geisteshaltung ist.

Sein Bekenntnis zu Sinnenfreude und Verantwortung ist kurz und bündig in dem einprägsamen Spruch zusammengefasst: »Iss, was gar ist. Trink, was klar ist. Red, was wahr ist.«

Luthers Bibelübersetzung ins Deutsche, also ins »Meißner Kanzleideutsch«, das war immerhin einmal die Hochsprache!, ist das Werk eines Titanen, eine Genieleistung.

Fragen Sie jedoch heutzutage junge (und durchaus auch ältere) Menschen, was sich durch die Reformation verändert hat … Das Ergebnis wird Sie garantiert sehr ernüchtern. Ein Ereignis von weltgeschichtlicher Dimension, das von deutschen Landen ausging und heute bei vielen nur noch Schulterzucken hervorruft.

Und nun wird der Reformationstag gar noch von Halloween überlagert. »All Hallows' Eve« ist der Abend vor Allerheiligen, fällt also auch auf den 31. Oktober. Man glaubte, die Seelen Verstorbener und böse Geister betreten die Menschenwelt, Dämonen machen die Runde. Das amerikanische Fest (es stammt ursprünglich aus Irland) wurde in den neunziger Jahren als eine Art Zweitfasching auch von Ostdeutschland importiert. Da wird ein Geschäft mit grusliger Kostümierung gemacht. Kleine Geister, Kobolde und Hexen rufen: »Süßes, sonst gibt's Saures!«, und schnorren Bonbons. Also freut sich besonders die Süßwarenindustrie.

An dem kirchlichen Gedenktag verdienten ja vorher nur die Bäcker sehr bescheiden durch die legendären Reformationsbrötchen (wenn die mittlerweile auch den ganzen Monat Oktober über angeboten werden …).

Ich sah ein Plakat, das für eine Halloween-Party in einem Club geworben hat. Darauf stand zum Beispiel:

Be a zombie, be a vamp or be the victim

Geisterbahn des Grauens

Spezial: Bloody Buffett

Mit solch einem *Spezial* feierte man also den freien Tag, den man der von Luther ausgelösten Reformation zu verdanken hat.

Wenn ich in meiner Kindheit am 1. Dezember aufwachte, freute ich mich, dass ich an meinem Adventskalender wieder ein Türchen öffnen konnte. Der Kalender mit einem Marktplatz, auf dem ein Brunnen stand, umgeben von schönen Fachwerkhäusern mit Läden, vom Bäcker bis zum Kaufmann. Und schließlich die Kirche mit der großen Tür, auf der garantiert die Zahl 24 stand. Zweiflüglig öffnete sie sich am Heiligen Abend und gab den Blick auf die Krippe mit dem Jesuskind frei, auf Maria und Josef. War alles vorbei, wurden die Türchen wieder zugedrückt und der Adventskalender in ein dickes großes Buch gelegt – bis zum nächsten Jahr. Bis dahin hatte ich längst alle Abbildungen vergessen – ausgenommen jenes Bild hinter der zweiflüg-ligen Kirchentür.

Heute gibt es eine schier unvorstellbare Auswahl an Adventskalendern. Viele Kinder haben nicht nur einen, weil noch zwei von den Großeltern dazukommen. Inzwischen gibt es »Gefüllte Kalender«. Und so beginnt der Tag erst einmal mit einem Stück Schokolade. Die Zeitschrift »Playboy« brachte essbare Schoko-Nackedeis auf den Markt.

Neuerdings kauft sogar der Hundenarr (vielleicht in Ermangelung eines eigenen Kindes) einen Adventskalender für seinen Liebling: mit 24 Hundekeksen in Form von Tannenbäumen, Herzen, Knochen oder Bärchen. So etwas bietet der Handel auch für Katzen, Pferde, Papageien oder Sittiche an.

Und inzwischen gibt es sogar »Adventskalender« im März. Wie das?

Für zehn Tage gefüllt mit Schokoladentäfelchen, Basteleien oder christlichen Geschichten zum Einstimmen auf die Ostertage. Das Fest selbst wird den Konsumenten immer mehr als zweites Weihnachten offeriert, damit der Umsatz wächst. Nimm ein Ei mehr!

Der Osterhase wird zum verkleideten Weihnachtsmann im Frühling aufgebaut.

Ich selbst bin vermutlich einer der letzten traditionellen Weihnachtsmenschen, ja beinahe schon Weihnachtsradikalist, denn ich esse – wie seit meiner Kindheit – das erste Stück Stollen am Nachmittag des Heiligen Abends. Ich halte es aus zu warten. Und dadurch ist es nach wie vor für mich etwas Besonderes geblieben.

In der Adventszeit gibt es bei mir nur Lebkuchen und anderes Weihnachtsgebäck, wie ich das aus meiner Kindheit kenne.

Es gibt inzwischen Menschen, die Weihnachten nicht

einen Zweig Tanne in der Wohnung haben, die auf jeglichen Weihnachtsschmuck verzichten, die Traditionsverweigerung betreiben. Vielleicht handeln sie aber auch aus der Übersättigung heraus, wegen der übertrieben vorgezogenen Weihnachtlichkeit in Läden und Einkaufszentren. Ende Oktober sah ich in einem Kaufhaus bereits den ersten Weihnachtsbaum im Kundenrestaurant!

Und dann das ewige Gedudel der Weihnachtslieder in den Kaufhäusern. Ich kann mir gut vorstellen, dass eine Verkäuferin am 24. Dezember nicht mehr in der Lage ist, auch nur ein Weihnachtslied zu hören, da sie sämtlicher Melodien überdrüssig ist.

In der verkorksten DDR war mir weitaus mehr nach Weihnachten zumute als in dieser kommerziell dick überzuckerten Zeit. Jesus konnte nicht ahnen, dass seine Geburt zum gewinnträchtigsten Geschäft des Jahres umfunktioniert würde – zum Fest des Kaufens. Menschen hasten und hetzen durch die Gegend und stöhnen über den Weihnachtsstress.

Heike Manssen schrieb in einem Beitrag zu diesem Thema in der »Leipziger Volkszeitung«, dass Fachleute inzwischen sogar von einem »kritischen Lebensereignis« sprechen, das die Gesundheit bedroht. Für viele Menschen sinkt die Stimmung in der Woche vor dem Heiligabend. Seelisches Unwohlsein breitet sich aus. Die Wissenschaftler konnten allerdings eine Gruppe ermitteln, der das nicht so geht – es sind vor allem gläubige Christen. Der Soziologieprofessor Michael Mutz sagte in dem Zusammenhang: »Vermutlich liegt es daran, dass sie Weihnachten anders feiern: besinnlicher, stärker innenorientiert, weniger konsumorientiert.«

Auch das war früher unvorstellbar: Weihnachten nicht zu Hause zu sein. Es sei denn, man arbeitete im Krankenhaus, bei der Feuerwehr oder Polizei. Straßenbahn, Züge und Taxis fuhren natürlich. Selbst Gaststätten waren geschlossen. Höchstens eine hatte irgendwo in der Stadt am Heiligen Abend auf und versammelte die verkrachten einsamen Existenzen um den Tisch. Aber sonst: alle daheim. Da blieb die Familie zusammen, sang gar zu Hause gemeinsam Weihnachtslieder. An diesem Abend traf man sich nicht mit Freunden in der Stadt, Kneipe oder Disko.

Heute verbringen Menschen die Weihnachtstage nicht etwa nur mit Skifahren in den Bergen, nein, »Stille Nacht, heilige Nacht ...« in der Südsee bei 30 bis 40 Grad Celsius. Von wegen »Leise rieselt der Schnee ...« – da rieselt nur das Geld aus dem Portemonnaie.

Ich sah in einer Zeitschrift eine Werbung: »Wollen Sie dem Weihnachtstrubel entfliehen? Dann buchen Sie eine Reise unter Palmen an den Strand.«

Auf einem Foto sah man einen Strand – überfüllt mit Tausenden Menschen.

Eben ganz fern vom Weihnachtstrubel.

Varianten des Glaubens

In meinen ersten Jahren in der neuen sozialistischen Schule wurde sogar noch das Fach Religion unterrichtet. Damit war es allerdings bald vorbei.

Zwar ließen sich damals fast alle Schüler der achten Klasse konfirmieren, doch oft nur aus Tradition. Der Druck des Staates wuchs, vor allem im Jahr 1958, in dem ich »aus der Schule kam«, aber weiter zur Schule (damals Mittelschule genannt) ging, deshalb machten dann viele, vor allem wenn sie die Oberschule besuchen wollten, ein Zugeständnis und absolvierten auch noch die Jugendweihe. Wer das, wie ich, ablehnte, hatte in der damaligen Zeit kaum eine Chance, das Abitur ablegen zu können.

Der größte Erfolg der DDR, der bis heute im Osten Deutschlands nachwirkt, ist die atheistische Erziehung. Nach der Untersuchung einer amerikanischen Universität gibt es nirgendwo auf der Welt einen Landstrich mit einem höheren Prozentsatz an Atheisten.

So ist Ostdeutschland in vierzig Jahren ein gottverlassenes Land geworden.

Als ich 1950 in die Schule kam, wurde ein neuer Glaube gepredigt – der Glaube an den Fortschritt. Das war der neue Gott, dem unentwegt in Zeitungen, im Radio, in Klassenzimmern, in Hörsälen gehuldigt wurde. Wer nicht an den Fortschritt glaubte, der hatte es schwer. Aber jeder Ungläubige bekam eine Chance, wenn er sich von marxistischen Missionaren überzeugen ließ, alten Überzeugungen abschwor und fürderhin mit dem neuen, richtigen Bewusstsein durchs Leben ging.

Wie der christliche Gott war auch der Fortschritt nicht zu sehen.

Irgendwo in der Ferne schwebte er, und wie der Messias würde er über kurz oder lang kommen und die Menschheit erlösen. Das stand fest wie das Amen in der Kirche, wenn mir dieses gegenläufige Bild hier gestattet ist.

Wie in jedem Glauben gab es natürlich eine negative Macht, die den Fortschritt behinderte, die aber wiederum bald besiegt sein würde. Diese Macht hieß Kapitalismus bzw. Imperialismus und hatte gegen den Fortschritt, der sich im System des Sozialismus offenbarte, keine Chance.

Für die Fortschrittsgläubigen war deshalb die Entwicklung im sozialistischen Lager, die mit dem Herbst 1989 einsetzte, ein Schock. Der Fortschritt hatte sie verlassen.

In den frühen fünfziger Jahren wurde den Jungen Gemeinden in der DDR unterstellt, sie stünden unter dem Einfluss amerikanischer Spionagezentralen. Das war natürlich nur ein propagandistischer Vorwand, um die Kirche zu diskreditieren, denn die »wissenschaftliche Weltanschauung« wollte generell mit dem Christentum Schluss machen. Man versuchte, Schüler zu überzeugen, dass Jesus nie gelebt hätte. Und die Kirche, so posaunte man in die neue Welt, wäre in Kürze verschwunden.

Auf die Frage, was anschließend mit den Kirchgebäuden geschehe, erhielt ein Bekannter in der Schule von einem Lehrer die Antwort: »Daraus wird dann die HO-Gaststätte Zum Turm.«

Unter den Kommunisten ist das in der DDR nicht passiert, aber unter kapitalistischen Verhältnissen gibt es tatsächlich erste gastronomisch genutzte Kirchen in Deutschland. In England habe ich sogar eine gesehen, in der sich die Bleiglasfenster im Glas der Spielautomaten spiegelten. So etwas hätte man den Kommunisten niemals verziehen ...

Mancher Funktionär in der DDR dachte damals vielleicht auch daran, wie man das in der Sowjetunion geregelt hatte. Dort wurden aus Kirchen Kulturhäuser, Schwimmbäder oder Lagerräume. Keiner der Genossen hätte allerdings für möglich gehalten, dass gerade die Kirchen im legendären Jahr 1989 zum Sammelpunkt ausreisewilliger DDR-Bürger würden, aber vor allem – und das war ja viel gefährlicher – für bleibewillige DDR-Bürger, die die Hoffnung noch nicht aufgegeben hatten, dass sich in ihrer Heimat etwas ändern könnte.

Pfarrer, Gemeindemitglieder und junge Menschen von außerhalb engagierten sich in Umwelt- und Friedensgruppen. Es wäre in der DDR keine andere Heimstatt für diese Entwicklung denkbar gewesen als der Kirchenraum. Deshalb wage ich zu behaupten: Ohne Kirche keine Revolution.

Wo hätte man sich sonst versammeln sollen? In Kulturhäusern oder Museen? Unmöglich.

Nach der Friedlichen Revolution wurde der Anteil der Kirche am Gelingen des Umbruchs schnell vergessen, und die Gotteshäuser leerten sich wieder. Manch ein Pfarrer verabschiedete sich allerdings auch freiwillig von seinem Beruf, um sich unter den neuen Möglichkeiten als Politiker zu profilieren.

Christian Führer, der Pfarrer der Nikolaikirche zu Leipzig, sagte mir in einem Gespräch sinngemäß: In der DDR habe es einen verordneten und erzwungenen Weltanschauungs-Atheismus gegeben, heute gebe es in Deutschland einen Wohlstands-Atheismus.

Ich vermute, dass bei der nächsten Krise die Kirchen wieder voll sind. So war es im Krieg, in der Nachkriegszeit und in der zugespitzten Situation vor der Friedlichen Revolution. Wenn ein Unglück passiert ist, wo treffen sich die

Menschen, um zu gedenken und innezuhalten? Doch nicht im Rathaus, sondern in einer Kirche, in der Christen und Nichtchristen gleichermaßen Ruhe finden.

Bischof Bedford-Strohm sagte in einem »Spiegel«-Gespräch, in dem es auch um Trost im Glauben ging und um die Tatsache, dass Religion nach großen Katastrophen gefragt ist: »Es ist gut, dass Menschen wissen, wo sie sich hinwenden können, wenn solche Katastrophen passieren. Religiöse Traditionen geben Sprache, wo wir verstummen … Dass Gott uns im Leiden nah ist, trägt auch im Alltag. Religionen – darauf hat Jürgen Habermas hingewiesen – erhalten modernen Gesellschaften das über viele Generationen ausbuchstabierte Wissen um die Abgründe und die Zerbrechlichkeit unserer Existenz. Und sie geben die Kraft, damit konstruktiv umzugehen.«

Der Zugang zur Kirche ist natürlich abhängig von den Erfahrungen, die sich damit verbinden. Ich habe in der evangelisch-methodistischen Kirche in Zwickau in meiner Kindheit und Jugend nur Positives erlebt. Ich lernte damals in meiner Kirchgemeinde viele fröhliche und offene Menschen kennen. Ich wurde musisch gebildet, sang Tenor im gemischten Chor bis zum großen Halleluja von Georg Friedrich Händel. Und ich habe auch im Kirchenraum meine ersten kabarettistischen und schauspielerischen Versuche unternommen. In der Jugendstunde wurden interessante Themen behandelt, bald hielt ich dort selbst einen ersten Abend ab.

Die Bibel, so merkte ich, war kein altmodisches Buch. Sie gab auch in modernen Zeiten Lebenshilfe, wenn die Prediger gute »Übersetzer« der alten Texte waren.

Mein Kabarettkollege Gerhard Polt, mit dem ich mich einmal über dieses Thema unterhielt, hat im katholischen Wallfahrtsort Altötting ganz andere Erfahrungen mit Kirche gemacht. Ihm wurde als Kind mit dem Fegefeuer und der Hölle Angst eingeflößt. Anders erging es dem beliebten Entertainer Thomas Gottschalk, der in seinem Buch »Herbstblond« schreibt: »Meinen Glauben und meinen praktizierenden Katholizismus habe ich immer als hilfreiches Moment in meinem Leben empfunden.«

Jeder ist die Summe seiner Erfahrungen.

Andererseits beklagen gläubige und ungläubige Menschen gleichermaßen die schweren Fehler und Versäumnisse der Institution Kirche.

Ein Satz aus einer Predigt von Pastor Herbert Götz in Zwickau, die ich als etwa Sechzehnjähriger hörte, hat sich mir eingeprägt: »Alle wirklich wichtigen Dinge im Leben sind Geschenke: Liebe, Freundschaft, Gesundheit, Natur.«

Alles, was existentiell Bedeutung hat, das blieb in meinem Denken haften, kann man nicht kaufen. Das traf für die konsumgüterarme DDR genauso zu, wie es für die Überflussgesellschaft heute erst recht gilt. Die Werbung versucht täglich, die Konsumenten vom Gegenteil zu überzeugen. Und die Enttäuschung ist groß, wenn sich das versprochene Glück, nachdem das Ersehnte endlich in den Besitz übergegangen ist, wieder nicht eingestellt hat. Aber die Glücksversprechen hören nicht auf und die Zahl der Gläubigen auch nicht, die sich da aufmachen, den Dingen zu huldigen, und den Weg einschlagen in die Konsumtempel, ins Teppich- oder Bettenparadies.

Ich hätte nichts dagegen, wenn in der Schule die Zehn Gebote (letztlich Grundlage unserer Gesetze) oder die Bergpredigt (Resümee für ein friedliches Miteinander) Pflichtlektüre würden. In meinem Freundeskreis war es in der Jugend normal, sich über religiöse oder philosophische Fragen zu unterhalten. Darüber haben wir, so gut wir es konnten, mit allen Lücken unseres Wissens, diskutiert. Nach meiner Beobachtung sind solche Gespräche heute eher selten. Wo kommen wir her? Wo gehen wir hin? Gibt es im Leben einen Sinn? Wie kommen wir mit unserer Endlichkeit klar?

Oder nehmen wir die Kunst: Ohne die alten Kirchen in Europa, ohne die Kirchenmusik, insbesondere ohne Bach, ohne die Bilder großer Meister, ohne die Meditationsatmosphäre eines Klosters wäre die Welt doch viel trostloser.

Wer hätte vor ein paar Jahren gedacht, dass heute für eine bestimmte Zeit Klöster den gehetzten modernen Menschen wieder helfen, zur Ruhe zu kommen.

In den europäischen Ländern mit hohem Lebensstandard nimmt die Zahl der Kirchenaustritte zu. Aber nicht alle, die aus der Kirche austreten, treten auch aus der Religion aus.

Auf der anderen Seite beobachte ich mitunter einen militanten bzw. aggressiven Atheismus. Religion wird seit einiger Zeit bei manchen Menschen nicht im Zusammenhang mit einem sinnerfüllten Leben, mit diakonischem und karitativem Engagement für den Dienst an den Schwachen, Kranken und Außenseitern gesehen, mit kulturellen Leistungen, sondern nur noch auf die schlimmen Missbrauchsfälle in der katholischen Kirche, auf Selbstmordattentäter oder die Untaten des IS reduziert.

Der Schweizer Schriftsteller Peter Bichsel sagte in einem Interview der »Wochenzeitung«: »Die schrecklichsten Sektierer sind für mich die Atheisten. Die Freidenker machen eine Religion aus ihrer Ablehnung.«

Wer allerdings glaubt, als gläubiger ist er auch ein besserer Mensch, der irrt. Aber eine Möglichkeit, eine Gebrauchsanweisung für ein sinnvolles Leben hat er schon in der Hand. Und damit auch eine Basis, existentielle Fragen inmitten der Spaßgesellschaft zu stellen.

In einem Leserbrief in der »Leipziger Volkszeitung« hieß

es: »Der Glaube ist ein Vertrauen, das über die Vernunft hinausgeht.«

Ich kenne gläubige Menschen, die ihr Christentum wirklich leben und in deren Gemeinschaft ich mich besonders wohl fühle; ich kenne aber auch Menschen, die wie wirkliche Christen handeln, ohne gläubig zu sein.

Der Evolutionsbiologe Richard Dawkins (»Der Gotteswahn«) glaubt, dass eine Welt ohne Religionen besser wäre. Aber ein Blick in die Geschichtsbücher reicht mir, um zu zeigen, dass die schlimmsten Erfahrungen mit Regimes verbunden sind, die Atheismus zum Prinzip erklärt hatten. Millionen Opfer gab es durch das NS-Regime, unter Stalin in der Sowjetunion, in Maos China und unter Pol Pot in Kambodscha. Aus politischen Gründen wurden nach 1945 in den Ostblockstaaten Todesurteile gefällt, Tausende litten in Gefängnissen.

Im »Spiegel« las ich ein Interview mit Jan Böhmermann, Fernsehmoderator beim ZDF. Auf die Frage »Lehnen Sie Religion ab?« antwortete er: »Ja, und zwar alle gleichermaßen. Religion ist generell Blödsinn.«

Solche Sätze erinnern mich sehr an die Urteile dogmatischer Marxisten, von denen ich in vierzig Jahren DDR einige kennengelernt habe. Dabei fand ich nirgendwo so viel irrationalen Glauben wie bei diesen überzeugten Marxisten. Die Jahrtausende währende Entwicklung zum Privateigentum glaubte man aufheben zu können. Dachte tatsächlich, dass ein anderes Sein das Bewusstsein verändern würde. Klammerte aus, dass Egoismus, Neid, Hass, Eifersucht, Gier … man könnte auch sagen, alle Todsünden, gegen die in Jahrhunderten in den Gotteshäusern von den Kanzeln mit mäßigem Erfolg gepredigt worden war, uns auf ewig erhalten bleiben.

Mit der wissenschaftlichen Weltanschauung des Marxismus-Leninismus sollte sich alles zum Besseren wenden. Kurzum, das Paradies, aus dem nach der christlichen Überlieferung Adam und Eva vertrieben worden waren und das es nur in der Vorstellung der Menschen gegeben hatte, jenes Paradies schufen sich nun die Menschen selbst. Sogar das Geld sollte abgeschafft werden, da alles in Hülle und Fülle vorhanden wäre und die inzwischen vernünftig gewordenen Menschen sich nur das nähmen, was sie wirklich brauchten.

Durch Erziehung sollte jener neue Mensch geschaffen werden. Und die Sowjetunion sei dabei schon sehr weit vorangekommen, so behaupteten die sozialistischen Propagandisten. Man durfte nur nicht das Land bereisen, da kamen auch ideologisch völlig trunkene Menschen total ernüchtert zurück.

Vor dem Glauben an den Sozialismus und Kommunismus hat mich meine christliche Erziehung bewahrt. Dass hier die Vollendung aller Menschheitsträume in Erfüllung gehen sollte, konnte ich im Angesicht der Situation in der DDR nur mit Unglauben quittieren.

Zu Ost-Zeiten glaubte ich allerdings, in der »Tagesschau« erfahre ich die ganze Wahrheit. Von diesem Glauben habe ich mich wiederum vor einigen Jahren verabschiedet.

Es gibt schon verschiedene Sichten und Fakten, wenn ich zu einem Thema ARD, ZDF, n-tv oder N24 sehe. Theoretisch kann ich mich in unserer Gesellschaft objektiv informieren. Praktisch heißt das allerdings, dass ich mit viel Aufwand auch noch im Internet recherchieren und Artikel in unterschiedlichen Zeitungen und Zeitschriften zum entsprechenden Thema lesen muss.

Ist die Überinformation womöglich die beste Manipulation?

In unserer DDR-Schule wurde das Tollste über jene Zeit behauptet, für die man nichts nachweisen muss – die Zukunft. Vom ersten Schuljahr an wurde uns das künftige Leben in den schillerndsten Farben gemalt. Alles laufe automatisch, überall herrsche Frieden, jeder habe immer mehr Freizeit und Krankheiten seien besiegt.

Die staatstreuen Intellektuellen haben in Anbetracht der völlig konträren Wirklichkeit die Vollendung des neuen Menschen, der neuen Gesellschaft einfach in diese Zukunft verlegt. Da brauchte man keinen Beweis mehr antreten. Dann würden die Augenzeugen aus der Gegenwart nicht mehr am Leben sein.

Dem entsprach die lange im Christentum gepredigte Auffassung: Mühselig die Zeit auf Erden, aber dann kommt das Paradies. Nahezu alle Fehler der Kirche wurden auf neue Weise während der atheistischen Herrschaft wiederholt. Die Marxisten kopierten die Religion: Es gab die reine Lehre (sie wurde nur nicht in Rom, sondern in Moskau verwaltet), es gab reichlich »Zwangstaufen«, Reformatoren, Ketzer, Selbstkritik als neue Form der Beichte, wenn man von der reinen Lehre abgewichen war, und es gab wieder Heiligenbilder, die wie eine Monstranz durch die Straßen getragen wurden.

Keiner hat den dogmatischen Katholizismus perfekter nachgeahmt als die Wissenschaftler des Marxismus/Leninismus.

Fritz Kortner schrieb in seinem Buch »Letzten Endes«: »… Ein anderer Teil der Welt glaubt an ihn (Marx) wie die Juden an ihren Moses, die Christen an ihren Jesus. Demnach wäre Karl Marx der dritte jüdische Religionsstifter.«

Wir leben in Deutschland in einer säkularisierten Welt – wenn sich auch im Land immer noch die Mehrheit zum

Christentum bekennt: Es gibt in der Statistik 24 Millionen Katholiken und 23 Millionen Protestanten. Wenn man genauer nachfragt: Das Forschungsinstitut Emnid kommt auf 73 Prozent der Westdeutschen und 36 Prozent der Ostdeutschen, die an Gott glauben. Die neueste Umfrage sagt, dass es in ganz Deutschland 62 Prozent sind.

Und wie sieht das weltweit mit der Religion aus?

84 Prozent der Menschen gehören einer Weltreligion an. 32 Prozent sind Christen, 23 Prozent Moslems, 15 Prozent Hindus, 7 Prozent Buddhisten, 6 Prozent Angehörige einer Naturreligion, 0,2 Prozent Juden, und 0,8 Prozent bekennen sich zu kleineren Religionen. Mehr als eine Milliarde Menschen gehören keiner Weltreligion an. Die finden sich vor allem in Ostasien. 62 Prozent der Religionslosen leben in China.

Interessant war für mich die Tatsache, welche Länder die größte christliche Bevölkerung haben. Es sind die USA, Brasilien, Mexiko, die Philippinen und – ausgerechnet! – Russland.

Wenn das der Genosse Stalin wüsste!

Der französische Schriftsteller Michel Houellebecq vertritt eine ganz besondere These: »Der Rationalismus wird von immer mehr Menschen als erstickend empfunden. Es gibt eine spirituelle Macht, die noch aktiv ist und sogar wieder erstarkt. Das lässt sich am Erfolg gewisser Bücher und Filme wie ›Der Herr der Ringe‹ ablesen. Der Atheismus weicht zurück, er stirbt an seinen eigenen Zweifeln. Ich teile die Ansicht des Philosophen Auguste Comte, dass eine Gesellschaft ganz ohne Religion nicht fortbestehen kann. Ihr droht die völlige Desintegration. Religiöse Werte und Normen, die die soziale Ordnung stärken, wirken angstlindernd und entlastend auf den Einzelnen.«

In seinem Roman »Unterwerfung« verweist Houellebecq

darauf, dass die Ordnung des Universums ein starkes Argument für die Existenz Gottes sei. Auch Einstein meinte, dass die Struktur des gesamten Weltalls nicht aus einem Zufall heraus entstanden sein könne. Seine »Religion« sei von Ehrfurcht und demütigem Staunen vor der Harmonie der Natur bestimmt, allerdings nicht vom Glauben an einen persönlichen Gott, der das Leben des Einzelnen festlege.

Er sagte: »Meine Religion besteht in demütiger Anbetung eines unendlichen geistigen Wesens höherer Natur, das sich selbst in den kleinen Einzelheiten kundgibt, die wir mit unseren schwachen und unzulänglichen Sinnen wahrzunehmen vermögen. Diese tiefe gefühlsmäßige Überzeugung von der Existenz einer höheren Denkkraft, die sich im unerforschlichen Weltall manifestiert, bildet den Inhalt meiner Gottesvorstellung.«

Einstein äußerte sich auch über den Sinn von Religion: »Der Wert der Religion ist für mich die Fähigkeit, sich in die Haut des anderen zu versetzen, sich mit ihm zu freuen und mit ihm zu leiden.«

Sehr nachdenklich hat mich ein Beitrag von Susanne Beyer und Romain Leick im »Spiegel« gemacht. Darin findet sich diese Passage: »… Zugleich haben die Naturwissenschaften dafür gesorgt, dass das seit der Renaissance gewachsene Vertrauen in den Verstand wieder gesunken ist. Denn: Ein entscheidender Motor der Wissenschaften ist die Widerlegung einmal gewonnener Erkenntnisse. Wenig ist gesichert, eines aber schon: dass die Rationalität sich aus Irrationalismen zusammensetzt … Die Ratio absolut zu setzen, das funktioniert nicht mehr. Außerdem ist die Moderne eben nicht nur ein Kind der verstandesgläubigen Aufklärung, sondern auch der gefühlsbetonten Romantik … Niemand will in einer total entzauberten Welt leben. Außerdem lauert in der

Gottlosigkeit, so haben es schon viele Dichter und Denker gesehen, allen voran Friedrich Nietzsche und Fjodor Dostojewski, der Nihilismus, die totale Verneinung. Eine Gesellschaft aber kann nicht auf Nihilismus bauen, sie braucht verbindliche Werte, Menschen, die eine Einsicht haben in die Notwendigkeit ethischen Verhaltens.«

In dem Zusammenhang gefällt mir der Gedanke des britischen Schriftstellers Gilbert Keith Chesterton, der uns mit den Geschichten des Father Brown erfreut hat: »Seit die Menschen nicht mehr an Gott glauben, glauben sie nicht an nichts, sondern allen möglichen Unsinn.«

Und ein Blick in die Gegenwart lehrt uns, woran man heutzutage nicht alles glaubt: Da wären Heilfasten, Wellness, Ayurveda, Hot stones, Kosmische Transformation, Leibarbeit, Auraanalyse und Ähnliches. Esoterik wird oft zur Ersatzreligion.

An einem Postkartenständer fand ich die Werbekarte einer Heilpraktikerin mit dem Slogan: »Fröhliche, erfüllende und leichte Zeiten haben begonnen. Jetzt«.

Ja, wenn es so einfach wäre! Auch hier gilt: Wer's glaubt, wird selig.

Patchwork-Religionen sind in. Etwas Buddha, etwas Indianisches, einen Schuss Christentum.

Eine Bekannte, noch jung an Jahren, brachte uns in der Adventszeit Weihnachtsgebäck in Form eines Buddhas ... Ich hab's verweigert. Ich bin nun mal ein altmodischer Mensch, der Lebkuchen und von meiner Frau gebackene Plätzchen nach Uralt-Rezept der Großmutter vorzieht.

Ganz ohne religiöses Brimborium geht es kurioserweise bei vielen Menschen, die nicht zu einer Kirche gehören, doch nicht. Und so bieten neuerdings Ritualdesigner (Sie haben richtig gelesen!) ihre Dienste an. Die konkurrieren mit den Kirchen und erfinden neue Rituale wie zum Beispiel eine schamanische Taufe unter Anrufung der Ahnen. Der neue Beruf des Zeremonienmeisters macht dem guten alten Pfarrer Konkurrenz.

In einem Kalender las ich über »Die Lebenskraft der Bäume«. Es ist selbstverständlich uraltes Wissen, dass Blüten, Rinde und Wurzeln heilende Wirkung entfalten können, dass zum Beispiel Lindenblütentee bei Erkältungen hilft, der Extrakt der Rosskastanie gut gegen Venenleiden sein soll, aber schon die Behauptung, dass der Saft der Birke Haarausfall verhindert, halte ich für eine Mär, denn da würde mancher Mann obenrum ganz anders aussehen.

Fragwürdig wird es, wenn man in einem Text eines esoterischen Natur-Kalenders rät: »Wenn Sie Kummer haben, unter Depressionen leiden, dann gehen Sie doch einmal in einen Park oder einen Wald. Lehnen Sie sich für einige Minuten an den Stamm eines Baumes, reden Sie mit dem Baum und fühlen Sie mit ihm. Dann werden die Kräfte des Baumes auf Sie übergehen, und große Ruhe wird Sie erfüllen.«

Also: Schön wär's und die Patienten bräuchten nicht so lange auf einen Termin beim Psychiater zu warten!

Die Autoren schreiben, dass jeder Baum speziell wirkt. Beispiele gefällig?

»Der Ahorn schafft Linderung bei Hautausschlägen; er wirkt beruhigend bei Hast, Erregung und nervöser Unruhe.«

Also, wenn Sie mal jemanden zu einem Ahorn hetzen sehen – dann wissen Sie jetzt Bescheid!

»Die Buche stärkt Galle, Leber und Nerven; sie verschafft Erfrischung, Anregung und Klarheit der Gedanken.«

Die gehört in größerer Anzahl vor den Bundestag gepflanzt!

»Die Eiche stabilisiert Kreislauf und Blutdruck; sie vermittelt Kraft und Ausdauer. Ein Baum, bei dem man ›auftanken‹ kann.«

Nun wissen Sie auch, warum die Eiche der Baum der Deutschen ist.

»Die Kiefer hilft bei Melancholie; sie heitert auf und stärkt das Selbstbewusstsein.«

Da haben also die Berliner ihren Humor und ihre Berliner Schnauze her!

Es wird auch empfohlen, Bäume zu grüßen ... bloß wie soll das praktisch aussehen, wenn man durch einen Wald geht ...?

In einer Zeitschrift las ich ein Interview mit dem biokritischen Autor Andreas Möller. Er hat das Buch »Das grüne Gewissen: Wenn die Natur zur Ersatzreligion wird« geschrieben.

Auf die Frage »Inwieweit werden von der Ökobewegung Bedürfnisse gestillt, für die früher die Religion zuständig war?«, antwortete er: »Die Rationalisierung der Welt durch die Wissenschaften schreitet immer weiter voran. Georg Lukács hat einmal von ›transzendentaler Obdachlosigkeit‹ gesprochen. Die Konsequenzen sieht man heute schon daran, welche Bücher in Massen gekauft werden: Esoterisches, Mittelalterschmöker, Fantasy. Wir sind also nicht wirklich behaglich mit der Aufklärung und unserem durchrationalisierten Leben. Deshalb fühlen wir uns auch angezogen von der ökologischen Bewegung. Dort finden wir noch Werte, wie sie früher auch durch die Religion vermittelt wurden: Man kann für etwas Gutes eintreten und für die ›Schöpfung‹. Man schafft kollektive Erlebnisse. Und auch die Beichtfunktion gibt es wieder: Die Menschen glauben, wenn sie im Biomarkt drei Euro mehr für Porree bezahlen, haben sie wieder für eine Weile Frieden mit sich und der Welt.«

In der Bibel steht: »Am Anfang schuf Gott Himmel und Erde.« Die Christen haben dies von den Juden, ihren älteren Brüdern, aus der Tora übernommen.

Das Universum entstand also durch einen Schöpfungsakt. Das Problem der Wissenschaft ist nun, dass normalerweise nichts aus dem Nichts entstehen kann.

Vor 14 Milliarden Jahren hat es den Urknall gegeben. Eine Frage bleibt jedoch: Warum hat das bis dahin ewige Nichts plötzlich geknallt? Einfach so, aus heiterem Himmel? Zufall oder Schöpfung?

Der Physiker und Wissenschaftsphilosoph Max Tegmark, kein gläubiger Mensch, zieht nach seinen Forschungen dieses Resümee: »Es sieht so aus, als sei unsere Welt genau so eingerichtet, dass Leben darin entstehen kann.«

Nathan Aviezer ist Professor für Physik an der Bar-Ilan-Universität in Israel und meint: »Die überraschendste Aussage der Urknalltheorie ist, dass das Universum im wahrsten Sinn des Wortes geschaffen wurde«, und er zitiert Paul Dirac, Nobelpreisträger und Professor aus Cambridge, der schrieb: »Es scheint festzustehen, dass es einen bestimmten Schöpfungszeitpunkt gegeben hat.« Und der große Physiker Stephen Hawking meint: »Die Schöpfung liegt außerhalb der bekannten Gesetze der Physik.«

Oft ist es so, dass Menschen auf ihre Art an Gott glauben. In seiner Autobiografie »Letzte Lieder« schreibt Georg Kreisler: »Manchmal wird mir die Gretchenfrage gestellt, wie hältst du's mit der Religion, dann stelle ich die Gegengretchenfrage: Meinst du Religion oder Glaube an Gott?«

Kreisler ist der Meinung, dass beides nur wenig miteinander zu tun habe. Wie ist das zu verstehen?

»Wenn jemand meint, dass ihm seine Religion hilft, an Gott zu glauben, so ist das in Ordnung, aber ich kann mir nicht vorstellen, dass sich Gott um Religionen kümmert.

Ob man den Hut aufsetzen oder abnehmen, auf den Knien rutschen, fasten, Hände falten, Kerzen anzünden und dergleichen soll, haben eindeutig Menschen angeordnet ...«

Und der geniale Texter, Komponist und Interpret, der ein Klassiker auf dem Gebiet mitunter recht böser Lieder geworden ist, argumentiert: »Zu leugnen, dass es einen Gott gibt, ist vor allem unglaublich arrogant, denn es bedeutet, dass alles, was über unseren Horizont geht, nicht existiert.«

Mit seiner kritischen Meinung zur Religion trifft sich der österreichische Jude Georg Kreisler mit einem Vertreter des arabischen Kulturkreises. Der algerische Journalist und Schriftsteller Kamel Daoud hat sich kritisch mit dem Islam und Religion an sich beschäftigt. In einem Interview in der »Welt« sagt er: »Ich bin gläubig, aber nicht im Sinne von Riten. Ich glaube nicht an Religion. Für mich sind Religionen einzig Dogmen und Ideologien. Die Frage, ob man glaubt oder nicht, ist eine persönliche Frage ... Ich für mich, ich lehne die Religion ab. Denn leider hat sie uns nicht den Frieden gebracht, sondern das Gegenteil: sehr viel Gewalt, eine enorme gesellschaftliche Spaltung und viele, viele Lügen ... In einem meiner Bücher habe ich geschrieben, zu Gott gehe ich selbst und zu Fuß. Ich brauche niemanden, der mir diese Reise organisiert.«

So ähnlich sah es bereits Christoph Martin Wieland mit seinem christlichen Glauben in Bezug auf eine Institution: »Eine Kirche als Vermittler zwischen mir und Gott brauche ich nicht. Ich will, wenn, dann ohne Dolmetscher mit Gott im Dialog bleiben.« Und er resümiert: »Religion ist eine Angelegenheit des Herzens, nicht des Kopfes.«

Auf das Negative dieser Welt, womit viele Menschen begründen, warum es keinen Gott geben kann, reagiert er so: »Gott hat dem Menschen die Freiheit gegeben. Wenn das nicht so wäre, wäre die Welt wie tot, sie könnte sich nicht entwickeln. So aber können wir etwas tun oder es lassen, und das Böse ist die Folge der falschen Entscheidungen, die wir Menschen getroffen haben.«

PS: Übrigens kenne ich Menschen, die schon zweimal von ihrem Glauben abgefallen sind. Beim ersten Mal haben sie sich vom Christen- bzw. Judentum ab- und dem Marxismus zugewandt. Von diesem Glauben haben sie sich nach bitteren Erfahrungen wieder verabschiedet, und manche sind sogar zum Glauben ihrer Altvordern zurückgekehrt.

Friedhof

Für mich ist es unvorstellbar, dass es Menschen gibt, die Friedhöfe meiden. Die friedlichsten Höfe der Welt sind doch eine einzige Oase der Ruhe in der Stadt. Nicht nur in Deutschland, in aller Welt habe ich mit meiner Frau schon Friedhöfe besucht und die Besonderheiten in der Bestattungskultur des jeweiligen Landes kennengelernt. Vom kleinen romantischen Dorffriedhof bis zum prächtigen Parkfriedhof einer Großstadt.

Erinnerungen an gemeinsame Besuche mit meinen Eltern auf dem Friedhof reichen bis in die früheste Kindheit zurück. Es war mir klar, dass hier meine Vorfahren, meine Ahnen lagen oder – wie mein Vater manchmal sagte – unsere Altvordern.

Da gab es die Erbbegräbnisse der Familie Lange und der Familie Ehrler – so der Geburtsname meiner Mutter. Anhand der eingemeißelten Daten auf Steintafeln rechnete ich mir aus, wie alt meine Großmütter geworden waren. Und ich sah, dass keiner der zwei in Zwickau beerdigten Brüder meiner Mutter das 50. Lebensjahr erreicht hatte. Das traf ebenso auf den dritten zu, der in Leipzig bei einem Unfall ums Leben gekommen war, und den jüngsten, der im Osten angeblich für »Führer, Volk und Vaterland« gefallen war.

Mit den Jahreszeiten wechselte die Grabbepflanzung. Die braunen und gelben Stiefmütterchen im Frühjahr, im Sommer die Pelargonien. Manchmal pflanzten wir auch »Gottesauge«. Ein erstaunlicher Name für mich als Kind. So stellte sich also jemand Gottes Auge vor. Auf alle Fälle symbolisiert die Pflanze die Kraft der Natur. Und meine

Mutter sagte: »Gottesaugen sind etwas Dankbares.« Sie meinte damit, dass sie lange und ausdauernd blühen. Im Herbst leuchteten Astern vom Grab. Ich ahnte damals nicht, dass ich einmal Gärtner werden würde, und bis heute habe ich den lateinischen Namen nicht vergessen: Callistephus chinensis.

Am Totensonntag schmückte man die mit Reisig abgedeckten Gräber mit einem Gebinde. So wurde das alles seit Urzeiten praktiziert. Menschen wurden begraben, und das Grab wurde kenntlich gemacht. Am Anfang mit Steinen und in unserer Kultur seit Jahrhunderten mit einem Kreuz, auf das später Nichtchristen verzichtet haben, an dessen Stelle andere Symbole kamen.

Als meine Frau und ich mit unserem Enkel Friedrich zum ersten Mal an den Gräbern meiner Altvordern in Zwickau standen, erklärte ich ihm, dass hier jene Menschen liegen, von denen wir abstammen. Und ich zeigte ihm die Tafel mit dem Namen seines Ururgroßvaters. Er war damals vielleicht zehn, elf Jahre alt. Wir hatten einen Strauß für eine Grabvase gekauft. Friedrich lief plötzlich auf die gegenüberliegende Wiese, pflückte dort Blumen, die er seinen Urahnen mit in den Strauß steckte.

All diese Traditionen geraten mehr und mehr in Gefahr, in unserer schnelllebigen Zeit auf der Strecke zu bleiben. Reimer Gronemeyer, Autor und Soziologe in Gießen, schreibt in einem Zeitungsartikel in der »Welt am Sonntag« mit der treffenden Überschrift »Die neue Ahnenlosigkeit« unter anderem: »Mein Nachbar ist Steinmetz. Er klagt: Die Menschen lassen für ihre Verstorbenen keine Grabsteine mehr machen, sondern fahren für das Geld lieber nach Mallorca. Die Mutter oder Großmutter hätte ja auch gesagt: ›Ich möchte euch nicht zur Last fallen. Ihr habt doch alle keine Zeit, euch um mein Grab zu kümmern.‹«

Was für ein trauriges Fazit: »Ich möchte euch nicht zur Last fallen.«

Zeit für sportliche Aktivitäten aller Art, für »Events«, ja. Aber für den Gang auf den Friedhof? Sind die Ahnen also zur Last geworden? Wird der Grabstein lieber »verfressen«? Oder ist es die Sucht, überall zu sparen und so auch das Begräbnis zum Schnäppchenpreis zu bekommen.

Wann kommt der Aldi-Friedhof Nord und Süd?

Natürlich gibt es Fälle, wo tatsächlich materielle Not zu einem Billigbegräbnis zwingt. Im Leipziger Raum kostet eine Feuerbestattung 1500 Euro, eine Erdbestattung 3000 Euro. Was eine Bestattung dermaßen teuer macht, ist mir ein Rätsel. Wer finanziell von Monat zu Monat leben muss, nichts auf der berühmten hohen Kante hat, für den ist das natürlich eine stattliche Summe. Das Sterbegeld, ein toller Begriff, zumal von den gesetzlichen Krankenkassen gezahlt, die ja eigentlich zum Leben verhelfen sollen, fiel vor Jahren weg.

Inzwischen gibt es sogar Verstorbene, die von den Kommunen »zwangsbestattet« werden müssen. Sozialbestattungen nennt man jene Begräbnisse zweiter Klasse. Menschen werden mitunter schon eher entsorgt als bestattet.

Das Armengrab, ein Begriff aus uralten Zeiten, taucht wieder auf. Keine Trauerfeier, kein Redner. Die Asche wird anonym oder gar im Ausland beigesetzt.

Und auch dies wundert einen nicht mehr: Simone Liss schreibt in der »Leipziger Volkszeitung«: »… dass immer mehr Menschen ihren Körper nach dem Tod der Wissenschaft zur Verfügung stellen wollen. Während vor Jahren die Anatomie-Institute zum Teil mit Anzeigen Körperspender gesucht haben, können sie sich inzwischen vor Angeboten kaum retten.« Schließlich finanziert dann die jeweilige Universität die Beisetzung.

Wenn aber anonyme Beisetzungen in norddeutschen

Städten wie zum Beispiel in Hamburg zwischen 25 bis 50 Prozent der Gesamtbestattungen ausmachen, dann liegt der Verdacht nahe, dass hier nur ans Sparen gedacht wird ...

Endstation Wiese.

»Wo liegt denn nun eigentlich die Oma?«

»Na, ich denke, dort bei der Linde.«

»Linde?«

»Da war doch keine Linde!«

»Na ja, irgendwo da hinten.«

Es haben auch schon Menschen diese Art der Bestattung bereut und wollten die Urne wieder in ein Einzelgrab umbetten, um einen konkreten Ort der Erinnerung zu haben. Das geht aber dann nicht mehr. Man kann eine Urne nicht ausbetten lassen.

Es ist schon makaber, dass heute zur Einäscherung nach Tschechien in einer Art Kaffeefahrt aufgebrochen wird und man anschließend die Urne mit der Asche mitnehmen kann. Sozusagen Schnäppchen-Verbrennung mit anschließendem Knödel-Essen und Pilsner Bier.

Heute sehen Menschen den Friedhof oft nur noch unter finanziellen Aspekten. Kein Mensch wäre früher auf den Gedanken gekommen, dass ein Grab zu teuer ist und zu viel Arbeit macht.

Noch einmal Reimer Gronemeyer: »Das moderne Individuum, von brüchigen sozialen Bindungen kaum noch gehalten, baut sich zeit seines Lebens immer mehr aus und dreht sich – in rasender Selbstverwirklichung – um sich selbst. Mit dem Tod zerplatzt die Blase, und es bleibt nichts. Ab in die Anonymität.« Und der Autor konstatiert: »... wir zerschneiden auch endgültig das Band zu unseren Ahnen. Wir sind nicht nur zunehmend metaphysisch und sozial obdachlos, sondern wir sind ›rücksichtslos‹. Wir schauen nicht mehr zurück zu unseren Vorfahren, sie sind nicht mehr da ...«

Beim Lesen dieser Zeilen fiel mir ein, dass in heutigen Wohnungen selten ein Bild auf die Ahnen hinweist. Das war früher nicht nur in Herrenhäusern und Schlössern, sondern durchaus noch in den Wohnzimmern meiner Kindheit Tradition. Ich selbst bin in der Beziehung hoffnungslos altmodisch, denn in unserer Diele befindet sich eine ganze Wand voller Bilder. Alte Fotos, auf denen meine Großeltern mit ihren Kindern (darunter meinen Eltern) im Kreis der Familie abgelichtet wurden – und jede Familie hatte sechs Kinder.

Inzwischen hat auch der Friedhof Konkurrenz bekommen, zum Beispiel vom Friedwald. Was kommt noch? Der Friedgarten? »Sein Garten war sein Ein und Alles. Da hammer die Urne neben seinen geliebten Erdbeeren in die Erde getan.«

Oder wenn der Mann ein großer Autobastler war: »Sein Auto ging ihm über alles!« … dann findet er eben seine letzte Ruhe in der Friedgarage …

Fans des Fußballclubs Schalke 04 haben inzwischen, und das ist kein Scherz, ihren eigenen Friedhof in Stadionform. Er liegt in der Nähe des Stadions in Gelsenkirchen. Die Gräber auf dem sogenannten Fan-Feld sind im Oval angeordnet und sollen auf diese Weise ein Stadion nachbilden. Im Mittelkreis befindet sich ein großes Vereinsemblem, dass blau-weiß bepflanzt ist. Die Zahl der Gräber ist auf 1904 begrenzt – eine Anspielung auf das Gründungsjahr des Vereins. Auf Schalke kann nun getauft, geheiratet und beerdigt werden. (Nur Scheidungen gibt es dort noch nicht.) Vielleicht existieren auch schon Grabsteine in Form eines Tores?

Ob die Pfarrer und Redner in Schiri-Klamotten kommen, stand nicht in der Nachricht, aber Vereinsfahnen werden bestimmt mitgeführt.

Wenn Sie denken, dass eine Form wie Seebestattung etwas

Besonderes ist, dann muss ich Sie enttäuschen, denn inzwischen gibt es längst andere attraktive Möglichkeiten: Die amerikanische Firma Celestis ermöglicht die Weltraumbestattung.

Da können Sie ganz sicher sein, dass Sie in den Himmel kommen.

Friedhöfe sind die ruhigsten Parks dieser Welt.

Kein Radrambo zischt an mir vorbei. Kein Jogger zieht seine Bahnen. Kein Trommler zwingt mir seinen monotonen Rhythmus ins Ohr, wenn ich auf einer Parkbank mit Blick auf ein Blumenbeet entspannen will.

Leider hörte ich aber von einem Mitarbeiter einer Friedhofsverwaltung, dass Jogger und Radfahrer inzwischen doch auftauchen.

Das gab's früher nicht.

Was haben wir an solch einem Ort nicht alles für Entdeckungen gemacht. Die Daten auf den Grabsteinen erzählen Geschichten vom Leben und Tod ganzer Familien. Vom Tod fern der Heimat im Ersten oder Zweiten Weltkrieg. Bräuche und Gewohnheiten anderer Länder sind an den Gräbern dort abzulesen. Ein Grabstein kann selbst Anlass für Erheiterung sein. Die Österreicher haben bekanntlich einen besonderen Sinn für Titel. Auf dem Friedhof St. Marx im 3. Wiener Gemeindebezirk entdeckte ich auf Grabsteinen zum Beispiel:

Magdalena Praschack
bürgl. Buchbinders Gattin;

Johann Franta
bürgl. Kanalräumer;

Katharina Neckam
bgl. Fischhändlerswittwe.

Diese Angaben wurden nur noch von der Inschrift eines Grabsteins auf dem riesigen Zentralfriedhof von Wien übertroffen – dort las ich: Hausbesitzerswitwe.

Darauf kommt man wahrscheinlich nur in Wien.

Während meiner Gärtnerlehre in Zwickau habe ich einmal zwei Wochen auf dem Hauptfriedhof Hecken verschneiden müssen. Das Beste, was uns passieren konnte, war eine Beerdigung in der Nähe, denn dann wies uns der Brigadier an, wegen des Geräuschs der großen Gartenscheren die Arbeit einzustellen.

Von uns aus konnte es gar nicht genug Beerdigungen geben.

Beim Herumstöbern auf diesem Friedhof entdeckte ich die folgenden Angaben auf einem Grabstein: Erna Frühstück, geb. Roggenbrot.

Die Frau hat sich doch durch ihre Heirat entscheidend verbessert!

Ein Grabstein ist normalerweise kein Grund für Amüsement. Beim Bummel über den Leipziger Südfriedhof mussten meine Frau und ich aber doch lachen, als wir auf einem Grabstein keine weiteren Angaben vorfanden als »Hier liegt meine Dicke«. Die Bepflanzung war in Form eines großen Herzens angelegt. Der Mann hat sich gesagt: Meine Freunde und Bekannten wissen, wer dort liegt – den anderen kann es egal sein.

Auf den Gräbern findet sich inzwischen von Teddybären bis Playmobilfiguren alles Erdenkliche. Ich habe auch schon einen Fanschal vom FC Bayern München auf einem Grab liegen sehen. Das andere Extrem sind besondere Grabsteine. Auf denen kleben auch mal Strasssteine von Swarovski – zum Beispiel in Form eines kleinen Vogels. Es gibt sogar Grabsteine im Airbrush-Design. Da tauchen die Lieblingsbeschäftigungen des Verstorbenen auf. Wenn er für sein Leben gern Straßenbahnfahrer war, ziert eben eine Tatra-Bahn den Stein, der Bauer kriegt ein Feld mit einem roten Traktor und die Omi, die fanatisch Kreuzworträtsel löste, bekommt eins auf den Grabstein, das aber nun andere lösen müssen.

In den letzten Jahren tauchten immer öfter eigenartige Codes auf: Schwarzweiß, quadratisch, ein merkwürdiges Muster, und wir Älteren wussten damit nichts anzufangen. QR-Codes nennt man sie. Das bedeutet ausgeschrieben Quick Response – also etwa: schnelle Antwort. Sie sind auf Plakaten oder in Zeitschriften zu sehen. Smartphone-Nutzer scannen sie und holen sich ihre Informationen. Warum ich das erwähne?

Der letzte Schrei ist deren Verwendung auf dem Grabstein. Ein Kölner Steinmetz stellt Steine mit QR-Codes her. Die Pixelzeichen sind in Form eines Kreuzes angebracht. Wenn Sie vor solch einem Stein stehen, dann können Sie die merkwürdigen Punkte mit dem Handy scannen und landen auf der Facebook-Seite oder auf der Website des Verstorbenen.

»Ruhe sanft« trifft da nicht mehr zu. Eher breitet sich Unruhe aus, wenn nun nicht einmal mehr auf dem Friedhof das Handy ausgeschaltet in der Tasche bleibt …

Aber es gibt Leute, denen spendet tatsächlich der Gedanke Trost, dass Familienmitglieder digital überleben. Ein »ewiges Leben« besonderer Art.

Und es gibt ja inzwischen auch virtuelle Friedhöfe.

Der Soziologe Reimer Gronemeyer zieht über unseren Umgang mit den Toten ein bitteres Fazit: »… ein neuer kultureller Nihilismus.« Und viele Menschen sind damit einverstanden: »Sie haben gelebt als bodenlose Menscheneinheiten, die wahllos in Vehikeln, Büros, Gefängnissen und Hotels verstreut waren und am Ende ebenso anonym verschwinden sollen … Unser Umgang mit den Toten könnte darauf verweisen, dass wir längst in einer toten Gesellschaft leben. Und die Rückkehr zu Kultur, zu Lebendigkeit begänne damit, dass wir uns unserer Ahnen nicht einfach entledigen. Die Vergessenen zurückzuholen, sie bei uns wohnen zu lassen, das wäre womöglich der erste Schritt in eine menschenfreundliche Zukunft, bei der wir nicht von Konkurrenz, vom Event und der Übervorteilung des Nachbarn geleitet würden.«

Auch Christa Wolf beklagte die heutige Art und den Stellenwert von Beerdigungen. Als Ulla Berkéwicz ihr essayistisches Buch »Überlebnis« vorstellte, sagte Christa Wolf in ihrer Einführung: »Die Todesangst geht im sich überschlagenden Getriebe unserer Spaßgesellschaft zugrunde, wir wollen uns den Tod vom Leibe halten.« Sie kritisierte den Stellenwert von Beerdigungen, den flüchtigen »Bestattungstourismus«, beklagt, dass die Gesellschaft einer jahrtausendealten Tradition zur Ehrung von Toten untreu werde.

Da lob ich mir die »Toten Hosen«. Die haben sich schon längst eine eigene Gruft zugelegt. Campino verriet in einem Interview: »Sie hat 18 Plätze, für uns fünf und alle, die mitkommen wollen. Eine Liegeordnung ist festgelegt. Der Schlagzeuger liegt weiter hinten, die vier anderen ein Stück weiter vorn.«

Da hat man es für alle Fälle etwas ruhiger.

Bevor wir aber ans Sterben denken, wollen wir vor allem dem Leben huldigen. Am Gasthaus »Zum Hirsch« in Erbach im Odenwald – das ist übrigens eines der ältesten Gasthäuser Deutschlands –, da fand ich auf einem Balken des Fachwerks einen schönen Spruch:

Heb auch du einmal ein Glas,
denn die Zeit hat Flügel.
Und wer weiß, wie bald das Gras
wächst auf deinem Hügel.

Von der etwas ferneren und der etwas näheren Zukunft

Als ich zum ersten Mal in meinem Leben einen Globus sah, faszinierte mich die konkrete Vorstellung, die man dadurch von der Erde bekam. Als Kind war es mir schwergefallen zu verstehen, dass die Erde eine Kugel ist und sich dreht, denn die Menschen in der südlichen Hemisphäre müssten doch dann mit dem Kopf nach unten laufen. Heute habe ich es längst begriffen, aber ... verstehe es trotzdem nicht so richtig ...

Als ich 1969 mit meiner Frau unseren Hausstand begründete, brachte sie einen Globus mit in unsere Ehe. Er war im Dezember 1943 von einem Bombensplitter getroffen worden. Ein gar nicht gleich zu entdeckender kleiner Schlitz im Atlantischen Ozean war der Beleg für den Angriff auf das Erdmodell, das im Wohnzimmer in der Leipziger Grassistraße gestanden hatte. Beim Schütteln klapperte das feindliche Metallstück, das von britischen Bomben stammte, im Inneren der Kugel.

Die Bedrohung irdischen Lebens auf unserer Erde durch einen Asteroiden beschäftigte meine Phantasie in Kinderjahren, und sie vermag es bis heute. Aber ein Ende der Welt an sich! Niemals hätte ich mir vorstellen können, dass dies denkbar wäre! Die Erde war doch ewig!

Und nun lese ich in der Modellrechnung von Planetenwissenschaftlern, dass die Erde in 7,59 Milliarden Jahren verglüht.

Hätten Sie so etwas für möglich gehalten?

Es kann aber auch sein, so meinten die Experten, dass Mutter Erde fünfzig Millionen Jahre früher oder später dran ist. So ganz genau weiß das keiner. Das spielt ja eigentlich auch keine Rolle mehr, überprüfen kann es sowieso kein Mensch.

Fakt ist jedenfalls, dass die Erde verglüht und dass sie in die ebenfalls sterbende Sonne stürzt.

Die Sonne also auch!!!

Hätten Sie geglaubt, wenn Sie sich am Strand der Ostsee aalen, dass es mit der Sonne eines Tages mal vorbei ist?!

Bevor das eintritt, leuchtet die Sonne erst mal 15 Prozent heller als heute. Dadurch werden auf der Erde Temperaturen von 60 bis 70 Grad herrschen. Na danke, mir macht schon die Hälfte zu schaffen. Für die Freibäder wäre das natürlich ideal, und vor allem mit Eis und Getränken ließ sich *das* Geschäft machen.

Jeder Raum im Haus würde eine Klimaanlage besitzen. Die Sonnenenergie wäre die Energiequelle Nummer eins.

Nach dem Beitrag in der Zeitschrift »Bild der Wissenschaft« beginnt die ungemütliche Phase etwa in 1,6 Milliarden Jahren. Das ist ja auch nicht mehr so lange hin! Überlegen Sie nur, wie schnell die Zeit seit der Friedlichen Revolution vergangen ist!

Mit dem Leben ist es dann vorbei, es sterben gerade die letzten Mikroorganismen. Da müssen die Leute mit Sack und Pack längst umgezogen sein. Allzu viel kann aber gar nicht mitgenommen werden, denn der »Möbelwagen« rollt ins All. Bis dahin müssen die Menschen einen Ersatz gefunden haben. Es gibt ja irgendwo garantiert Planeten mit erdähnlichen Bedingungen. Die Frage ist nur, ob wir sie mit unseren Raumschiffen erreichen!

Die Zukunft ist also nicht gezeichnet vom Wasser – mit der Sintflut wäre unser Menschengeschlecht ja einst fast schon ausgerottet worden, sondern vom Gegenteil: vom Feuer. Aber diesmal reicht nicht eine Arche Noah, sondern man benötigt ganze Arche-Geschwader, die jahrelang im Linienverkehr den Transport durchs All übernehmen. Elefanten im All kann ich mir im Moment noch nicht so richtig vorstellen, doch das wird dann schon funktionieren.

Bei 1000 Grad Celsius beginnt auf der Erde das Gestein zu schmelzen. Die Ozeane sind dann bereits verdunstet. Was man da auf dem Meeresgrund alles finden könnte!

In 7,5 Milliarden Jahren ist die Sonne 250-mal so groß, und die Erde wird als Lava-Klumpen verglühen. Furchtbar!

Bevor es so weit ist, gibt es natürlich noch andere Phänomene, die unsere Existenz bedrohen!

Wissenschaftler in Stockholm und Oxford, die sich mit der Zukunft der Menschen befassen, haben gemeinsam Varianten erstellt.

Haben Sie noch die Nerven, das alles zu lesen?

Auf Platz eins steht der Untergang durch den Klimawandel.

Dann kommt der Atomkrieg.

Es folgt eine ökologische Katastrophe, bei der Tierarten aussterben, die für das Ökosystem besonders wichtig sind (Bienen zum Beispiel!).

Eine globale Pandemie wäre auch eine befürchtete Variante.

Oder ein »Kollaps des gesamten globalen Systems«, also eine Wirtschafts- und Sozialkatastrophe, die viele Menschen das Leben kostet. Dies seien schon bestehende Risiken …

Danach kommen die Möglichkeiten des Untergangs, bei denen wir Erdenwürmer gar nichts machen können: Einschläge von – wie oben schon angekündigt – Himmelskörpern oder Veränderungen im Zusammenspiel der Planeten.

Supervulkanausbrüche. (Da ist das Sonnenlicht schon mal für lange Zeit weg.)

Die Menschheit hätte selbst die Chance, durch künstliche

Intelligenz ausgerottet zu werden. Daran basteln wir ja seit geraumer Zeit. Die Forscher meinen, »extreme Intelligenz ist nicht leicht unter Kontrolle zu halten«. Und so könnten schließlich die Science-Fiction-Filme, die seit Jahrzehnten über die Bildschirme und Leinwände flimmern, doch noch Realität werden.

Das sind allerhand Varianten … es müsste schon mit dem Teufel zugehen, wenn nicht wenigstens eine davon … Aber es wäre doch ein einziger Jammer um diese schöne Erde.

What a wonderful world …, wie Louis Armstrong so schön sang.

Und wir denken heutzutage, wir können das Klima und unsere Erde schon mit der Verringerung der Feinstaubpartikel retten …

Das, was Sie gerade gelesen haben, wäre also die Zukunft, die wir nicht beeinflussen können. Aber wie steht es um unsere heutige Gesellschaft, mit dem Westen an sich?

Noch einmal möchte ich Hans-Joachim Maaz zitieren: »… nach dem Untergang des real existierenden Sozialismus ist auch die ›narzisstische Gesellschaft‹ ökonomisch und vor allem politisch-ideell am Ende … Der Bankrott ist die Folge einer Schuldensucht. Die Schuldensucht entstand aus der kollektiven Gier, über die Verhältnisse zu leben. Das ist ein exklusiv narzisstisches Symptom. Der innere Mangel, der frühe Mangel an Liebe und Bestätigung, hat ein Verlangen nach immer mehr Äußerlichkeiten, nach immer mehr Konsum und Verbrauch angeheizt, in der illusionären Hoffnung, das seelische Defizit materiell auffüllen zu können.

Der Sozialismus ist gescheitert, weil die Menschen mehr haben wollten, als zu bekommen war, der Kapitalismus scheitert, weil die Menschen mehr verbrauchen, als sie verdient haben …«

Die wichtigste Losung heute heißt: »Es lebe der Konsumismus!«.

Dieses System findet sich nicht damit ab, welche Bedürfnisse wir haben. Es erzeugt ständig neue und vermittelt sie so geschickt, dass wir glauben, es wären tatsächlich unsere. Dafür ist die Werbung da. Und die erweckt auch noch den Eindruck, mit dem Besitz oder dem Konsumieren der jeweiligen Ware würde man ein besserer und erfolgreicherer Mensch werden. Glück kann man kaufen. Ja, es gibt sogar schon »Schuhe, die mich glücklich machen«.

Und mit der Befriedigung der geweckten Wünsche vergeht letztlich das ganze Leben.

Ich weiß, die Rede ist noch nicht gehalten worden, aber die wichtigste Frage würde doch heutzutage lauten: »Wollt ihr den totalen Markt?«

Und die Frage ist auch ohne diese Rede schon beantwortet worden.

Der große Hans Mayer schreibt in seinem Buch »Der Widerruf« über unsere Zeit: »… eine Wegwerfgesellschaft, die keine Herkunft mehr kennen will und an keine Zukunft zu glauben vermag …«

In der heutigen Gesellschaft, in der es alles gibt, fehlt das Wichtigste: eine Vision. Die einzigen Götzen, die angebetet werden, heißen Wachstum und Profit. Aber wo wollen wir hin? Welche Gesellschaft wollen wir? In der Zeit des verkorksten Sozialismus, der nie einer war, lebten wir in der DDR und den anderen Ostblock-Staaten immer von der Hoffnung, dass irgendwann Reformen kommen würden – wie sie schon Dubček mit dem »Sozialismus mit menschlichem Antlitz« gefordert und erreicht hatte.

Diese Hoffnung auf eine andere Gesellschaft – die ist nun weg.

Ein Bekannter, der als junger Mann in der DDR im Gefängnis saß, sagte mir: »Alles, was ich in der DDR-Zeit in der Schule über den Kapitalismus erzählt bekommen und nicht geglaubt habe, ist wahr. Das tut weh!«

Ein »Kapitalismus mit menschlichem Antlitz« könnte zu Hoffnung Anlass geben.

Wer sind die Hoffnungsträger?

82 Prozent der in deutschen Medien zitierten Fachleute sind Männer. Und? Was haben sie uns gebracht.

Die Männer, die großen Macher, schaffen es derzeit nicht, die Vision einer gerechteren Gesellschaft zu entwickeln.

Vermutlich hat auch die Form der Parteiendemokratie allmählich ausgedient. Um die Probleme der Zukunft zu lösen, brauchen wir die Weisheit des ganzen Volkes – da reichen die Abgeordneten aus den Parteien nicht mehr. Ich stelle mir vor, dass eines Tages im Bundestag nur noch die Hälfte Parteimitglieder sind und die andere Hälfte Parteilose, die sich vor allem durch Sachkenntnis und natürlich durch integre Charaktere auszeichnen.

Die Runden Tische vom Herbst 1989 waren ein Symbol für eine neue Art von Demokratie, aber den etablierten Parteien zu unbequem; sie wurden deshalb bald auf den Speicher verbannt.

Und – was die Männer anbelangt: Vielleicht gehört ja die Zukunft tatsächlich den Frauen.

Die Mädchen sind überall im Kommen. In den Schulen bleiben viel mehr Jungs sitzen. Der Prozentsatz der männlichen Förderschüler ist höher. Längst gibt es mehr Gymnasiastinnen, an den Universitäten mehr Studentinnen.

Die Zukunft ist ja auch weiblich.

Frauen haben mehr kommunikative Kompetenz, soziale Intelligenz, schließen leichter Kompromisse, betätigen sich häufiger musisch. (In meinen Lesungen sind immer 70 bis 80 Prozent des Publikums Frauen!) Sie sind nicht nur – wie viele Männer – ausschließlich sportlich interessiert. Vielleicht gelingt es den Frauen, eine gerechtere Gesellschaft zu schaffen, wenn mehr von ihnen an die Macht kommen? Andererseits: Unterscheiden sich wirklich alle Frauen, die heute politisch im großen Stil Macht ausüben, entscheidend von Männern in ähnlichen Positionen?

Die Frauen wären sozusagen unser letztes Aufgebot.

So etwas zu denken … das gabs früher auch nicht.

PS: Eins muss ich leider noch bei einem Blick auf die Welt loswerden. Das betrifft meine Überzeugung, Ideale zu behalten, aber Illusionen zu verabschieden. Bei den Problemen und Konflikten dieser Zeit wird meine Generation die restlichen Lebensjahre wohl im Krisenmodus erleben. In Deutschland, in Europa und der Welt. Die entspannten Jahre sind vorbei. Die Hoffnung auf eine bessere Welt nach dem Ende des Kalten Krieges ist großer Verunsicherung gewichen.

Das Elend in vielen Ländern der Erde und die in Deutschland und Europa ankommenden Flüchtlinge sind vielfach ein Symbol für das Versagen westlicher Politik in den letzten Jahrzehnten. Wenn ich im Fernsehen höre, dass Mali die reichsten Gold-Vorkommen in Afrika hat, aber das ärmste Land dieses Kontinents ist, dann fragt sich doch jeder aufmerksame Zuhörer, woran das wohl liegen muss.

Und so mancher Flüchtling, der nach Deutschland gekommen ist, floh vermutlich auch vor deutschen Waffen. Was im Nahen Osten passiert, ist für uns inzwischen existentiell wichtig, wichtiger, als wir uns das je hätten vorstellen können.

Michael Lüders war lange Jahre Nahost-Korrespondent der Hamburger Wochenzeitung »Die Zeit«. Er zieht in seinem Buch »Wer den Wind sät« eine schonungslose Bilanz dessen, »Was westliche Politik im Orient anrichtete«. Lüders sagt, dass sich der Begriff der »westlichen Wertegemein-schaft tatsächlich mit Leben« erfüllen würde, wenn vom Internationalen Strafgerichtshof in Den Haag »Anklage ge-gen die großen Verderber und Schreibtischtäter erhoben wird, oder wenigstens doch gegen einige von ihnen, allen voran George W. Bush, Dick Cheney, Tony Blair, Donald Rumsfeld«.

Ob diese Herren beim Anblick der Getöteten, der Ver-wundeten und der Ruinen jemals schlecht träumten? Oder haben sie keine Schlafstörungen? Schlafen gar den Schlaf der Gerechten? Der Historiker Ulrich Herbert nannte den Irak-Krieg von George W. Bush im Jahre 2003 die »Urkata-strophe des 21. Jahrhunderts«.

Schließlich formierte sich nach dem Einmarsch der Ame-rikaner in den Irak der IS …

INHALT

Bernd-Lutz Lange, Tom Pauls
Nischd wie hin
Unsere sächsischen Lieblingsorte
Mit Fotos und Illustrationen
312 Seiten. Gebunden mit Schutzumschlag
ISBN 978-3-351-03541-9

Das Gute liegt oft so nah

Mit Witz, Ortskenntnis und tiefer Verbundenheit porträtieren Lange
und Pauls ihre sächsischen Lieblingsorte: atemberaubende
Landschaften, alte Schlösser oder Herrenhäuser, die sie seit ihrer
Kindheit und Jugend kennen oder im Laufe der Jahre entdeckt haben.
Dabei finden nicht nur weltbekannte Bauwerke wie das Blaue Wunder,
die Dome in Zwickau und Freiberg oder das Völkerschlachtdenkmal
Erwähnung. Es ist vor allem Pauls und Langes privater Blick, der die
Aufmerksamkeit des Lesers auf leicht zu übersehende Kleinodien lenkt:
Waldcafés, romantische Parks, Häuser, die Geschichten zu erzählen
vermögen.
Die über 200 Farbfotografien von Gaby Waldek und Amac Garbe sowie
die Zeichnungen von Ulrich Forchner machen das Buch zu einem Text-
und Bildband der Extraklasse.

**Regelmäßige Informationen erhalten Sie über unseren Newsletter. Jetzt
anmelden unter: www.aufbau-verlag.de/newsletter**